首批四川历史名人文化研究中心四川大学“苏轼研究中心”重点项目

成都文理学院重点项目

曾枣庄三苏研究丛刊

三蘇姻親後代師友門生論集

曾枣庄 著

巴蜀書社

三苏研究一大家

——写在“曾枣庄三苏研究丛刊”出版之际

陶武先

欣闻“曾枣庄三苏研究丛刊”（下称“丛刊”）即将付梓，由衷祝贺！于三苏研究，我是外行，仅属拥趸；于枣庄先生，尚未谋面，可算神交。我借闲暇时日，粗略拜读过“丛刊”一些文稿，大致了解其研究经历：枣庄先生皓首穷经、专心致志，倚重文献整理、史料研究、作品传播，兼备基础性、论述性、独立性，其三苏研究领域广阔、重点深入，形式多样、著述丰硕。“丛刊”不仅展示出使人受益的学术成果，更蕴含着令人敬重的治学精神。

对“不平”之事而严谨求真。“有不得已者而后言”①、严谨求真“鸣不平”，贯穿于枣庄先生的三苏研究历程。（一）情不忍则鸣。所谓“登山则情满于山，观海则意溢于海”②，由衷爱戴、景仰苏轼，自然容不得对其歪曲和抹黑。20 世纪 70 年代末 80 年代初，为驳斥将苏轼视为“典型的投机派”“动摇的中间派”，求“议论常公于身后”③，他毅然改变原来的研究方向，转而从容研究苏轼。“心正而笔正”，写成《苏轼评传》，客观评述其稳健革新的政治主张和从不“俯身从众，卑论趋时”的高尚人格。（二）疑不解则鸣。学贵有疑，有疑则进。大胆提问，小心求证，从而得出确切结论，是常用的研究方法。他研究苏洵，始于其置疑苏轼与王安石的政见分歧与苏洵是否相关，不指名道姓批评王安石的《辨奸论》是否为苏洵所作。为此，他深入研究，撰写了学界第一部关于苏洵的学术传记——《苏洵评传》，力证《辨奸论》出自苏洵，探求苏轼反对王安石激进变法的家学渊源。（三）理不通则鸣。世上没

---

① （唐）韩愈：《送孟东野序》，见《昌黎先生文集》。

② （南朝·梁）刘勰：《文心雕龙·神思》。

③ 宋孝宗《苏文忠公赠太师制》对苏东坡的评价，见（宋）郎晔《经进东坡文集事略》。

有两片完全相同的树叶，何况乎人？《宋史》记载“辙与兄轼无不相同”，他不以为然，深感有悖常理。于是，从人物性格、治世主张、学术观点、文艺思想、诗文风格等多方面分析比较苏轼、苏辙兄弟异同，写成《苏辙评传》（又名《苏辙兄弟异同论》）。其中关于“苏辙为政长于其兄”等论述具有突破性、开创性，标志着他的三苏研究更加理性、成熟。宋代理学家程颐曾言：“致思如掘井，初有浑水，久后稍引动得清者出来。人思虑，始皆溷浊，久自明快。”[①] 枣庄先生力行如此。凡欲做成学问、达成事功者，应当不在例外。

从对象之专而拓展深入。立体、多维展示作为文学家、史学家、政治家、艺术家的三苏，深入、全面呈现其精神内蕴、艺术特征、人格魅力，并着力关注其相互联系和社会影响，实现由点到面的拓展，由表象到本质的深入，是枣庄先生赋予“丛刊”的鲜明特色。（一）注重由此及彼，由表及里，由个体向整体拓展。“不一则不专，不专则不能。”[②] 其三苏研究发轫于研究苏轼，由此横向、纵向拓展研究领域，进而由一苏到三苏，由本人特征到姻亲门生，由文献到年谱，由文艺作品到思想价值。修本而应末，举纲而张目，内涵向深，外延趋广，系列逐渐丰厚。（二）注重“博观约取，厚积薄发”[③]，由通博向专精深入。他倡行“读书宜博，研究宜专”。非但爬梳剔抉研究对象个体资料，而且全面客观掌握相关素材，以“博”纵观时空之广，以“专”追溯方位之深，在更宽视野中精准探索，尽量规避不“博”而“专”的局限，“博”而不“专”的空泛。正如“操千曲而后晓声，观千剑而后识器”[④]，掌握的史料愈翔实，研究愈深入，论述愈透彻，致力追求渊博史学、宏富史才、独到史识于一体。（三）注重“考述并重，文史合一”，由资料性向思想性凝练。“一要有明确的研究方向，二要全面占有资料，三要弄清基本事实，四要坚持独立思考。”这是他的学术心得，源于他的学术实践。对于“丛刊”中涉及的研究课题，他坚持从原始资料发端，多渠道梳理源头，独到地确定选题，由感觉而倾向，由倾向而观点，由观点而论证。这种以史料与文献为源头活水、

① （宋）程颢、程颐：《二程全书·河南程氏遗书》。
② （宋）苏轼：《应制举上两制书》，见《苏轼文集》。
③ （宋）苏轼：《稼说送张琥》。
④ （南朝·梁）刘勰：《文心雕龙·知音》。

文学与史学相得益彰的研究方法，利于防止唯“考”而简单堆砌，唯“述”而苍白说教，实现以“史”证“文”、以“文”化“史”、文史呼应。培根有言：“我们应该像蜜蜂，既采集百花，又专心整理，这样才能酿出香甜的蜂蜜来。”“丛刊”的形成也可印证：善集“百家之美”，可成“一家之言”。

步空白之域而探索创新。“非取法至高之境，不能开独造之域。”[①] 枣庄先生不仅将苏轼研究扩展到苏洵、苏辙，整理出版多部关于三苏的著作，而且在宋代文献整理、文学研究和古代文体学研究领域多有著述，具有填补学术空白的意义。其屡“开独造之域”，皆因“取法至高之境”。（一）批评精神首当其冲。多客观评判，少主观取舍，“事非目见耳闻”，不“臆断其有无”。词为长短句，而长短句不一定为词，不少人对这类文体学常识若明若暗。对此，他如鲠在喉，坦率批评近半个世纪不重视文体知识教学与科研，并自发研究中国古代文体学，编纂了《中国古代文体学资料集成》《中国古代文体学史》《中国古代文体分类学》，开学界之先河。（二）协作精神难能可贵，“独学而无友，则孤陋而寡闻”[②]。他注重与国内学者携手，鼎力推动三苏研究，筹建“曾枣庄三苏文化研究室”。他积极倡导和推动海内外开展三苏学术研究，与十余位海外生友长期合作，为研究三苏文化拓展新的视野、扩充国际影响起到了“推波助澜”的作用。（三）进取精神不可或缺。尽管于三苏研究，学界能出其右者不多，但他依然坚持“不懂就学”，笔耕不辍。其于花甲之年罹患癌症，犹自持“做最坏思想准备，尽量往好处努力”的信念，手不释卷、心无旁骛，不断取得新的成果；于耄耋之年，求知欲不减，进取心未退，犹以“只争朝夕”的执着，结集出版“丛刊”。借势“路漫漫其修远兮，吾将上下而求索”。他锲而不舍，登高行远，为有限的生命增添了认识事物的现实可能。

临浮躁之风而潜心治学。“凡学问之为物，实应离‘致用’之意味而独立生存，真所谓‘正其谊不谋其利，明其道不计其功’。质言之，则有‘书呆

① （清）刘开：《与阮芸台宫保论文书》，见《刘孟涂集》。
② （汉）戴圣：《礼记·学记》。

子'，然后有学问也。"[①] 枣庄先生之治学，有如梁启超所言之"书呆子"。（一）宁静而远功利。他说"问学之道，贵在坚持"，深谙求近功乃树故步自封的藩篱，坚信"骤长之木，必无坚理；早熟之禾，必无嘉实"[②]。面对学术造假、论文剽窃屡禁不止和草率成册、粗制滥造等屡见不鲜的不正之风，他时常拍案而起，"不合时宜"地较真到底。对有人不经深入研究就"古今中外的文章都敢写，赶时髦，报刊需要什么就写什么"的功利做法，他不愿苟同，坚持如切如磋，潜心治学。"丛刊"系列十本专著，成稿时间跨度三十六载，方才结集出版，足见其专注。（二）淡泊而远名累。他深畏"为学大病在好名"[③]"盛名之下，其实难副"[④]，因而甘居冷门、不凑热闹，博学好思、笃行不倦。坚持探赜与索隐，兀兀以穷年，传播三苏文化，扩大三苏影响，从不计较"采得百花成蜜后，为谁辛苦为谁甜"。因研究三苏成就斐然，被誉为"苏学界权威专家"，他为此诚惶诚恐、坚辞不受："真要有权威，尤其是公认的权威，问题就大了。"谦逊地表示自己只是做了一些古籍整理工作，足见其清醒。（三）尚实而远浮漂。他主张博览群书而不唯书，博采众长而不迷长，围绕具体问题独立思考、深入探索，坚持把三苏研究作为责无旁贷的使命，而非投机取巧的捷径。对于所从事的研究，他说："中华文化博大精深，为世界所仰慕，我们为先辈留下的文化遗产而自豪。作为学者，有义不容辞的责任，要尽自己的一份力量，让中华文化发扬光大。"足见其务实。"为学做事，忌求近功；求近功，则自画气沮，渊源莫及。"[⑤] 诚然，养成大拙方知巧，学到如愚始是贤。学问、事业有成，还真少不得"书呆子"精神。

"丛刊"对三苏的研究，不止于"形"的复制、"术"的回味，更在于"神"的接续、"道"的弘扬；未囿于怀念贤哲、重温过往，更重视镜鉴今人、启迪未来。"丛刊"面世，其意义正在于为广大读者敞开了一扇从遥远张望到详实了解三苏的文化之窗。传承文化，一代人有一代人的责任。枣庄先生数

---

① 梁启超：《清代学术概论》。
② （明）徐祯稷：《耻言》。
③ （明）王阳明：《传习录》。
④ （南朝・宋）范晔：《后汉书・黄琼传》。
⑤ （清）黄宗羲：《明儒学案》。

十年研究三苏，无疑为弘扬中华文化精神、发掘传承先贤经典，做出了贡献。如果“丛刊”出版，能启发为学者“穷不忘道，老而能学”[①]、治世者“守其初心，始终不变”[②]，那么，枣庄先生的艰辛付出便得到了时代升华。

莫道桑榆晚，红霞尚满天。致敬枣庄先生的学识和奉献！

---

① （宋）苏轼：《黄州上文潞公书》。

② （宋）苏轼：《杭州召还乞郡状》。

苏海探赜四十年

——“曾枣庄三苏研究丛刊”序

谢桃坊

我与枣庄先生是同时代人，而且是新时期以来进入学术界的。1979 年暑假，我在成都市和平街（原骆公祠街）四川省图书馆特藏部书库古籍阅览室查阅苏轼乌台诗案资料，于此与枣庄相识。他告诉我关于乌台诗案须读三种书——《东坡乌台诗案》《诗谳》和《眉山诗案广证》。我甚佩服他于文献资料之熟悉。此后我们一同报考中国社会科学院，同作为助理研究员被录取，但随即四川大学中文系杨明照先生请枣庄回去主持编注《苏轼全集》，我则于 1981 年初到四川社会科学院文学所工作。1984 年由枣庄介绍我为上海古籍出版社写作《柳永》小册子。枣庄数十年来是我在成都最好的老友，他对学术事业的执着与勤奋，与其成就之丰硕与卓著，这是我学术友人中甚为罕见的。

1956 年，我以同等学力考入西南师范学院中文系。同年枣庄考入中国人民大学历史系国际共产主义运动史专业，大学毕业后分配到四川大学马列主义教研室教政治学和哲学。1975 年在“崇法批儒”的社会思潮中，因苏轼曾经反对王安石变法，被认为是儒家，属于反动派、顽固派，典型的政治投机者。枣庄向来景慕三苏的为人，他认为：“儒家未必不如法家。骂苏轼为反动派，我也无所谓，这是政治问题、立场问题，时过境迁，立场一变，结论也会变；骂苏轼是顽固派，我仍无所谓，因为顽固也可说是立场坚定。……但骂苏轼是‘投机派’而且‘典型’，我就完全不能接受了，因为这是人品问题。投机者，迎合时势以谋取个人私利是也。”由此他决心系统地研究苏轼。清代学者王文诰以一生的精力完成《苏文忠公诗编注集成总案》，他在《苏诗总案》里写了《苏海识余》，认为关于苏轼的研究如面对汪洋的大海，故称为“苏海”。枣庄自 1975 年，孜孜不倦地由苏轼研究开始，发展为对三苏的全面研究，迄今已四十余年。今由巴蜀书社出版的“曾枣庄三苏研究丛刊”计收《历代苏轼研究概论》《苏轼评传》《苏洵评传》《苏辙评传》《三苏选集》《三苏文艺理论作品选注》《苏洵苏辙论集》《苏轼论集》《三苏姻亲后代师友门生论集》和《苏辙年谱》十种，这是枣庄研究三苏的成果的汇集，亦是总结性的标志。

自 1949 年以来，学术界因受到庸俗社会学观念的支配，充分肯定王安石为杰出的政治家，而变法是具有进步性质的政治改革。苏轼因为反对王安石变法，因而他是“大地主阶级顽固派”，“他在政治上站在旧党一边，没有看到新法对人民有利的也是主要的一面”，“他的政治观点基本上是保守的、顽固的”，苏轼“反对新法的诗歌一般说来表现了保守落后的政治倾向”，因此苏轼不断受到政治批判。改革开放以来，学术界拨乱反正，解放思想，以新的观念和方法重新探讨学术问题。这时重新评价苏轼成为研究宋代文史的一个突破口。然而当时王水照、朱靖华和刘乃昌等学者试图说明苏轼虽然曾经反对新法，但后来在《与滕达道书》里表示了忏悔，认识到过去反对新法是拘于“偏见”，“所言差谬”。此见解实源于 1957 年漆侠之说。苏轼在贬谪黄州时期与友人滕甫第十九书云：“吾侪新法之初，辄守偏见，至有异同之论。虽此心耿耿，归于忧国，而所言差谬，少中理者。今圣德日新，众化大成，回视向之所执，益觉疏矣。若变志易守，以求进取，固所不敢；若哓哓不已，则忧患愈深。”漆侠认为：“苏轼的这个忏悔书，不单单表明了他自己的政治态度，而且表明了和他同一类型的动摇派分子的政治态度。”这似乎可以说明苏轼的政治态度是前后不一致的，是变化的，他既然对自己反对新法表示忏悔，则可从维护变法的角度予以原谅了。枣庄于《文学评论丛刊》1979 年第三辑发表《论苏轼政治主张的一致性》，他认为：“王安石主张变法当然是革新派。但革新也不是只此一家，别无分店的。苏轼一生虽然反对王安石变法，但不能因此就说他反对变革，只是他们的具体变革主张不同而已。因此，我认为不但不应该把苏轼划入顽固派，也不应把他划作‘动摇’的‘中间派’，而应把他划入革新派。只是他算不上激进的革新派，而是具有更多的改良色彩的革新派。”枣庄继于《文学评论》1980 年第四期发表《苏轼〈与滕达道书〉是忏悔书吗?》，在考辨第十九书写作时间的基础上认为："当时，他和滕达道在政治上的处境都很困难，因此，他对老友进京可能出现的问题说：我们错了（吾侪新法之初辄守偏见），他们对了（今圣德日新，众化大成），不要再'哓哓不已'了，否则忧患愈深。这与其说是对过去反对新法表示忏悔，还不如说是在劝老友以言为戒。戒则戒矣，但并没有因此放弃自己的政治主张。这就是这封信的基本精神。"这样给苏轼以新的社会评价，在某种意义上开启了中国古代文史研究的一个新方向。枣庄发表此两文时，尚下放在中学教语文，《文学评论》的编辑侯敏泽，支持枣庄的意见，使两文能在权威刊物发表，可见当时学术界的公正态度。1981 年枣庄的专著《苏轼评传》由四川人民出版社出版，关于对苏轼的评价，他认为："王安石变法毕竟也是地主阶级的改良，本身就具有很大的局限性，在实际推行的过程中也确实存在不少问题。怎么能因为苏轼反对这样一种变法就全盘否定苏轼呢"，"我们应该如实承认苏轼一生都在反对王安石变法，但他一生也主张革新，只是具体的革新主张与王安石不同而已。他一生不仅在文学的各个领域颇富革新精神，而且在政治上也从来没有放弃过他的'丰财''强兵''择吏'的革新主张，并在他力所能及的范围内，为宋王朝的'丰财''强兵'，为巩固宋王朝的统治做了不少工作。他一生光明磊落，直言敢谏，始终坚持自己的政治主张"，"苏轼不仅是政治上主张革新的，而且在文学艺术的各个领域也颇富革新精神，取得了巨大成就，产生了深远影响"。枣庄对苏轼的评价表现出学者的锐气与个性，在当时确实起到了振聋发聩的作用，奠定了他研究"三苏"的学术基础，他的学术见解得到了学术界的支持，而他也由此成名。我之所以回顾这一段历史，因它是枣庄学术的光辉起点，而且在学术思想史上是有一定意义的。

对王安石的评价，这又涉及苏洵的《辨奸论》，文中的"奸"是指王安石。宋人邵伯温在《邵氏闻见录》卷九记述富弼于北宋熙宁二年（1069）谈到王安石"至得位乱天下，方知其奸"。清代学者李绂和蔡上翔开始怀疑《辨奸论》为邵伯温所作。1974 年史学家邓广铭认为："邵伯温却把苏洵装扮成一个预言家模样，料定王安石必然要执政当权，届时又必然为祸天下……因而邵伯温的此文此书一出，立即出现一犬吠影、百犬吠声的情况，在士大夫当中被普遍哄传开来。王安石的真实精神面貌，从此就被邵伯温所勾画的一副鬼脸给掩盖住了。”刘乃昌的《苏轼同王安石的交往》发表于《东北师大学报》1981年第一期，认为《辨奸论》绝非出自苏洵的手笔。枣庄随即发表《苏洵〈辨奸论〉真伪考》，他说：“我在研究苏轼的过程中，发现苏轼同王安石的政见分歧实际上从苏洵就开始了。过去有人说苏洵《辨奸论》是伪作，但我从苏洵的其他文章以及苏洵的同时代人，特别是苏洵的友人如韩琦、张方平、鲜于侁等人的言论中，发现了大量与《辨奸论》相似的观点，证明《辨奸论》对王安石的不指名的批评并非‘一反众议’，而是当时的‘众议’之一，只是用语更加尖锐而已。”他认为苏洵对王安石的厌恶开始于嘉祐元年（1056）以前，苏、王相诋开始于嘉祐元年初次相识之时，其后矛盾越来越尖锐，到嘉祐六年（1061）苏轼兄弟在应制科试的问题上几乎已经到了白热化的程度。正是在这种背景下，嘉祐八年（1063）王安石之母死，苏洵独不往吊，而作《辨奸论》的。文章的观点和用语与苏洵的其他著述一致，说明它确为苏洵手笔。

关于苏辙的研究是向来为学术界所忽略的。苏辙曾参与了王安石变法，在此期间突出地表现了特殊的政治革新的主张。北宋熙宁二年（1069）王安石为参知政事，朝廷设置三司条例司以推行新法，苏辙为三司条例司属官。枣庄认为苏辙向神宗皇帝上书，批评神宗继位以来所施之政“失先后之次”，提出以治财当先的革新朝政的主张。在这个问题上，苏辙与神宗、王安石的看法是基本一致的，这大概就是他们把苏辙安置在变法机构任职的重要原因。但在如何理财的问题上，苏辙同神宗、王安石的看法就不一致了。从“去事之所以害财者”出发，苏辙首先主张去冗官，减任子自大臣始，百司减员；其次是去冗兵，去冗费。由于苏辙反对“求财而益之”，因此他在条例司同王安石发生争论，对青苗法、盐法和铸钱等问题表示了不同的意见，并于是年八月写了《制置三司条例司论事状》对新法做了全面批评。由此可见，在政治革新和实施变法的问题上政治家们主张的复杂性，因而进一步肯定了苏轼和苏辙皆是北宋的政治革新者。枣庄发挥了在哲学、政治学和历史学上的个人学术优势，能在新时期拨乱反正的社会学术思潮的背景下探讨三苏与王安石变法的关系，重新肯定三苏进步的政治革新主张，给予了三苏以合理的历史定位。这是他对中国学术发展所作出的最大贡献。

当我们看待学者在某个学术领域所取得的成就时，必然关注的是这位学者是否解决此领域中的系列的学术难题，也许它们是狭小的问题，却由此可见到学者真正的学术水平。枣庄在长期的三苏研究中是认真解决了所涉及的系列的学术难题的。清代学者王文诰的《苏文忠公诗编注集成总案》四十五卷，实为一部最详尽的苏轼年谱，以资料翔实、考证精密著称，具有极高的学术价值。枣庄的《读王文诰〈苏诗总案〉札记》发表于《中华文史论丛》1983年第三期，对王文诰著作中存在的狭小的学术问题进行了考辨，如苏洵与史经臣、史沆交游的时间；苏洵与张俞居青城山白云溪的时间；苏洵《忆山送人》的写作时间；苏洵与雷简夫订交的时间与地点；《忆山送人》中之“吴君”为谁；苏洵《送吴待制中复知潭州》的写作时间；苏洵幼女之死及《自尤》的写作时间；苏洵《九日和魏公》的写作时间；苏轼与蔡襄论书的时间；苏轼《江上值雪效欧阳体》的写作时间；苏轼《屈原庙赋》的写作地点；苏辙《巫山庙》诗是否收入《南行集》；梅尧臣《老翁泉》的写作时间；苏洵《谢赵司谏启》中赵司谏为谁；苏洵《木假山记》的写作时间等等问题的考辨，皆在比较史料之后纠正了王文诰之失误。我当时读了此文极佩服枣庄治学的谨严和研究的深入。此札记是读《苏诗总案》第一、二卷时所发现的问题，我劝枣庄将整个《苏诗总案》彻底清理一番，当是一部博大精深著作。枣庄说这太难了。可惜此札记未再写下去。关于三苏的亲属，这与三苏研究似乎无重要关系，但他们的事迹和诗文却又与亲属的联系不可能分开，因而从家族文化的角度研究三苏是绝不可忽视的。为此，枣庄对三苏的后人与姻亲进行了细致的考察。苏轼的长子苏迈为中书舍人石昌言孙女婿，次子苏迨娶欧阳修孙女，幼子苏过娶翰林学士范镇孙女，苏辙长子苏迟娶翰林学士梁颢曾孙女，苏适和苏远娶龙图阁直学士黄实之二女。由此可见宋代士大夫间以家族联姻结为一种政治利益的关系。关于苏小妹的传说甚多，皆以为她是苏洵的幼女，苏轼之妹，嫁与著名词人秦少游。枣庄使用了重要资料辨明秦少游之妻为徐成甫之长女文美。苏小妹死于皇祐四年（1052），年仅十八岁。此年秦少游仅四岁。苏小妹本是才气超群而命运悲惨的女子，明代以来的小说和戏剧将这一悲剧人物改写成喜剧人物了。在这些考证中，枣庄使用了罕见的和新发现的资料，解决了三苏研究中细微而困难的学术问题。此外关于三苏合著《南行集》的探索、苏轼著述生前编刻情况、辨苏轼《叶氏宗谱序》之伪、南宋苏轼著述的刊刻情况、清人注苏诗的情况、苏辙《东坡先生墓志铭》之真伪、二苏合著《岐梁唱和诗集》的原貌和苏洵诗文的系年等等狭小的学术问题，枣庄均作了细密的考辨，充分体现了研究的深入。

我们纵观枣庄的治学方法，特别是三苏研究中，明显是建立在实证研究的基础上的。他很重视对史料的搜集与辨析，特别是在整理资料方面开展了大量的艰苦工作。他汇编有《三苏全书》《苏诗汇评》《苏词汇评》《苏文汇评》，编著了《苏辙年谱》，整理了苏洵的《嘉祐集》和苏辙的《栾城集》，编选了《三苏文艺理论作品选注》。由此体现出枣庄研究三苏的一个宏伟的计划，并且是以占有资料为基本条件的。

枣庄在总结四十余年的治学经验时曾说：

> 我从自己的研究工作中逐渐悟到，从事研究工作，一定要有明确的研究方向。人生的精力有限，真正能在一两个研究领域有所突破，就很不错了。这里有一个博与专的问题，我觉得读书宜博，研究宜专。真正对一两个领域作了深入研究，知识面就自然扩大了。我跟着苏轼转了几个圈，就大大扩充了知识面，有了明确的研究方向，就会注意收集所研究问题的有关资料。否则，一些极有价值的资料会在眼皮底下跑掉。以后想起，可能再也查不到了。二要全面占有资料。我这几十年主要是在做资料员。不是建立在全面占有资料的基础上的所谓“新论”，即使能造成轰动效应，也不可能持久。三要弄清基本事实，进行作家研究，我主张从年谱开始，对该作家的生平事迹及作品先进行编年。我觉得只有如此，研究工作才比较扎实。

枣庄的治学范围除三苏研究外，尚以二十年的主要精力主持并完成了

《全宋文》的巨编，还在宋代文史研究上取得丰硕的成就。他的三苏研究成就卓著，学术影响也特别巨大。他的治学途径与方法既有个性，亦是治学的普遍可行的规则，于三苏研究中的体现尤为明显。这皆值得我们学习和借鉴。

当评价一位学者的学术成就时，我们的确应肯定他“真正能在一两个研究领域有所突破就很不错了”。枣庄在三苏研究和宋代文史研究方面皆有所突破，皆取得了重大成就。他是一位真正的学者，有坚定的意志，明确的目标，宏大的气魄，执着的追求，在某种程度上推进了宋代文史研究的发展，尽到了学者的历史使命。我们对一位学者的评价应该见到其主要的学术贡献，不应求全责备，学术的局限或某些失误是不可避免的。枣庄在三苏研究中长于政治的、历史的批评，深入地解决了若干困难的学术问题，发挥了实证方法的优长，这是我们应充分肯定的。然而每位学者的知识结构和研究方法必然存在局限。枣庄缺乏艺术的敏感，对三苏文艺的研究是较为粗疏的，艺术分析因而难以深入。例如论及苏轼在文学史上的地位时，着重论述了“苏轼诗的现实主义精神和浪漫主义风格”。在庸俗社会学盛行时期，文学理论界以西方流派“现实主义”和“浪漫主义”附会中国古代文学史，这在理论上是一个时代思潮的谬误。再如在《苏轼研究史》中论及20世纪苏诗的整理与研究仅用三千四百余字，而且仅谈苏轼诗整理并未及研究。这部《苏轼研究史》计六十余万字，实际上仅是苏轼传记与诗集的整理史，它出版于2001年，时枣庄已患绝症，是在极端艰苦的境况中完成的。我当时读了此著，于扉页上记下初读的感受：

此著可谓苏轼文献资料史，而于苏轼研究史涉及争议的问题，几乎未谈及。苏轼之历史定位应是文学家，而于其文学评价基本上被忽略。20世纪是关于苏轼研究的新阶段，即所谓“衰落”而“复炽”，惜乎亦未接触重要学术问题，仅述传记资料及集子整理之事。凡此皆未能给历史人物定位所致，而亦反映出著者学术之局限。著者已申明“当恕病人”，又复何言！

也许我过于苛求了。在学术界我也听到某些学者对枣庄的指摘，有公开批评的，也有以书信方式散发而进行攻击的。这也属于自然的学术现象，然而我以为这些学者的看法是偏颇的或具私人成见的，他们并未客观看待枣庄的整个学术成就，也未见到其在中国现代学术发展中的意义。这一切是不可能动摇枣庄在现代学术史上的地位的。我谨祝老友健康长寿，在学术上更臻高境。

2017 年 7 月 13 日酷暑于爽斋

三苏带我走进宋代

——“曾枣庄三苏研究丛刊”自序

曾枣庄

我一生的研究工作，主要集中在两个领域：一是三苏，二是宋代。对三苏，既整理其著作文献，又对他们三父子进行全面的、综合的研究；对宋代，主要是整理宋文，并对宋代文学做多视角的研究。可以说，宋代的三苏、三苏的宋代，耗费了我一生的精力，但值得！

我研究苏轼，始于20世纪“文革”期间。“文革”中的“批林批孔”运动，因苏轼反对王安石变法，被定为儒家、反动派、顽固派、典型的投机派。骂苏轼为儒家，我无所谓，即使当时正在崇法批儒，但在我心目中，儒家未必不如法家；骂苏轼为反动派，我也无所谓，这是政治问题、立场问题，时过境迁，立场一变，结论也会变；骂苏轼是顽固派，我仍无所谓，因为顽固也可说是立场坚定，是“不可夺者，峣然之节”（宋孝宗《苏轼特赠太师制》）的另一种说法，是“从来不因自己的利益或舆论的潮流而改变方向”（林语堂《苏东坡传》）的另一种说法。但骂苏轼是“投机派”而且“典型”，我就完全不能接受了，因为这是人品问题。投机者，迎合时势以谋取个人私利是也。在宋神宗、王安石推行新法时，以苏轼的才华，只要稍加附和，进用可必；但他却反对新法，并因此离开朝廷，被投进监狱，还几乎被杀头。在高太后、司马光当政时，以他们对他的器重，只要稍加附和，或稍加收敛，不太锋芒毕露，不难位至宰相。但他却反对尽废新法，并因此而奔波于朝廷和地方之间，“坐席未暖，召节已行，精力疲于往来，日月逝于道路”（苏轼《定州谢到任表》）。世间哪有这样不合时宜的“典型投机派”呢？为回答这些问题，我决心系统研究苏轼，出版了《苏轼评传》（四川人民出版社，1982年），为苏轼“翻案”。

研究苏轼，自然避不开他的父亲苏洵、弟弟苏辙。但我感到，对同为唐宋八大家的苏洵、苏辙，学界的研究很薄弱，甚至连他们的别集都还未经整理校点。于是我与金成礼先生合作出版了《嘉祐集笺注》（上海古籍出版社，1993 年），与马德富先生合作点校了《栾城集》（上海古籍出版社，1987 年），与舒大刚先生共同主编了《三苏全书》（语文出版社，2001 年），并陆续出版了《苏洵评传》（四川人民出版社，1983 年）、《苏辙年谱》（陕西人民出版社，1986 年）、《三苏选集》（黑龙江人民出版社，1993 年，与曾涛合注）、《苏辙评传》（台湾五南图书出版公司，1995 年）、《三苏传》（台湾学海出版社，1995 年）、《三苏文艺思想》（四川文艺出版社，1985 年）、《苏诗汇评》（四川文艺出版社，2000 年）、《苏文汇评》（四川文艺出版社，2000 年）、《苏词汇评》（台湾文史哲出版社，1998 年，与曾涛合著），主编了《苏轼研究史》（江苏教育出版社，2001 年）等。

从苏轼到苏洵、苏辙，极大地拓展了我的视野，为我开展宋代文献的研究整理和对宋代文学做多视角研究创造了条件。我对三苏的研究虽然一生都未停止，但主要还是集中在我学术工作的前半期。后半期，我把主要精力放在宋代文献、宋代文学方面，耗时二十年之久与刘琳先生和川大古籍所的同仁共同完成了《全宋文》的编纂，还先后主编了《宋文纪事》（曾枣庄、李凯、彭君华编，四川大学出版社，1995 年）、《中华大典·宋辽金元文学分典》（江苏古籍出版社，1999 年）、《中国文学家大辞典（宋代卷）》（中华书局，2004 年）、《中国大百科全书（第二版）》（宋代文学部分）（中国大百科全书出版社，2009 年）、《宋代辞赋全编》（曾枣庄、吴洪泽主编，四川大学出版社，2008 年）、《宋代传状碑志集成》（四川大学出版社，2012 年）、《宋代序跋全编》（齐鲁书社，2015 年）等，出版了《论西昆体》（台湾丽文文化公司，1993 年）、《北宋文学家年谱》（曾枣庄、舒大刚著，台湾文津出版社，1999 年）、《宋文通论》（上海人民出版社，2009 年）、《宋代文学编年史》（曾枣庄、吴洪泽著，凤凰出版社，2010 年）、《文星璀璨：北宋嘉祐二年贡举考论》（复旦大学出版社，2010 年）等。

回顾四十多年的研究道路，做的工作也不可谓不多，因此多少有些心得，概括起来，不外以下几点：

一是对古代文化、古代文学的研究是完全可以自学的。我在中国人民大学其实是学国际共产主义运动史专业即马列主义的，涉足中国古典文学完全是社会原因和个人兴趣所致。

二是研究工作一定要从资料工作做起，这样研究工作才会有根基，不致人云亦云，甚至胡说八道。

三是要多请教，多切磋。在我几十年的研究工作中，老一辈的专家学者，如陈逸夫先生、王朝闻先生、任继愈先生、邓广铭先生、程千帆先生、缪钺先生、王利器先生、杨明照先生、戴逸先生、孔凡礼先生等都给了我不少指导和启发。与同辈的学者，如许嘉璐先生、章培恒先生、刘乃昌先生、王水照先生、谢桃坊先生、刘尚荣先生等，亦常就学术问题开展争论与争鸣；与晚一辈的学者如舒大刚先生、吴洪泽先生、李凯先生、彭君华先生等，亦多有合作。只有这样做学问，才能有生气。

四是不要在学术热点乃至时政观点上跟风。学术界也像其他行业一样，不同时期有不同时期的热点、重点，但不是你的研究领域，不是你的研究所长就不要去乱掺和，写凑热闹的文章。更不要生硬地将当前的时事政治套入古代文化、古代文学的研究中去，那就不是在继承文化遗产，而是在糟蹋文化遗产了。

最后，感谢巴蜀书社出版我这套“曾枣庄三苏研究丛刊”十种，这十种基本汇集了我一生有关三苏的论著；感谢原四川省政协主席陶武先先生、四川省文史馆馆员谢桃坊先生为本书赐序；感谢巴蜀书社总编侯安国先生、李蓓女士及相关工作人员等为这套丛刊付出的心血；感谢陈小平先生及犬子曾涛对这套丛刊的精心校对；感谢所有关注我的三苏研究的朋友们！

2017 年 7 月 7 日

出版说明

任何作家的创作都不是孤立的，除了要充分吸收前人的优秀成果，受到时代的影响和制约外，也会受到其家人师友的影响。有鉴于此，曾枣庄教授在研究三苏的过程中，也很重视对三苏姻亲、后代、师友、门生的研究，发表过近二十篇论文。《曾枣庄三苏研究丛刊》把这部分论文汇集起来，题名《三苏姻亲后代师友门生论集》，希望对读者从更广阔的背景上更深入地认识了解三苏有所帮助。

目　录

三苏姻亲考

由于三苏在文学史上的声名，人们不仅关心其世系，也关心其姻亲。研究三苏的姻亲，不仅有助于了解苏氏的兴衰，而且可从一个侧面反映南北宋之际的党争阵容。

一

苏洵《苏氏族谱》说："唐神龙初，长史（苏）味道刺眉州，卒于官，一子留于眉。眉之有苏氏自是始。"在苏味道以后，眉山苏氏皆不显，与之联姻的至多不过是乡里富人，直至三苏父子，没有根本变化。唯一值得一提的是苏洵的曾祖，"与五代相终始"的苏祜。他"娶于李氏。李氏，唐之苗裔，太宗之子曹王明之后世曰瑜，为遂州长江（治今四川大英长江坝）尉，失官，家于眉之丹棱"（苏洵《苏氏族谱后录下篇》）。李氏虽出身皇族，但早已破落。

苏洵之妻程氏一族，在苏程联姻时，虽为眉山巨富，但地位并不显要。苏轼《外曾祖程公逸事》说：

> 公讳仁霸，眉山人，以仁厚信于乡里。蜀平，中朝大夫惮远宦，官阙，选土人有行义者摄。公摄录事参军。……外祖寿九十。舅氏始贵显，寿八十五。曾孙皆仕有声，同时为监司者三人。

苏轼的外曾祖程仁霸，仅摄录事参军，且不久即"罢归"。外祖指程文应，司马光《程夫人墓志铭》说："夫人姓程氏，眉山人，大理寺丞文应之女。"这里的大理寺丞是"封官"，苏轼曾对李廌说："外祖甚富，（苏、程）

二家联姻，皆以子贵封官。”（《师友谈记》）“舅氏始贵显”，舅氏指程濬，他与苏洵之兄苏涣同科进士及第。苏轼说：“伯父登朝，而外氏程舅亦登朝。”濬先后通判彭州、嘉州、梓州，知归、遂二州，提点湖南路刑狱，除太常少卿，徙夔州路转运使（事见吕陶《程公墓志铭》）。“曾孙皆仕有声”，指苏轼表兄弟这一辈。“同时为监司者三人”，指程濬长子程正辅（字之才），曾为广南东路提刑；正辅弟德孺（字之元），亦曾提刑广东；懿叔（字之邵），曾任熙河路转运使。程濬是眉山一霸。苏洵幼女八娘（苏小妹）于皇祐二年（1050）十六岁时适表兄程正辅，皇祐四年（1052）就被程家虐待致死。苏洵《自尤》诗叙说：“濬本儒者，然内行有所不谨，其妻、子尤好为无法。吾女介于其间，因为其家之所不悦。适会其病，其夫与舅姑遂不之视而急弃之，使至于死。”至和二年（1055）苏洵作《苏氏族谱亭记》并刻石，不点名地痛斥程濬“骨肉之恩薄”“孝弟之行缺”“礼义之节废”“嫡庶之别混”“闺门之政乱”“廉耻之路塞”，“是州里之大盗”。苏、程两家彻底闹翻了，程夫人处于其间，日子自然很难过。在苏洵送二子入京应试期间，程氏于嘉祐二年（1057）抑郁而死，年仅四十八岁。苏轼兄弟奉父之命，与程正辅断绝往来四十二年。直至苏轼贬官岭南，以念母之故，才与提刑粤东的程正辅相与释憾。

苏轼前妻王弗，“眉之青神人，乡贡进士王方之女”（苏轼《亡妻王氏墓志铭》）。“妻兄王愿”（苏轼《记猪母佛》）亦未入仕。继室王闰之，青神王介（字君锡）之女，王弗的堂妹。苏轼《祭王君锡丈人文》说：“轼始婚媾，公之犹子；惟公幼女，嗣执罍篚。”王介亦三世“隐居不仕”。妻弟王箴（字子直）“举进士不调”，“遂不复事科举”（苏过《王元直墓碑》）。元直季父王庆源“以累举得官”，但也只作过“洪雅主簿”“雅州户掾”等小官（苏轼《庆源宣义王丈求红带》），且“以论事不合”，“即谢病去”（《王元直墓碑》）。

孙汝听《苏颍滨年表》说：“辙娶史氏，年十五，父曰瞿。”苏洵有《祭史亲家祖母文》：“夫人之孙，归于子辙。”苏、史两家为世姻，苏洵之父苏序亦娶妻史氏，《族谱后录下篇》说：“史氏夫人，眉之大家。”辙妻史氏或与祖母史氏同族，至多也不过是“眉之大家”而已。

由此可见，三苏妻族都只是乡里富人。其中程家虽“贵显”，但那是以后的事。苏、程两家结亲时（1027），只不过各家有一人进士及第（1024）罢了。

二

与苏轼兄弟的子女联姻者，情况就大不相同了。

苏轼有三子：苏迈、苏迨、苏过。王文诰《苏诗总案》卷一五载，熙宁十年（1077）三月，苏轼“为迈娶妇……迈是年十九岁，其婿于谁氏，不可考也”。1982年四川眉山发现了《苏符行状》，“其婿于谁氏”已可确考。《行状》云：“先公姓苏氏，字仲虎，讳符，世居眉山。曾王父讳洵，王父讳轼，父讳迈，母石氏，故中书舍人昌言之孙。”原来苏迈乃官至中书舍人的石昌言的孙女婿。这一地下文物很重要，以前读苏轼《与迈求婚启》，不知所云，现在却豁然贯通了：

里闬之游，笃于早岁；交朋之分，重以世姻。某长子迈，天资朴鲁，近凭游艺之师传；贤小娘子，姆训夙成，远有万石之家风。聊申不腆之币，愿结无穷之欢。

据《宋史·石扬休传》，石扬休字昌言，眉州人。苏、程、石为眉山三大家，苏轼《送表弟程六知楚州》说：“炯炯明珠照双璧，当年三老苏、程、石。”所谓“里闬之游，笃于早岁”者以此。苏洵有姊二，“长适杜垂裕，幼适石扬言”（苏轼《苏廷评行状》）。石扬言乃石昌言之兄弟，故苏洵《送石昌言使北引》有“家居相近，又以亲戚，故甚狎”语。所谓“交朋之分，重以世姻”者以此。苏迈为石昌言的孙女婿，其岳丈为谁呢？苏轼《石氏画苑记》说：“石康伯字幼安，眉之眉山人，故紫微舍人昌言之幼子也。举进士不第，即弃去。当以荫得官，亦不就，读书作诗以自娱而已。不求人知，独好书法名画，古器异物”，“居京师四十余年。”又《祭石幼安文》云：“闻人蜀音，回首粲然。矧如夫子，又戚且贤。”“戚”字表明，苏迈所娶当为石幼安之女。苏轼“为迈娶妇”在罢密州任返京，居于京郊范镇东园时，与石幼安“居京师”亦合。

苏迨之妻为欧阳修的孙女。苏辙元祐四年作的《欧阳文忠公夫人薛氏墓志铭》说，修有“孙女七人”，前五人已适人，其六“许嫁承务郎苏迨”，其七“尚幼”。苏轼颍州《祭欧阳文忠公（夫人）文》也说：“元祐之初，起自南迁。叔季在朝，如见公颜。入拜夫人，罗列诸孙。敢以中子，请婚叔氏。夫人曰然，师友之义。”古人以伯仲叔季为兄弟排行。欧阳修有四子：发、奕、棐、辩。“请婚叔氏”，即请以欧阳棐之女许配“中子”苏迨。据《宋史·欧阳修传》所附《欧阳棐传》，棐字叔弼，广览强记，能文辞。修卒，代草遗表，神宗读而爱之，意修自作。棐先后知襄州、潞州、蔡州，敢于抵制新党曾布妇兄魏泰占公私田、强市民货。后坐党籍废，其政治立场与苏轼相近。棐女元祐四年尚未过门，而过门不久就病逝了，苏轼有《祭迨妇欧阳氏文》：

昔先君与太师文忠公恩义之重，宜结婚姻，以永世好。故予以中子迨，求婚于汝。自汝之归，夫妇如宾，娣姒谐穆。事上接下，动有家法。谓当百年，治我后事。云何奄忽，一旦至此。使我白首，乃反哭汝。命也奈何，呜呼哀哉！以吉月良日，殡汝于京城之西惠济之僧舍。

苏轼继室王闰之卒于元祐八年（1093），亦“殡于城西惠济院”，估计迨妇棐女，亦卒于是时前后。但令人奇怪的是韩元吉《苏公（岘）墓志铭》说：“祖讳迨，朝散郎、尚书驾部员外郎，妣安人欧阳氏。……始文忠（苏轼）爱阳羡山水，买田欲居，仅数百亩、屋数椽也，而家于许昌。至离乱（指北宋灭亡），驾部即世，欧阳夫人始居阳羡。”据此，迨妻欧阳氏活到了南宋初年。《苏岘墓志铭》中的欧阳氏很可能是苏辙《欧阳文忠公夫人薛氏墓志铭》中那位“尚幼”未许人的欧阳修孙女，她在迨妻欧阳氏病逝后，成了苏迨的继室。

苏过之妻姓范，这从苏轼《药师琉璃光佛赞并引》可知：“佛弟子苏籥与其妹德孙，病久不愈。其父过、母范氏供养祈祷药师琉璃光佛，遂获痊损。”由于晁说之的《苏叔党墓志铭》“下阙”结尾部分（晁的《景迂生集》和苏过的《斜川集》所附录皆如此)，弄不清范氏为谁之后。但在残存的《永乐大典》上，《苏叔党墓志铭》却是完篇，谓苏过“娶范氏，蜀忠文公之孙，承事郎百嘉之女”。蜀忠文公即范镇，字景仁，成都华阳人。仁宗时“首开建储之议”。后为翰林学士，因反对王安石变法而致仕。哲宗继位，起为端明殿学士，“固辞不赴”。元祐三年卒，谥忠文。苏、范既是同乡，又是世交，三苏父子同范镇的关系都很密切。“轼得罪下御史台狱，索公与轼往来书疏文字甚急，公犹上书救轼不已”（苏轼《景仁墓志铭》)。其子百嘉以荫为秘书省正字，勾当都茶库。第进士，改大理评事，用荐为市易司属官。早镇一年卒，年仅三十九（见范祖禹《范君墓志铭》)。苏轼贬官惠州，苏过、范氏皆随行。再贬儋州，范氏留居白鹤峰，苏轼称其“笃孝”(《追和戊寅岁上元》跋)。

三

苏辙亦有三子：苏迟、苏适、苏远（逊)。

苏迟娶妻梁氏，为宋初翰林学士梁颢曾孙女，仁宗朝宰相梁适孙女，提点刑狱梁子美之姊。周亮工《书影》讲到河南郏县苏坟时说：“南一家为盗发矣，俯其穴，得志铭，始知为夫人。……夫人姓梁氏，为宋状元颢之曾孙，适苏迟，为子由长子。”这一记载是可靠的，因为《长编》元符元年六月亦载：“苏辙移循州安置，本路提刑梁子美与辙系婚姻之家，不申明回避，并其余监司失觉察，各罚金三十斤。”据《宋史》梁颢、梁适、梁子美本传，子美为梁适之孙，而梁适为“翰林学士颢之子”，因此，梁子美也是梁颢的曾孙，与苏迟之妻梁氏为兄妹或姊弟关系。《宋史·梁子美传》说：“绍圣中，新复役法，子美先诸路成役书，就迁提点刑狱。徽宗立，陈次升言：‘子美缘章惇姻家，连使湖外，承迎其旨意，一时逐臣在封部者多被其虐。’”哲宗朝，梁子美因对元祐党人“失觉察”被“罚金”；而徽宗立，他又因元祐党人“多被其虐，不宜使在近畿”。可见时论总是随政治气候的变化而变化。但就梁子美的主要政治倾向看，他更接近新党，为人亦“纵侈残虐”，这大概就是他与苏辙虽“系婚姻之家”，但苏辙兄弟诗文中却很少提及此人的原因吧。

《宋史·黄寔传》载：“黄寔字师是，陈州人。……林希曰：‘寔两女皆嫁苏轼子，所为不正，不宜用。'”苏轼之媳无姓黄者，轼当为辙之误。苏辙《祭黄师是龙图文》云：“尊先使君，与我早岁，旅于天廷。自唐已然，同年友朋，异姓弟兄。”黄师是的“先使君”为黄好廉（字几道），嘉祐二年（1057）与苏轼兄弟同科进士及第，历知蔡州、濮州等地。苏轼《祭黄几道文》云：“几道大夫年兄之灵……我迁淮南，秋谷五登。……纳币请昏，义均股肱。”这里所说的“淮南”指陈州（治所在今河南淮阳），而苏轼一生根本没有在陈州做过官，只有苏辙于熙宁年间担任过陈州州学教授。因此，苏轼《祭黄几道文》，题目似不确，当为《代子由祭黄几道文》，这才与苏辙《祭黄师道龙图文》的以下内容一致：“君家在陈，我宦陈庠，时始合并。……我迁南方，归来老矣，故旧无几。君家父子，见我京师，相顾而喜。往来绸缪，昏姻之好，实始于此。”黄寔之女为苏辙之媳，还有苏辙《祭八新妇黄氏文》《再祭八新妇黄氏文》可证。《祭八新妇黄氏文》云：“吾不善处世，得罪乎朝，播迁南荒，水陆万里。家有三子，季子（苏远）季妇，实从此行。自筠徙雷，自雷徙循，风波恐惧，蹊遂颠绝。所至言语不通，饮食异和，瘴雾昏翳，医药无有。岁行方闰，气候殊恶，昼热如汤，夜寒如冰，行道殭仆，居室困瘁。始自仆隶，浸淫不已，十病六七，而汝独甚。天乎何辜，遂殒于瘴。”这证明苏远之妻为黄氏，死于随苏辙谪居循州（今广东龙川）时。

王文诰《苏诗总案》卷二四论及林希所谓“寔两女皆嫁苏辙之子”时说：“考子由之幼子远，黄寔婿也，其女从谪龙川，卒于惠州。建中靖国元年公（苏轼）北归，至仪真，子由始与公议，将求其幼女为远续姻。逾月公薨，并未见其成也。是时哲宗已崩而林希亦死，《宋史》所载不知何本。”王文诰谓子由将求黄寔幼女“为远续姻”，我们倒不知其“何本”。王文诰显然认为林希所谓“寔两女皆嫁苏辙之子”指“皆嫁”苏远，而苏远之妻黄氏死时，“林希亦死”，故怀疑林希有此语。其实林希所谓黄寔两女皆嫁苏辙子，绝非指“皆嫁”苏远，而是指嫁与苏适、苏远。苏适之妻为黄寔女，现在也有确证，这就是 1972 年河南郏县三苏坟出土的《宋承议郎眉山苏仲南（苏适字仲南）墓志铭》。《铭》云：“娶黄氏，龙图公寔之女，有贤德孝行，先仲南半年而逝。”苏适卒于宣和四年（1122）九月八日，黄氏卒于是年春末。同时还出土了《宋故孺人黄氏墓志铭》。这一切都证明王士禛《香祖笔记》的说法是正确的："黄师是是章惇之甥，以二女妻颍滨之子适、远。"

新妇黄氏死时，苏远还很年轻，当然要"续姻"。但所续不是黄寔之女，而可能也是范镇孙女、范子中之女。建中靖国元年（1101）十二月苏辙《祭范子中朝散文》说："苏氏范氏，同出坤维。蜀公（范镇）告休，居颍之湄。我老去国，归亦从之。公逝久矣，见其长子。婚姻之故，莫我遐弃。一叩我门，遂不再至。"从祭文可知，苏辙自岭南北归，居于颍水之滨，与范镇长子范子中联姻，但不久子中就去世了。

四

苏轼"平生无一女"（《叶涛致远和二诗，复次其韵》），而苏辙共有七女（苏轼《与章子厚书》："子由有七女，负债山积"），但长大成人婚配的只有五女。孙汝听《苏颍滨年表》说："五女，文务光、王适、曹焕、王浚明、曾纵，其婿也。务光字逸民，适字子立，焕字子文，纵字元矩。"这一记载是可信的，因苏籀代苏迟作的《故中奉敷文阁王公墓志铭》亦有"苏宗五女"之语。另外两女显然死于未婚配前，例如苏轼《答秦太虚书》说："舍弟初到筠州，即丧一女子。"

文务光是文同幼子。文同字与可，梓州永泰（今四川盐亭）人，北宋著名画家。官终湖州知州，世称文湖州。苏、文两家也是世交，苏洵有《与可许惠所画舒景，以诗督之》诗。元丰元年（1078）八月苏辙以长女适文同之子，苏轼《与李公择书》说："（苏）迈往南京，为舍弟此月十一日嫁一女与文与可子，呼去干事。"同年十月文同被命知湖州，翌年正月赴任途中卒于陈州。苏辙《祭文与可学士文》说："与君结交，自我先人。旧好不忘，继以新姻。乡党之欢，亲友之恩。岂无他人，君则兼之。君牧吴兴（即湖州），我官南京（今河南商丘，时苏辙为南京签判）。从君季子，长女实行。君次于陈，往见姑嫜。使者未反，而君沦亡。"文同去世后，文务光夫妇扶丧返蜀，不久，务光病逝。苏辙《王子立秀才文集引》说："务光之文，悲哀摧咽，有江文通、孟东野感物伤己之思，予每非之，曰：'子有父母昆弟之乐，何苦于此！’务光终不能改也。既而丧其亲，终丧五年而终。予哭之恸曰：‘悲夫，彼其文固有以兆之乎！’”又《祭亡婿文逸民文》说：“我迁南方，君旅成都。相望天涯，逾岁一书。我还京师，幸将见君。一病不复，发书酸辛。”从“终（文同）丧五年而终”和“我还京师”可知，文务光卒于元祐元年（1086）。务光死后，苏辙把长女及外孙文骥接回京城。苏辙贬官岭南，长女随苏迟、苏适居颍昌。苏辙北归后，文骥已长大成人，苏辙有《次韵文氏外孙骥，以其祖父与可学士书卷还谢悰学士》《文氏外孙入村收麦》《同外孙文九新春五绝句》等诗。

王适是枢密使王曙之孙，尚书比部郎中王正路之子：“君大父讳曙，庆历中枢密使，以厚重气节称。考讳正路，尚书比部郎中，乐易好施，得名于士大夫。”（《王子立秀才文集引》）王曙，《宋史》有传，历仕真宗、仁宗两朝，曾知益州，“为政有大体，蜀人爱之”。据《宋史》本传和《宰辅表》，王曙于景祐五年（1038）曾任参知政事。王正路，《宋史》无传，据苏轼《王子立墓志铭》，王正路曾“知濮州，赠光禄大夫”，官位也不低。王适初从学于苏轼。苏轼《王子立墓志铭》说：“子立讳适，赵郡临城人也。始予为徐州，子立为州学生，知其贤而有文，喜怒不见，得丧若一，曰：‘是有类子由者。’故以其子妻之。”乌台诗案后，王适从学于苏辙，苏辙《王子立秀才文集引》云：“昔予既壮，有二婿，曰文务光、王适。务光俊而刚，适秀而和。予方从事南都，二子从予学为文，皆长于诗骚。……始予自南都谪居江南，凡六年而归，适未尝一日不从也。既与予同忧患，至于涵咏图史，驰骛浮图、老子之说，亦未尝不同之。故其闻道益深，为文益高。”苏辙回朝，王适亦入京，元祐四年（1089）卒，年仅三十五岁。

曹焕乃光州知州曹九章演甫之子。苏辙同曹九章早已相识：“我官宋都（商丘），晨出南河。逢公北征，吏卒讥诃。相揖于舆，莫复遑他。”苏辙送苏轼赴徐州任，与曹相会于符离，轼与曹已提及这门亲事：“伯氏之南，见公符离（今安徽宿县东北）。倾盖相欢，执手无疑。公顾我笑，我犹未知。”在苏辙贬官筠州时，李公择又从中撮合（苏轼《与李公择书》：“所论曹光州亲情与卑意合，已作书问子由，次第必成也”），这门亲事很快就成了：“逮伯迁黄，公在浮光。山联川通，可跂而望。有馈豚羔，报之醪浆。始于朋友，求我婚姻。数岁之间，相与抱孙。”苏辙在筠州有《次韵王适元日并示曹焕》《同王适、曹焕游清居院》等诗，谓“二君未肯嫌贫病，犹得衰颜一笑开”。政和元年（1111），曹焕曾任山阳令，辙有《曹郎子文赴山阳令》诗。

曾纵为谁之后呢？苏辙晚年闲居颍昌期间有《曾郎元矩见过逾月，听其言久而不厌，追感平昔，为赋诗一首》，为我们提供了线索：

胄子相从得佳婿，掖垣同值喜良朋。交情不意隔生死，世事休论有废兴。宿草芊绵泪入土，故琴牢落恨填膺。远来似觉清谈胜，试问传家今几灯？

苏辙在首句后自注说：“迟初于太学识元矩，因有姻议。”与苏辙“掖垣同值”而又姓曾的“良朋”只有曾巩之弟曾肇。曾肇字子开，神宗朝曾任国史编修官等职，“元祐初，擢起居舍人。未几，为中书舍人”。时苏辙亦任中书舍人，有《次韵曾子开舍人四月十二日扈从》诗，“掖垣同值”即指此时。徽宗立，迁翰林学士兼侍读。时赦元祐臣僚，曾肇请并录死者，作训词，哀厚恻怛，读者为之感怆。崇宁初，再黜元祐党人，肇请与俱贬。遂落职，谪知和州，徙岳州，继贬濮州团练副使，汀州安置。崇宁四年（1105），归润而卒（事见《宋史·曾肇传》），故有“交情不意隔生死”，“宿草芊绵泪入土”之句。肇有“子统，至左谏议大夫”，统与纵显然为兄弟行。

王浚明字子家，乃知虢州王廷老伯敭之长子，娶苏辙幼女。但查慎行《苏诗补注》却说：“伯敭长子娶东坡女，子由有代《祭王虢州文》：‘我迁于南，一往六年。遂以息女，许君长子。’”冯应榴《苏诗合注》、张道《苏亭诗话》皆从其说。王文诰《苏诗总案》卷二七始驳之，指出苏辙《祭王虢州文》乃“两公合祭”，非代轼祭；“自‘轼官吴中’至‘民亦少安’，止述（苏轼）倅杭时抗行新法，与各官不合，而廷老为提刑转运，独周旋之，此公（苏轼）语也；以下‘罪废’‘家宋’，度入‘辙适在是’句及迁南、许女之事，至‘亲戚惟始’止，此子由语也。……查注屡谓伯敭长子娶东坡女及代作祭文之说，实由误读此文也”。王文诰仅从《祭王虢州文》的内容和结构已令人信服地证明王伯敭长子所娶为苏辙女。但还有一个更有力的证据，王文诰似未见到，故未能指出王伯敭的长子为谁，这就是苏籀《故中奉宝文阁王公墓志铭》。这篇《墓志铭》说："父讳廷老，任两浙漕左"，"公讳浚明，字子家。"又说："某之先伯东坡公、先人栾城公，夙从太原伯敭甫游。……栾城以（苏迟）妹氏归焉。苏宗五女，伦次季婿也。"王浚明于"绍兴二十三年（1153）七月二十六日以疾卒，享寿八十有五"。"绍兴七年（1137）赐三品服"，"仕宦七十余载，历任二十官，阶至中奉大夫，勋文安县男。尊荣寿考，可以无怼矣"。如果说苏辙诸子的"尊荣寿考"以苏迟为最（官至工部侍郎，卒于绍兴二十五年，年亦八十余），那么，苏辙诸婿的"尊荣寿考"就以王浚明为最。

张道《苏亭诗话》据苏轼北归时《与胡郎仁修书》，断言苏轼有女小二娘，其婿为胡仁修。我在拙作《苏轼评传》（修订本）中说："苏轼《与胡仁修书》云：'小二娘持服不易，且得无恙。伯翁一行甚安健，得翁翁二月书及三月内许州相识书，皆言一宅康安。'伯翁乃苏轼自指，翁翁指小二娘之父，已归许昌之苏辙，可见小二娘当为苏辙之女。"说小二娘为苏轼女，与此《书》称谓不合，与苏轼四十九岁时所说"平生无一女"矛盾，苏轼四十九岁以后是否有女又别无旁证。但苏籀和南宋孙汝听皆言苏辙"五女"，其婿又历历可考，因此，我说"小二娘当为苏辙之女"亦未必可靠，当续考之。

五

苏轼兄弟的孙男、孙女、曾孙、曾孙女很多，其姻亲，多数已不可考。今将可考者略述如下，不可尽考者亦附记于此，以备他日查考。

苏轼之孙、苏迈之子苏符娶王适女，即苏轼这一孙媳为苏辙的外孙女。苏辙《王子立秀才文集引》说："君之没，女初未能言而子裔未生。"可见王适有女。绍圣四年（1097）春，苏迈携子赴惠州看望苏轼，苏轼为苏符作《求婚启》说：

结缡早岁，已联昆弟之姻亲；垂白南荒，尚念子孙之嫁娶。敢凭良妁，往款高闳。轼长子某（迈）之第二子符，天质下中，生有蓬麻之陋；祖风绵邈，庶几弓冶之余。伏承（王蘧）故令弟子立先辈之爱女第十四小娘子，禀粹德门，教成家庙。中郎坟籍之付，岂在他人；太真姑舅之婚，复见今日。仰缘夙契，只听俞音。

这门亲事是成功了的，有新近眉山发现的《苏符行状》可证："先夫人王氏，故枢密使豰之曾孙适子立之女。"这篇《行状》还表明，苏符有"一女适故工部侍郎刘公观之次子右丞侍郎安牧"。《行状》署"侄婿蜀郡范仲芑书"。范仲芑字西叔，范镇从孙范祖禹之孙，淳熙元年（1174）以起居舍人兼侍读，除起居郎，改侍御史。二年（1175）除谏议大夫兼侍讲。三年（1176）卒（事见周必大《祭范西叔仲芑侍讲文》）。

黄庭坚有《子瞻诗句妙一世，乃云效庭坚体》诗，中有"小儿未可知，客或许敦厖。诚堪婿阿巽，买红缠酒缸"。任渊注："阿巽，盖苏迈伯达之女，东坡之孙。山谷虽有此言，其后契阔，竟不成婚，嫁范子功之孙湨，湨字箕叟。"据《宋史·范镇传》，范百禄字子功，范镇兄范锴之子。第进士，又举才识兼茂科。元祐中知开封府，复召入翰林，拜中书侍郎。其孙范湨后亦居许，苏过有《与范箕叟避暑西湖》诗。以上情况说明，南北宋之际，苏、范两家几乎世代联姻。

苏轼之孙、苏迨之子苏篑亦娶妻范氏，韩元吉《苏岘墓志铭》说："考讳篑，将仕郎，累赠朝奉大夫，妣太恭人范氏。"这位范氏为谁之女不可考，很可能也是范镇一族。苏篑无子，过继苏过之孙苏籥之子苏岘为子。岘"娶曾氏"，乃"曾丞相怀"之女。据《宋史·宰辅表》，曾怀于南宋孝宗乾道八年（1172）自户部尚书除参知政事，九年（1173）自参知政事除右丞相。岘"女一，适施槩"。施槩事迹未详。

苏过有"男七人"，其媳姓氏不可考。"女四人，长适将仕郎常任侠"（《苏叔党墓志铭》）。苏过《祭常子然文》说："嗟我先君，昔迁南夷。万里致书，公时布衣。同臭使然，忘其祸危。先君即世，义不敢遗。请婚后人，不谋于龟。"据"请婚后人"，疑常任侠即常子然之后。其他不可考。

苏过有《祭岑彦休文》：“嗟余通家，三世乡闾。臭味既同，婚姻与俱。……岂期斯人，千里半途。望哭其堂，若见襟裾。”从祭文看，岑为蜀人，且为世交。苏轼有《次天字韵答岑岩起》诗，施注：“岑岩起名象求，梓州（今四川三台）人。元祐四年为考功郎，以苏文定公（辙）荐，拜殿中侍御史。文定执政，以嫌徙金部郎。事徽宗于王邸，终宝文阁待制。”“以嫌徙”表明，苏、岑两家可能有亲，岑彦休或为岑象求之后。

通过对三苏及其后代姻亲的考察可以看出，眉山苏氏与朝廷大臣联姻，起于苏轼兄弟之子女，迄于苏轼曾孙苏岘，其前其后的姻亲，地位皆不显。三苏声名大震后，与之结亲的不少仍是蜀中故旧，如石氏、文氏、范氏，但更多的是新结识的全国各地的友朋。这些人除梁子美比较接近新党外，一般都在不同程度上反对新法，或对新法持保留态度。其中范镇一族是同里、世交，反对新法也最坚决，而与苏家世世为姻的也最多。苏洵说：“乡人婚嫁重母族。”（《自尤》）其实何止乡人，从三苏姻亲看，仕宦之家的婚嫁亦重母族，很重视亲上加亲，成为“世姻”。

（原载上海古籍出版社《中华文史论丛》1986年第2辑）

“兴衰无不本于闺门”

——三苏妻氏对成就三苏的贡献

一、苏洵之妻程夫人

三苏成为文学大家的原因很复杂，这与自古以来四川文化比较发达有关。在元代以前，四川文化一直处于全国领先的地位，汉赋四大家除贾谊外，其余三家（司马相如、扬雄、王褒）都是蜀人。唐代诗风的创立者陈子昂是四川人；李白虽未必生于四川，但至少青年时代是在四川度过的；杜甫也非四川人，但他现存1400多首诗中，有900多首即三分之二是在流寓四川的八年中写的。无论婉约词（《花间集》）还是以苏轼为代表的豪放词都产生于四川。宋代刻书业很发达，眉州就是当时的刻书中心之一。这些是出现三苏的大环境，至于三苏出现的具体原因，一是靠他们自己的努力，二是靠妻子的支持。

现在很多人喜欢以家学渊源、师学渊源自炫，但家学、师学远没有自学重要。苏洵就没有什么家学渊源和师学渊源，完全靠自学成才。对他成才起最大作用的是他的妻子程氏。据司马光《程夫人墓志铭》[①] 载，程氏亦眉山人，年十八与苏洵结婚。在苏、程联姻时，程家虽为眉山巨富，但地位也不显要。程夫人的祖父程仁霸，仅为摄录事参军，而且不久即“罢归”。父亲程文应是大理寺丞，这只是父以子贵而得的“封官”。程夫人之兄程濬与苏洵之兄苏涣同科进士及第，苏、程两家才开始显赫起来。

程家富有而苏家较贫，程夫人到苏家后却恭孝勤俭，无丝毫骄倨可议之状。有人对程夫人说：“若父母非乏于财，以父母之爱，若求之，宜无不应

① 《传家集》卷七八，四库全书本。

者。何为甘此蔬粝，独不可以一发言乎？”程夫人说：“以我求于父母，诚无不可。万一使人谓吾夫为求于人以活其妻子者，将若之何？”故她不求娘家。苏洵年二十七仍不学，一日慨然对程夫人说：“吾自视今犹可学。然家待我而生，学且废生，奈何？”程氏回答说：“我欲言之久矣，恶使子为因我而学者。子苟有志，以生累我可也。”于是尽出服玩卖来治生，不数年遂成富家。苏洵因此得以专志于学，卒成大儒。程氏有文化，喜读书，识大义。苏轼兄弟少年时代是以母为师的，在苏洵游学四方时，母亲程氏对他们亲授以书，成了他们的家庭教师。她曾教他们读《后汉书·范滂传》，要苏轼兄弟以“能死直道”的范滂为榜样。在苏轼十岁以后，在苏洵“到家不再出，一顿俄十年”[①]期间，则是以父为师，苏辙《亡兄子瞻端明墓志铭》（《栾城后集》卷二二）说，轼“与辙皆师先君”。苏洵送苏轼兄弟入京应试，二人同科及第，程夫人还未得知消息，就已病逝于家。司马光《程夫人墓志铭》说：“妇人柔顺足以睦其族，智能足以齐其家，斯已贤矣。况如夫人能开发辅导成就其夫、子，使皆以文学显重于天下，非识虑高绝，能如是乎？古之人称有国有家者，其兴衰无不本于闺门。今于夫人，益见古人之可信也。铭曰：贫不以污其夫之名，富不以为其子之累。知力学可以显其门，而直道可以荣于世。勉夫教子，底于光大。寿不充德，福宜施于后嗣。”苏洵对贤妻之死是很悲痛的，其《祭亡妻文》（卷一五）言其“勉夫”说：“与子相好，相期百年。不知中道，弃我而先。我徂京师，不远当还。嗟子之去，曾不须臾。子去不返，我怀永哀……嗟予老矣，四海一身。自子之逝，内失良朋。孤居终日，有过谁箴？昔予少年，游荡不学。子虽不言，耿耿不乐。我知子心，忧我泯没。感叹折节，以至今日。呜呼死矣，不可再得！”又言其“教子”说：“咻呴抚摩，既冠既昏（婚）。教以学问，畏其无闻。昼夜孜孜，孰知子勤？提携东去，出门迟迟。今往不捷，后何以归？二子告我，母氏劳苦。今不汲汲，奈后将悔。大寒酷热，崎岖在外。亦既荐名，试于南宫。文字炜炜，叹惊群公。二子喜跃，我知母心。非官实好，要以文称。我今西归，有以借口。故乡千里，期

---

① 《嘉祐集笺注》卷一六《忆山送人》，上海古籍出版社1993年版。

母寿考。归来空堂，哭不见人。伤心故物，感涕殷勤。”苏洵对程氏是“相期百年”，苏轼兄弟是“期母寿考”，但现实与他们的愿望相反。完全有理由这样说，没有程夫人，三苏父子是不可能有这样巨大的成就的。苏洵的成才比苏轼兄弟难得多，正如清人邵仁泓《苏老泉先生全集序》① 说：“二苏具天授之雄才，而又得老泉先生为之先引，其能卓然成一家言，不足异也。老泉先生中年奋发，无所师承，而能以其文抗衡韩（愈）、欧（阳修），以传之二子，斯足异也。”

二、苏轼前妻王弗

苏轼妻妾皆姓王，均早卒。前妻王弗，眉州青神人，乡贡进士王方之女。年十六与苏轼结婚，生子苏迈。她是一位聪明而又沉静的女子，对苏轼的关心和体贴更是无微不至。可惜这样一位贤内助，同苏轼结婚才十一年，年仅二十七岁就病逝了。苏轼《亡妻王氏墓志铭》（卷一五）说：

君之未嫁事父母，既嫁事吾先君、先夫人，皆以谨肃闻。其始，未尝自言其知书也。见轼读书，则终日不去，亦不知其能通也。其后轼有所忘，君辄能记之。问其他书，则皆略知之。由是始知其敏而静也。从轼官于凤翔，轼有所为于外，君未尝不问知其详。曰：“子去亲远，不可以不慎。”日以先君之所以戒轼者相语也。轼与客言于外，君立屏间听之，退必反覆其言曰：“某人也，言辄持两端，惟子意之所向，子何用与是人言。”有来求与轼亲厚甚者，君曰：“恐不能久。其与人锐，其去人必速。”已而果然。将死之岁，其言多可听，类有识者，其死也，盖年二十有七而已。

可见王弗是有文化、有见识（“类有识者”）的女子，经常以苏洵的话告诫苏轼，劝苏轼不要同那些脚踏两只船，完全根据苏轼的意思说话的人交往。对那些急于同苏轼亲近的人，她常说与人交往快的人往往抛弃朋友也很快。

① 《老泉先生集》卷首，康熙年间邵仁泓刊本。

故苏轼对王弗的早卒是很悲痛的，十年后他还写了一首著名的真挚感人的《江城子·乙卯正月二十日夜记梦》[1] 来怀念她：

十年生死两茫茫，不思量，自难忘。千里孤坟，无处话凄凉。纵使相逢应不识，尘满面，鬓如霜。　　夜来幽梦忽还乡，小轩窗，正梳妆。相顾无言，惟有泪千行。料得年年肠断处，明月夜，短松冈。

上阕写对亡妻的思念以及自己的潦倒，下阕记梦，梦中王弗仍如生前，“小轩窗，正梳妆”。词的末句通过设想亡妻因思念自己而肠断，抒发自己对亡妻的怀念。王弗去世已十年，本应渐渐淡忘，却如此一往情深。

三、苏轼继室王闰之

继室王闰之字季章，是青神王介之女，是王弗的堂妹。苏轼《祭王君锡（介）丈人文》（卷六三）说：

公之皇祖，孝著闾里。迨兹百年，世济其美。少相弟长，老相慈诲。肃雍无间，施及娣姒。颀然四人，厥德周二。轼始婚媾，公之犹子。允有令德，夭阏莫遂。惟公幼女，嗣执罍篚。恩厚义重，报宜有以。云何不淑，契阔生死。敛不拊棺，葬不亲襚。岂不怀归，眷此微仕。缄词望哭，以致奠馈。惟此哀诚，一念千里。

从这篇祭文可知，王方、王介皆青神百年著姓，王弗为王介侄女。王闰之为王介幼女，王弗堂妹。苏辙《亡兄子瞻端明墓志铭》说：“公娶王氏（弗），追封通义郡君；继室以其女弟（王闰之），封同安郡君，亦先公而卒。”

王氏于元祐八年（1093）八月一日卒于京师，享年四十有六。苏轼《祭亡妻同安郡君文》（卷六三）：

---

① 邹同庆、王宗堂《苏轼词编年校注》，中华书局，2002年，第141页。

维元祐八年，岁次癸酉，八月丙午朔，初二日丁未，具位苏轼，谨以家馔酒果，致奠于亡妻同安郡君王氏二十七娘之灵。呜呼！昔通义君，没不待年。嗣为兄弟，莫如君贤。妇职既修，母仪甚敦。三子如一，爱出于天。从我南行，菽水欣然。汤沐两郡，喜不见颜。我曰归哉，行返丘园。曾不少须，弃我而先。孰迎我门，孰馈我田。已矣奈何，泪尽目干。旅殡国门，我实少恩。惟有同穴，尚蹈此言。

可见王闰之也很贤惠，她对堂姐王弗所生的苏迈和自己所生的苏迨、苏过完全一样慈爱，“三子如一，爱出于天”。她与苏轼一起历尽宦海浮沉与艰辛，贬官黄州而“菽水欣然”。苏辙《祭亡嫂王氏文》[①] 也称颂她不以苏轼浮沉而改其操：“兄坐语言，收畀丛棘。窜逐郓城（今湖北黄冈），无以自食。赐环（还）而来，岁未及期（一年）。飞集西垣，遂入北扉。贫富戚忻，观者尽惊。嫂居其间，不改色声。冠服肴蔬，率从其先。性固有之，非学而然。”苏轼本想与她“行返丘园”，但却“弃我而先”。闰之死后不久，苏轼即远谪岭南，只好将之殡于京城，而苏轼北归途中而卒，苏辙才把兄、嫂同葬于河南郏县，实现了“同穴”的愿望。

苏轼对她的死也是很悲痛的：“孰迎我门，孰馈我田。已矣奈何，泪尽目干。”除祭文外，苏轼又请大画家李公麟画释迦文佛及十大弟子，于元祐八年十一月十一日，为她设水陆道场。苏轼还曾以《金光明经》来纪念王闰之，绍圣二年八月一日，苏轼赴惠州（今广东惠州）贬所，途经虔州（今江西赣州），撰《书金光明经后》（卷六六）：“轼之幼子过，其母同安郡君王氏讳闰之，字季章，享年四十有六。以元祐八年八月一日，卒于京师，殡于城西惠济院。过未免丧，从轼迁于惠州，日以远去其母之殡为恨也。念将祥除（两周年祭礼），无以申罔极之痛，故亲书《金光明经》四卷，手自装治，送虔州崇庆禅院新经藏中，欲以资其母之往生也。”

① 《栾城后集》卷二〇，上海古籍出版社 1987 年版。

四、苏轼侍妾朝云

苏轼“家有数妾”，但他最宠爱的侍妾是王朝云。苏轼关于朝云有文两篇：《朝云墓志铭》《惠州荐朝云疏》；诗六篇：《洗儿》《哭幹儿二首》《送黄师是赴两浙宪》《朝云诗》《和胡西曹示顾贼曹》《悼朝云诗》；词五首：《殢人娇·赠朝云》《西江月（玉骨那愁瘴雾）》《浣溪沙·端午》《南歌子（云鬓裁新绿）》《蝶恋花（花褪残红青杏小）》。

朝云也姓王，她比苏轼前妻王弗、继室王闰之还更有名。她原是钱塘歌女，苏轼为杭州通判时跟随苏轼，苏轼贬官黄州时纳为妾，生有一子，苏轼《洗儿》诗即为此子而作：“人皆养子望聪明，我被聪明误一生。惟愿孩儿愚且鲁，无灾无难到公卿。”像他这样“有笔头千字，胸中万卷”的“聪明”人，往往一生穷愁潦倒，坎坷不平，被贬黄州；而那些愚鲁之辈，倒能无灾无难，青云直上。《宋史·苏轼传》说他的“嬉笑怒骂之词，皆可书而诵之”，这首《洗儿》诗就属这种“嬉笑怒骂”之词。寥寥四句，充满了作者的满腔悲愤，揭露了封建官僚制度的黑暗，骂得极其痛快！可惜此子年仅一岁就夭折了，苏轼对此是很伤心的，写了几首诗来哭他。第一首是《去年九月二十七日在黄州，生子遯。小名幹儿，颀然颖异。至今年七月二十八日，病亡于金陵，作二诗哭之》：“吾年四十九，羁旅失幼子。幼子真吾儿，眉角生已似。未期（未满周岁）观所好，蹁跹逐书史。摇头却梨栗，似识非分耻。吾老常鲜欢，赖此一笑喜。忽然遭夺去，恶业我累尔。衣薪那免俗，变灭须臾耳。归来怀抱空，老泪如泻水。”这是写他自己的悲伤。第二首的前半部分是写幹儿之母朝云的悲伤，真是悲痛欲绝：“我泪犹可拭，日远当日忘。母哭不可闻，欲与汝俱亡。故衣尚悬架，涨乳已流床。感此欲忘生，一卧终日僵。”

元祐年间，秦观《南歌子·赠东坡侍妾朝云》[①] 云：“霭霭迷春态，溶溶媚晓光。不应容易下巫阳，只恐翰林前世是襄王。　暂为清歌驻，还因暮雨忙。瞥然归去断人肠，空使兰台公子赋《高唐》。”这里以巫山神女比喻朝

① 杨世明《淮海词笺注》卷下，四川人民出版社 1984 年版。

云，以楚襄王比喻翰林学士苏轼，以兰台公子宋玉撰《高唐赋》喻自己所撰《南歌子·赠东坡侍妾朝云》。苏轼下面这首《南歌子》，显然是为答秦观《南歌子》而作：“云鬓裁新绿，霞衣曳晓红。待歌凝立翠筵中，一朵彩云何事下巫峰。　趁拍鸾飞镜，回身燕漾空。莫翻红袖过帘栊，怕被杨花勾引嫁东风。”全词主要描写朝云歌舞之态，开头三句即答秦词的末三句，为什么朝云要“瞥然归去”呢？因为“怕被杨花勾引”。二词皆游戏之作，但从中也不难看出朝云容貌之美、歌舞之妙。

如果说苏轼早年主要欣赏朝云的“舞衫歌袖”，而在贬官惠州期间却对朝云的人品越来越尊敬。他在《殢人娇·赠朝云》词中写道：

白发苍颜，正是维摩境界。空方丈、散花何碍？朱唇筯点，更髻鬟生彩。这些个，千生万生只在。　好事心肠，着人情态，闲窗下、敛云凝黛。明朝端午，待学纫兰为佩，寻一首好诗，要书裙带。

朝云好佛，这首词用了一些佛语。苏词一二句以维摩自喻，第三句以散花天女比朝云。全词是说，自己虽“白发苍颜”，远谪惠州，却像维摩一样超然无垢；贬所虽仅一丈方室，但何妨朝云舞姿像天女般散花。《朝云诗》（卷三八）中的“天女维摩总解禅”，可作此词前三句的注脚。接着描写了朝云在惠州虽然不离“药炉”，但风韵却不减当年，仍然是樱桃小口，髻鬟生辉，浓发如云，翠眉如黛。尤其值得注意的是，苏轼在这首词中所用的“纫兰为佩”，语出屈原《离骚》：“纷吾既有此内美兮，又重之以修能。扈江蓠与辟芷兮，纫秋兰以为佩。”江蓠、辟芷、秋兰皆香草，喻“内美”，即苏轼所说的“好事心肠”；“修能”指美态，即苏轼所说的“着人情态”。苏轼用屈原自赞高洁的句子赞美朝云，充分说明了他对朝云的敬慕。

为什么苏轼这样敬佩朝云呢？《朝云诗》作了很好的回答：“不似杨枝（即樊素）别乐天，恰如通德伴伶元。”伶元，西汉潞县人，《赵飞燕外传》的作者；通德即樊通德，“能言飞燕姊弟故事”，伶元的《赵飞燕外传》即据她所讲飞燕故事写成。由此可见，苏轼之所以特别看重朝云，就在于朝云“好义”，能随他“南迁”。苏轼是“风流太守”，他当然对“舞衫歌袖”很欣赏；但他又是情操高尚的人，对歌妓的人品尤其看重，喜欢“绝妙年中有品流”者。王定国因与苏轼乌台诗案牵连，坐贬广南，其家歌妓柔奴随行。后北归，苏轼问柔奴道：“广南风土，应是不好?”柔奴回答说：“此心安处，便是吾乡。”苏轼听了很感动，在《定风波》词中称美柔奴道：“万里归来年愈少，微笑，笑时犹带岭梅香。试问岭南应不好？却道此心安处是吾乡。”王定国的柔奴与苏轼的朝云，不仅“眉目娟丽”，而且心灵很美。苏轼对柔奴的称颂有助于我们进一步理解他对“独朝云者随予南迁”的崇敬之情。

朝云于绍圣元年（1094）十月二日随苏轼到达惠州贬所，不到两年，即绍圣三年（1096）七月病卒于此。苏轼对朝云之死是很悲痛的，写了两首诗，一首词，一篇墓志铭，一篇荐疏来寄托自己的哀思。词是题作《梅花》的《西江月》：

玉骨那愁瘴雾，冰肌自有仙风。海仙时遣探芳丛，倒挂绿毛么凤（惠州珍禽）。　素面常嫌粉涴，洗妆不褪唇红。高情已逐晓云空，不与梨花同梦。

表面看，这首词是咏梅，实际上却在借物拟人，借咏梅花的高洁来歌颂朝云的高洁。“玉骨那愁瘴雾，冰肌自有仙风”，惠州梅花的不畏瘴雾正象征了朝云的“此心安处是吾乡”的精神。她面临恶劣环境，却能泰然处之，飘飘然有神仙之态。“素面”二句形容朝云以本色为美，卸妆之后亦不减色。“高情已逐晓云空”，她是一去不返了，在清空的词语背后，含有苏轼的无限哀痛。

苏轼的这种哀痛之情，在《悼朝云诗》（卷四〇）中表现得尤为激切，有助于加深对这首含蓄的咏物词的理解。“驻影恨无千岁药，赠行惟有小乘禅”，他自恨没有药可使日影停驻，使人长生不死，使朝云红颜长在；她死后，自己只有念佛来为其“赠行”而已。“伤心一念偿前债，弹指三生断后缘。归卧竹根无远近，夜中勤礼塔中仙”，现在是前生冤债已偿，后世姻缘难期，好在人总是要死的，自己不久也将同朝云一起“归卧竹根”；但现在，他只有向朝云安眠的大圣塔不断礼拜而已。全诗凄恻悲凉，催人泪下，可与元稹著名的悼亡诗《三遣悲怀》媲美。

五、苏辙之妻史氏

苏辙与妻史氏白头偕老，史氏比苏辙晚卒五年。苏辙十七岁时与年仅十五的史氏结婚，其《寄内》（《栾城后集》卷三）诗回忆了他们相依为命的一生：“与君少年初相识，君年十五我十七。上事姑章旁兄弟，君虽少年少过失。昏晨定省岁月短，五十还朝定何益。忧深责重乐无几，失足一坠南海北。身居穽中不见天，仰面虚空闻下石。丈夫学道等忧患，妇人亦尔何从得。归来旧许生白须，回顾惭君发如漆。迁居汝南复何事，龟老支床随所掷。相望一月两得书，闻君肺病久消释。我经三伏常暴下，近喜秋风扫烝湿。病除寝食未复故，相见犹惊身似腊。”史氏一生随苏辙升沉浮降，时谪筠州，时谪岭南，的确是“忧深责重乐无几”，因此他常常感到对不起史氏，而史氏却安贫乐道不以为意。其《次韵子瞻自普照入山独游二庵》（《栾城集》卷五）说：“老妻稚子亦自乐，野草山花还插髻。”《官居即事》（卷一一）说：“此身已分长贫贱，执爨缝裳愧老妻。”《次韵子瞻送千乘千能》（卷一六）说：“老妻饱忧患，悲咤摧心肝。”以致史氏都劝他早点辞官返乡，《次韵子瞻和渊明饮酒二十首》之五（《栾城后集》卷一）：“昔在建成市（筠州），盐酒昼夜喧。夏潦恐天漏，冬雷知地偏。妻孥日告我，胡不反故山。”在神宗朝，苏轼已数典名郡，苏辙在神宗末年才做了半年的绩溪县令，又大病一场。由于是僻远山区，医治不得法，几乎有性命之忧，他已经在立遗嘱了。《答王定国问疾》（《栾城集》卷一四）说：“俚医固空疏，蛮觋剧粗猛。老妻但坐哭，遗语未肯听。”而在元祐八年中，他却由小小县令升至副相。但好景不长，接着又再贬筠州、雷州、化州，“忧深责重乐无几，失足一坠南海北”（《寄内》）即指此。后遇赦北归，寓居颍昌（今河南许昌）。但徽宗朝迫害元祐党人，在“黑云压城城欲摧”的黑暗形势下，苏辙为了避祸，由离京城较近的颍昌移居到离京城较远的汝南（今属河南）独居。《迁居汝南》（《栾城后集》卷三）说：“亟逃颍州籍，来贯汝南户。妻孥不及将，童仆具樽俎。身如孤栖鹊，夜起三绕树。”《索居三首》（同上）：“客居兼壮子，别久愧良妻。稍讶音书阔，春阴道路泥。”其妻始终相伴无悔。

三苏后代考略

三苏在文学史上的声名，使人们既关心其先世，又关心其后代。关于三苏先世，苏洵《苏氏族谱》、《族谱后录》上下篇，已有较详尽的世系。而三苏后代，资料分散，且多龃龉，实有系统考察的必要。

一、苏洵子女

苏洵有子女六人，他在《祭亡妻文》中说："有子六人，今谁在堂？惟轼与辙，仅存不亡。"欧阳修《苏明允墓志铭》也说："生三子：曰景先，早卒；轼，今为殿中丞直使馆；辙，权大名府推官。三女皆早卒。"苏轼、苏辙为人所熟知，兹不赘述。现将三女及长子"早卒"事，略述如下。

长女

苏洵《极乐院造六菩萨记》说："自长女之夭，不四五年丁母夫人之忧，盖年二十有四矣。"苏洵"年二十有四"其母卒，前"四五年"长女夭，可见长女死于苏洵二十岁时。司马光《程夫人（苏洵妻）墓志铭》说："夫人姓程氏，眉山人，大理寺丞（程）文应之女，年十八而归苏氏。……夫人以嘉祐四年四月癸丑卒于乡里，其年十一月庚子葬某地，年四十八。"嘉祐二年（1057），苏洵四十九，可知他比夫人程氏长一岁。程夫人年十八适苏洵，时苏洵当为十九岁。年二十长女夭，说明长女出生不久即夭折了。

次女

苏洵《极乐院造六菩萨记》继"长子死"后说："又四年而幼姊亡，又五年而次女卒。"苏洵三十岁时长子死（见后），其后九年次女卒，当卒于苏洵三十八岁时。时为庆历六年（1046），苏轼已十岁。苏洵幼女长苏轼一岁（见后），故次女死时当在十二岁以上，生于苏洵二十六岁以前。而苏洵长子正生于他二十六岁前后（见后），故次女当生于苏洵二十五岁以前，死时当在十三岁以上。

长子景先

苏洵《极乐院造六菩萨记》说："丁母夫人之忧，盖年二十有四矣。其后五年而丧兄希伯，又一年而长子死。"可见长子死于苏洵三十一岁时，时为仁宗宝元元年（1038），苏轼两岁。苏辙《次韵子瞻寄贺生日》："弟兄本三人，怀抱丧其一。"景先死于"怀抱"之年而又长于两岁的苏轼，可能死时仅三四岁，当生于仁宗景祐元年（1034）苏洵二十六岁前后。

幼女八娘

在苏洵三女中，关于幼女即所谓苏小妹的传说最多。元吴昌龄的杂剧《东坡梦》、明冯梦龙的小说《醒世恒言》、清李玉的传奇《眉山秀》以及今天的多种戏曲，都说苏洵幼女是苏轼之妹，适著名词人秦观。秦观《徐君主簿行状》说："（徐成甫）女三人，曰文美、文英、文柔。……以文美妻余。"可见秦观之妻为徐文美，非苏小妹。苏洵幼女死于皇祐四年（1052），年十八（见后），秦观生于皇祐元年（1049）。也就是说，苏小妹死时，秦观才四岁，绝不可能同苏小妹结婚。

褚人获《坚瓠三集》卷三《东坡戏妹》："《女史》云：东坡有小妹善词赋，敏慧多辩，其额广而如凸。东坡尝戏之曰：'莲步未离香阁下，梅妆先露画屏前。'妹即答云：'欲叩齿牙无觅处，忽闻毛里有声传。'以东坡多须髯故也。《两山墨谈》所记相戏之语又皆不同，坡戏妹曰：'足踪未出香房内，额头先到画堂前。'以其冲额也。妹答坡云：'去年一点相思泪，今日方流到嘴边。'以坡面长戏之。"这也是小说家言，苏轼虽多髯，但苏小妹死时，苏轼才十七岁，未必蓄须。由于苏洵《自尤》诗的发现，以上种种传说都不攻自破了。苏洵《自尤》诗叙说："壬辰之岁而丧幼女，始将有尤其夫家，而卒以自尤也。女幼而好学，慷慨有过人之节，为文亦往往有可喜。既适其母之兄程濬之子之才，年十有八而死。"苏洵幼女死于"壬辰之岁"，即仁宗皇祐四年（1052），"年十有八"，上推十八年即生于仁宗景祐二年（1035）。苏轼生于景祐三年，因此，在苏洵三女中，幼女虽可称"小妹"，但对苏轼来说仍是其姐，而非什么“东坡小妹”。苏轼《乳母任氏墓志铭》：“赵郡苏氏子瞻之乳母任氏名彩莲，眉之眉山人。……乳亡姊八娘与轼。”苏轼的亡姊“八娘”即苏洵幼女。八娘十六岁嫁与表兄程之才，《自尤》诗云：“乡人昏嫁重母族，虽我不肯将安云？生年十六亦已嫁，日负忧责无欢欣。”十七岁生一子（“明年会汝初生孙”），并身染重病，而程家根本不予诊治：“一朝有疾莫肯视，此意岂尚求尔存？”苏洵夫妇只好把幼女接回家，经过精心治疗，病情有所好转：“经旬乳药渐有喜，移病余舍未绝根。喉中喘息气才属，日使勉强食肥珍。”但程家借口她“不归觐”，抢走了她的婴儿，八娘一气之下，旧病复发，三天就死了：“婴儿盈尺未能语，忽然夺去词纷纷。传言姑怒不归觐，急抱疾走何暇询。病中忧恐莫能测，起坐无语涕满巾。须臾病作状如故，三日不救谁缘因？”八娘死后，苏程两家闹翻了。苏洵在《苏氏族谱亭记》中痛斥程濬为“州里之大盗”，八年后还写下了这首“其词甚哀”的《自尤》诗。周密《齐东野语》卷一三说：“老泉《族谱亭记》，言乡俗之薄，起于某人，而不著其姓名者，盖苏与其妻党大不咸，所谓某人者，其妻之兄弟也。老泉有《自尤》诗，述其女事外家，不得志以死，其辞甚哀，则其怨隙不平也久矣。其后东坡兄弟以念母之故，相与释憾。程正辅（即程之才）于坡为表弟，坡之南迁，时宰闻其先世之隙，遂以正辅为本路宪将，使之甘心焉（《左传》庄公九年：“管、召仇也，请受而甘心焉。”注：“言欲快意戮杀之”）。而正辅反笃中外之义，相与周旋之者甚至。”可见南宋末周密有关苏洵幼女的记载，还是相当准确的。但在元、明以后，可能是出于对这位才气超群而命运悲惨的苏洵幼女的同情，就把这位悲剧人物改写成喜剧人物了。

在考察苏洵子女时，还需说说所谓“东坡女弟适柳子玉者”。新编《辞源》苏小妹条说：“按苏洵《祭亡妻文》、欧阳修《苏明允墓志》，洵有三女，一嫁程之才，一嫁柳子玉，第三女早卒。”苏洵《祭亡妻文》、欧阳修《苏明允墓志铭》，前已引，为“有子六人”“三女皆早卒”语，根本得不出《辞源》所作的结论。《辞源》所本显然不是祭文和墓志，而是袁枚的《随园诗话》卷一五：“世传苏小妹之说，按《墨庄漫录》云：‘延安夫人苏氏，有词行世，或以为东坡女弟适柳子玉者所作。’《菊庄漫录》云：‘老苏之女幼而好诗，嫁其母兄程濬之子之才，先生作诗曰：‘汝母之兄汝伯舅，求以厥子来结姻。乡人婚嫁重母族，虽我不肯将安云?’考二书所言，东坡止有二妹，一适柳，一适程也。”“有词行世”的“延安夫人苏氏”，根本不是“东坡女弟”，而是官至右仆射兼中书门下侍郎的苏颂之妹。“适柳子玉”的“东坡女弟”，根本不是苏洵之女，而是苏洵之兄苏涣之女；不是苏轼的胞妹，而是苏轼的堂妹；而且不是“适柳子玉”，而是适柳子玉之子柳仲远。如前所述，苏洵三女皆死于他们夫妇去世以前，而这位堂妹是苏轼晚年贬官惠州时才去世的。苏轼《与程正辅书》云：“近得柳仲远书，报妹子小二娘四月十四日有事（指病殁）于定州，柳见作定签（定州签判）也。远地闻此，情怀破裂。”小二娘即适柳仲远者。苏轼《祭德化县君（小二娘）文》云：“宫傅（指苏轼祖父苏序）之孙，十有六人。契阔生死，四人仅存。”“仅存”的四人德化县君、苏涣之子苏子安和苏轼兄弟。周必大《黄山谷与柳仲远帖》说：“仲远，二苏公之堂妹婿柳君也。”王文诰《苏诗总案》卷三九说：“（程）正辅之妻，公之亡姊八娘是也。以是知公无胞妹（指在世之胞妹），而益公（周必大）之说为可信。此盖中都公（苏涣）之少女，而仲远为柳瑾（即柳子玉）之子。”周、王的判断是完全正确的，《辞源》未详，误信袁枚谬说。

二、苏轼后代

（一）苏轼之子

苏辙《东坡先生墓志铭》：“子三人：长曰迈，雄州防御推官、知河间县事，次曰迨，次曰过，皆承务郎。”另有幼子苏遯，早夭。

苏迈

苏迈字伯达，前妻王弗所生。苏轼《亡妻王氏墓志铭》说：“君讳弗，眉之青神人，乡贡进士（王）方之女，生十有六年而归于轼，有子迈。”苏迈于嘉祐四年（1059）生于眉山。苏过《送仲豫兄（苏迨）赴官武昌叙》说：“长兄年五十有三，犹为州县吏。”苏过此叙作于政和元年（1111），上数五十三年即为嘉祐四年。时苏轼进士及第不久，因服母丧而居眉山。苏轼通判杭州，苏迈十余岁，与孙志康同学于苏轼。熙宁十年（1077）冬，苏迈年十八，娶妻石氏。苏轼《与黎希声书》说："向自密（州）将赴河中府，至陈桥驿，受命改差彭城，便欲赴任。以儿子娶妇，留城东景仁（即范镇）园中。"苏山《苏符行状》（1983年发现于眉山）说："先公姓苏氏，字仲虎，讳符，世居眉山。曾王父讳洵，王父讳轼，父讳迈，母石氏，故中书舍人（石）昌言之孙。"石昌言也是眉山人，苏洵幼姊适石昌言之兄弟石扬言（见苏轼《苏廷评行状》），故苏轼《与迈求婚启》中有"里闬之游，笃于早岁，交朋之分，重以世姻"之语。元丰二年（1079）苏轼被捕入狱，苏迈年二十，随父入京照应（见苏轼《黄州上文潞公启》、叶梦得《避暑录话》）。轼出狱，随父居黄州（见苏轼《别文甫子辨》《与参寥书》《夜坐与迈联句》等）。元丰六年（1083）苏迈年二十四，被命为德兴尉（见苏轼《与钱世雄书》）。次年苏轼由黄州贬所迁汝州，送苏迈至湖口。苏轼《石钟山记》说："元丰七年六月丁丑，余自齐安（黄州）舟行适临汝，而长子迈将赴饶（州）之德兴尉，送之至湖口，因得观所谓石钟者。"元祐初，苏轼兄弟还朝，要求贬逐新党吕惠卿。时惠卿之弟吕温卿知饶州，为防温卿报复，苏辙上《乞罢兄子德兴尉状》。元祐六年（1091），苏迈三十三岁，被命为房州军事推官知河间事，苏辙有《送侄迈赴河间令》诗。元祐八年（1093），苏轼知定州，苏迈以亲嫌罢河间任。不久，苏轼贬官岭南，携家探望贬居汝州的苏辙，苏辙分俸七千给苏迈，令将家大半就食于宜兴（见苏轼《与参寥书》）。绍圣二年（1095）苏迈托僧卓契顺来惠州贬所探望苏轼（见苏轼《书归去来词赠契顺》）。绍圣四年（1097）春苏迈被命为韶州仁化（今属广东）令，来惠探亲。旋以韶州、惠州相近，朝廷不让赴任。不久，苏轼再贬儋州，苏迈留居惠州白鹤峰新居。元符元年（1098）苏辙由雷州贬所移化州，苏迈迎叔父一家居惠。元符三年（1100）苏轼遇赦北归，苏迈随行。建中靖国元年（1101）苏轼卒于常州，次年苏迈兄弟葬苏轼于汝州郏城（今河南郏县），并随叔父居于颍昌。苏籀《栾城遗言》说："东坡病殁于晋陵，伯达、叔仲归许昌，生事萧然。公（苏辙）笃爱天伦，曩岁别业在浚都，鬻之九千数百钱，悉以助焉，嘱勿轻用。时公方降三官，谪籍夺俸。"大观元年（1107），苏迈年四十八，出任嘉禾令，苏过《送伯达兄赴嘉禾令》有"五载卧箕颍"语。政和二年（1112）苏迈罢嘉禾任，苏辙《喜侄迈还家》有“一别匆匆五岁除”语，时五十四岁。其后苏迈之事不详，但清人宋长白《柳亭诗话》谓“坡后贬惠州，伯达求潮之安化令，以便养亲，竟卒于官”，则可断言是无根据的。相反，苏迈北归颍昌后至少还活了十余年。

苏迨

苏迨初名叔寄、竺僧，字仲豫，苏轼后妻王闰之所生。元丰八年（1085）苏轼《与杨康功书》说：“某有三儿，其次者十六岁。”由元丰八年上数十六年，当生于熙宁三年（1070）。苏过《送仲豫兄赴官武昌叙》云：“仲兄少不乐仕进，亲戚强之，今四十有二始为管库官。”如前所述，此诗作于政和元年（1111），上数四十二年，亦为熙宁三年。苏轼《与都曹子明书》说：“昨五月生者婴儿名叔寄，甚长进。”由此可知苏迨生于熙宁三年五月，时苏轼在京。在苏轼三子中，苏迨有些特别。一是头长，苏轼《赠上天竺辨才师》云：“我有长头儿，角颊峙犀玉”；《迨砚铭》云：“有尽石，无已求。生阴壑，阏重湫。得之艰，岂轻授？旌苦学，畀长头”；《正月二十四日与儿子过、赖仙芝、王原秀才、僧昙颖、行全、道士何宗一同游罗浮道院及栖禅精舍，过作诗，和其韵，寄迈、迨一首》也说：“寄书阳羡儿（指苏迈），并语长头弟。”二是多病，《赠上天竺辨才师》说：“（苏迨）四岁不能行，抱负烦背腹。师来为摩顶，起走趁奔鹿。”苏辙《龙井辨才禅师塔碑》也说：“予兄子瞻中子迨，生三年不能行，请师为落发摩顶祝之。不数日，行走如他儿。”这是苏轼通判杭州时事，取名竺僧很可能就在这时。元祐七年（1092），苏轼《与辨才禅师书》说：“某向与儿子竺生名迨，于观音前剃落，权寄缁褐。去岁明堂恩，已奏授承务郎，谨与买得度牒一道，以赎此子。”辨才禅师的本事实际也没有那大，三四岁不能行的苏迨一经摩顶，就能“起走趁奔鹿”。相反，直至熙宁十年苏轼寓居范镇东园时，还在继续为苏迨治病。他在《书李若之事》中说：“学道养气者，至足之余，能以气与人。都下道士李若之能之，谓之布气。吾中子迨少羸多疾，若之相对坐为布气，如初日所照，温温也。”如果苏迨已能行走如他儿，熙宁十年就不会请李若之为他布气了。直至苏轼晚年自海南北归时还说：“次子病学医，三折乃粗晓。”（《将至广州用过韵寄迈、迨二首》）

可见苏迨一直多病。三是苏迨虽“少羸多疾”，但却聪颖异常，苏轼颇赏其诗。苏迨十六岁时作《淮口遇风》诗，苏轼赞美道：“有儿真骥子，一喷群马倒。……风涛借笔力，势逐孤云扫。何如陶家儿（陶潜子），绕舍觅梨枣。君看押强韵，已胜郊与岛。”并告诫苏迨道：“养气勿吟哦，声名忌太早。”（《迨作〈淮口遇风〉，戏用其韵》）他在《与杨康功书》中说：“（苏迨）颇知作诗，今日忽吟《淮口遇风》一篇，粗有可观，戏为和之，并以奉呈。”苏轼贬官惠州期间也说：“迨自宜兴寄诗来，文采甚可观”（《与孙太康书》）；“长子迈作吏，颇有父风；二子作诗骚，殊胜咄咄。”（《与陈季常书》）可惜“文采甚可观”的苏迨诗，除残存两句“吾侪归卧髀骨裂，会友携壶劳行役”（见苏轼《书颍州祷雨诗》）外，完全失传了。元祐初，苏轼还朝，为苏迨娶妇。其妇为欧阳修的孙女，欧阳叔季之女。苏轼《祭欧阳文忠公夫人文》中说：“元祐之初，起自南迁。叔季在朝，如见公颜。入拜夫人，罗列诸孙。敢以中子，请婚叔氏。夫人曰然，师友之义。”苏轼贬官岭南，苏迨留居宜兴。苏轼北归，苏迨往迎于广州。苏轼去世后，居颍昌，苏过有《三月十九日同仲豫兄长率崔遐绍、赵汉英游朱园放鱼》诗。政和元年赴武昌管库官任，苏过《送仲豫兄赴官武昌叙》说：“白发折腰，当念早为求田问舍之策。及瓜而归，徜徉嵩少之下，以毕吾兄弟晚岁之乐，又奚恤元龙所笑哉！”苏迨卒于靖康之乱时（1126），韩元吉《南涧甲乙稿》卷二一《苏岘墓志铭》云：“始文忠爱阳羡山水，买田欲居，仅田数百亩，屋数楹也，而家于许昌。至离乱，驾部（苏迨）即世，欧阳夫人始居阳羡。”由此可见，北宋末年苏轼一族也居许昌，南宋时“始居阳羡”；而苏迨卒于“离乱”时，终年五十六岁。

苏过

苏过字叔党，熙宁五年（1072）生于杭州。苏轼三子中，只有苏过一直在苏轼身边，苏轼贬官惠州、儋州，他皆随行。苏轼去世后，苏过闲居颍昌十年。政和二年（1112）出监太原税，政和五年（1115）知偃城县，宣和五年（1123）权通判中山府，卒于道中，年五十二。娶妻范氏，范镇孙女，范百嘉之女。苏过能文，有《斜川集》行世。亦能画，苏轼把他的画与文与可的画相提并论：“老可能为竹写真，小坡今与石传神”（《题过所画枯木竹石》)；苏辙则赞苏过继承了苏轼的画思："东坡妙思传子孙"(《西轩画枯木怪石》)；据王明清《挥麈三录》载，宋徽宗曾宣召苏过入宫一扫素壁。苏过事迹详《苏过年谱》，此从略。

苏遯

苏遯，小名幹儿，侍妾朝云于元丰六年生于黄州，元丰七年夭折于金陵，苏轼有《去岁九月二十七日在黄州生子遯，小名幹儿，颀然颖异。至今年七月二十八日病亡于金陵，作二诗哭之》诗。《朝云墓志铭》也说："东坡先生侍妾曰朝云，字子霞，姓王氏，钱塘人。……生子遯，未期而夭。"

梁师成

梁师成字守道，慧黠习文法，粗知书，为宦官。政和间甚见宠用，官至太尉，开府仪同三司，群奸谄附，都人目为隐相。钦宗立，被缢杀。《宋史·梁师成传》云："师成实不能文，而高自标榜，自言苏轼出子。是时，天下禁诵轼文，其尺牍在人间者皆毁去，师成诉于帝曰：'先臣何罪？'自是，轼之文乃稍出。"《续资治通鉴》卷九三宣和二年十月条所载同。从"高自标榜""自言"等用语看，《宋史》作者对梁师成乃苏轼出子是持怀疑态度的。但如果事出无因，无论怎样"标榜"，恐怕也不至于认人为父，何况正处于"禁诵轼文"之时。《朱子语录》还有更具体的记载："苏东坡子过，范淳夫子温，皆出梁师成门下，以父事之。……师成自谓东坡遗腹子，待叔党如亲兄弟，谕宅库云：'苏学士使一万贯以下不须复。'"朱熹(1130—1200)为南宋人，他生活的年代距苏过不远，所记必有所本。后人多不同意朱熹的论断，但对他提供的事实并不怀疑。朱彝尊《书晁以道〈苏叔党墓志〉后》认为，苏过不愿"显绝师成"是情有可原的："因师成自言为东坡出子，尝诉于裕陵(当为祐陵，裕陵为神宗陵名)曰：'先臣何罪，禁诵其文章，灭其尺牍？'于是先生遗文手迹始稍稍复出。叔党之不忍显绝师成者此也。"而朱熹所谓苏过以父事师成是没有根据的："毁之者谓叔党谄事师成，自居干儿。夫师成既以东坡为父，称曰'先臣'，则必以昆弟遇叔党，岂有业为兄弟而又降称干儿之理？此助洛攻蜀者谤之。"清人伍崇耀《双溪集跋》在言及苏过与梁师成的关系时，甚至不惜以朱熹曾孙朱浚与贾秋壑的关系讥之。他说："贾秋壑柄国时，浙漕朱浚每有札子禀事，必称‘某万拜复’，时人谓之‘朱万拜’，乃晦翁曾孙也。噫，明德之后，必有达人。而欲其克绳祖武，风节文章，两无所愧，亦綦难矣!”总之，人们对苏过同梁师成的关系或惋惜，或辨护，却很少有人怀疑梁师成为“东坡出子”。

东坡无女：清人张道《苏亭诗话》云：“东坡《哭幹儿》诗：‘平生无一女，谁复叹尔尔。’时年四十九，则是无女矣。末后乃有小二娘，其婿为胡仁修，见北归时《与胡郎书》。是女或五十前后所生，至是年亦十六七矣，但不知是朝云女否？又子由《祭王虢州伯敭文》云：‘我迁于南，一往六年。归来执手，白发侵颜。遂以息女，许君长子。朋友惟旧，亲戚惟始。’是东坡尚有女嫁王廷老之长子者，则又为小二娘之妹矣。”张道完全误解了苏轼书信和苏辙祭文的意思。苏轼《与胡郎仁修书》作于建中靖国元年（1101）北归途中，书云：“小二娘持服不易（指其婆母“太夫人捐馆”），且得无恙。伯翁一行甚安健。得翁翁二月书及三月内许州相识书，皆言一宅康安。”这里的“伯翁”乃苏轼自指；翁翁指苏辙，时已北归居许州。若小二娘为苏轼之女，他怎么会自称“伯翁”呢？苏辙《祭王虢州伯敭文》，乃是以“某与弟某”即苏轼兄弟共同名义作的祭文，其中“轼官吴中”至“民亦少安”，是讲苏轼与王伯敭的交谊。自“事之难知，君以罪废。还家宋都，辙适在是”以后，是讲自己同王伯敭的交谊。而张道所引“遂以息女，许君长子”，即在这一段中。因此，“嫁王廷老之长子者”为苏辙之女，而非东坡之女。王廷老长子，向云无考。偶阅苏籀《双溪集》，有代伯父苏迟所作《故中奉敷文阁王公墓志铭》，中有“栾城以妹氏归焉”。这更无可辩驳地证明嫁王廷老长子者乃苏辙之女，苏迟之妹。又云：“父讳廷老……公讳浚明，字子家”，“享寿八十有五”，“仕宦七十余载，历任二十官，阶至中奉大夫”，“赐三品服”。在苏辙诸婿中，王浚明最为显赫。

（二）苏轼之孙

如前所述，熙宁十年（1077）苏轼为长子苏迈娶妻石氏。元丰元年（1078）八月十二日苏轼初得一孙，取名楚老。他在《中秋见月寄子由》诗中写道："卷帘推户寂无人，窗下咿哑惟楚老。"自注云："近有一孙名楚老。"又《与李公择书》云："某有一孙，体甚硕重，决可以扶犁荷锄，想公亦为我喜也。八月十二日生，名楚老。"元祐七年（1092）苏轼知扬州作《和陶饮酒二十首》，中有"普儿初学语，玉骨开天庭。淮老如鹤雏，破壳已长鸣。"元符元年（1098），苏轼谪海南，苏迈有一子死于惠州。苏轼《答程天侔书》："仆离惠州后，大儿子房下亦失一男孙，悲怆久之，今则已矣。"元符二年（1099）苏轼《借前韵贺子由生第四孙斗老》云："长留五车书，要使九子读。"自注云："吾与子由共九孙男矣。"苏辙新添之孙行四，可知此时苏轼已有五孙男。元符三年（1100）苏轼《和陶郭主簿》，引有"且念淮、德二幼孙"，诗有"淮、德入我梦，角羁未胜簪"。又《药师琉璃光佛赞云》："佛弟子籥及其妹德孙病。"德似为苏过女，而非孙男。可惜这些都是小名，与所知苏轼孙男的名字不易对上号。

苏辙《东坡先生墓志铭》说："孙男六人：箪、符、箕、籥、筌、筹。"可见苏轼死时又添一孙男。晁说之《苏过墓志铭》："男七人：籥、籍、节、笈、簟、篴、竺。女四人，长适将仕郎常任佚。"《宋史·苏过传》亦作"七子"，唯"簟"作"筚"、"篴"作"篴"、"竺"作"箾"，未知孰是。据韩元吉《苏岘墓志铭》，苏迨之子，苏岘之父为苏箦。去其重复，苏轼孙男有名可考者共有十三人。在这十三人中，苏符为苏迈之子（见后）。苏箪，王文诰《苏诗总案》卷四五说："箪，轼孙，迈长子，符之兄也。元丰戊午八月十二日生于彭城，轼命之曰楚老。"《东坡先生墓志铭》很可能是按孙男年龄大小排列的，楚老为苏轼长孙，说他就是苏箪是大体可信的。苏过七子已列出名字，苏箕、苏筌、苏筹肯定不是苏过之子，只能是迈、迨之子。但究竟为谁子，很难确定。

在有名可考的苏轼孙男中，只有苏符、苏籍事迹尚可考知。

苏符字仲虎，苏迈之子。苏轼《庚辰岁人日作》说："老去仍栖海南村，梦中时见作诗孙。"刘辰翁认为："此句为仲虎发也。"陆游《老学庵笔记》说："在蜀见苏山（苏符之子）藏公墨迹叠韵《竹》诗，后题云：'寄作诗孙符。'"在"文化大革命"中，四川眉山城南四十里东坡山挖掘出"苏山泣书"

的《苏符行状》，1983 年找到了这块碑石，为研究苏轼后代提供了很有价值的材料。苏符官至礼部尚书，赐三品服，是朝廷大臣，《宋史》却无传。《宋史翼》据《建炎以来系年要录》有关苏符的记载，补作了苏符传，但远没有这篇行状详尽，可补《宋史翼》之不足。《行状》所载苏符仕履多未标明时间，《要录》又可补《行状》之不足。苏符生于元祐元年（1086），自幼力学有大志，逮事苏轼十五年，尝侍行岭表，苏轼特器之。苏轼殁，党祸再起，摈元祐公卿之后不用，益闭户读书，以家学自珍。苏辙殁，以遗恩授假将仕郎，调随州司刑漕事，丞黎州确山县，为秦凤路经略安抚司干办公事。建炎初以审察召，高宗以为符能世其家，特改宣教郎，擢国子丞，改司农丞，迁仓部职方外郎，知蜀州。绍兴初再召，宣抚使张浚以便宜留之，移夔州路提点刑狱。未赴又召，既对，绍兴五年（1135）十月赐进士出身，除尚书司封员外郎。六年（1136）十二月兼资善堂赞善。七年（1137）四月迁秘书少监，兼修《哲宗实录》，赐五品服。八年（1138）二月试太常少卿，仍兼资善堂赞读。九月为起居郎，十一月为中书舍人，进兼翊善，赐三品服。被命副王伦使金，称疾不受，奏言“屈己之事，陛下以为可，士大夫不以为可，民庶不以为可，军士不以为可”。高宗览奏，愀然变色。九年（1139）二月试给事中，充贺金正旦使。九月拜礼部侍郎，奏请郏城县苏轼坟寺援范镇例赐名，诏以旌贤广惠为名，携陷金之苏氏后裔以归。十年（1040）十月权礼部尚书。十一年（1141）兼侍读。十二年（1142）二月以议礼不合，罢所居官，提举江州太平观。十三年（1143）知遂宁府。符有田在苏州，因留居之。十四年（1144）言者劾符逾年不行，徘徊近地，窥伺时事。诏降二官，趋之任。十六年（1146）二月复敷文阁待制，乃还蜀。二十四年（1154）七月除知饶州，不赴。二十五年（1155）正月乞祠，高宗以为苏符“不复肯出蜀矣”，乃以提举台州崇道观，进敷文阁直学士。二十六年（1156）五月起知邛州，命下未拜，于七月（《要录》作十月）卒，享年七十。讣闻，特赠左中奉大夫，累封眉山县开国伯，食邑七百户。《苏符行状》除提供了详尽的苏符生平事迹外，还为考察两宋之际苏氏之升沉提供了颇为珍贵的材料。“党祸再起，摈元祐公卿之后不用。”——这与苏过闲居颍昌达十年之久是一致的。“叔祖黄门公没，以遗恩授（符）假将仕郎。”——这与朱弁《曲洧旧闻》的记载是一致的：“子由讣闻，赠宣奉大夫，仍与三子恩泽。王辅道为余言，（蔡）京以子由长厚，故恤典独厚。”王巩《苏黄门挽词》也有“优典恤皇情”语。《行状》表明，苏辙死，不仅“与三子恩泽”，而且泽及其侄孙。“遇靖康兵祸，夫人与七子俱没虏中。”——这与《周省斋集·乾道丁亥泛舟游山录》所载是一致的：“大府寺丞苏岘叔子，东坡曾孙，而过之孙，陷金。尚书（苏）符奉使时挈以归。”据《行状》，苏符曾三次受召，这正反映了南宋初年鉴于北宋灭亡的教训，十分重视苏轼的忠言谠论，故恩及其后代。《行状》还为考察苏氏姻亲提供了不少材料。苏迈之妻乃中书舍人眉山石昌言之孙女，这是从《行状》中才得知的，可作苏轼《与迈求姻启》“里闬之游”“重以世姻”的注脚。苏符之妻“王氏，故枢密使（王）曮之曾孙（王）适字子立之女”，这与苏轼《求婚启》所说“轼长子迈之第二子符”和“子立先辈之爱女第十四小娘子”是一致的。苏轼之孙苏符原来是苏辙的外孙女婿。苏符“一女适工部侍郎刘公观之次子右丞侍郎安牧”，而《行状》为“侄婿蜀郡范仲芑书讳”，这都为进一步考察苏氏后代姻亲提供了线索。过去多认为苏轼后代先住颍昌，南宋时居宜兴，无回蜀者。《行状》却证明苏符曾三次入蜀（“丞黎州确山县”、“知蜀州”、“知遂宁府”），而绍兴十六年入蜀后，就再未出蜀。《行状》云：“晚归蜀，父老皆欢呼前迎，依西山松楸以居，幅巾杖履，日与田父野僧游。”可见蜀中亦有苏轼后代。

苏籍字季文，苏过之子，官博士，与程揆、范元功有文字往来。绍兴中累官右承事郎。绍兴十年（1140）为太常寺主簿，十二年（1142）正月罢。二十五年（1155）以右朝散郎为荆湖南路提点刑狱。事见《建炎以来系年要录》和《宋史翼》。

（三）苏轼曾孙

苏轼曾孙自然很多，仅苏符一房就有七子（《苏符行状》：“夫人与七子俱没虏中”）。但可知者寥寥无几。一是苏山，乃苏迈之孙，苏符之子，作《苏符行状》者。二是苏峤，字季真，苏过之孙，苏籥之子。曾为江东从事，湖北宪漕司属官（见韩元吉《送苏季真赴湖北宪司属官》），右朝奉郎，尚书吏部员外郎（见韩元吉《举苏峤自代状》），历谏省，给事黄门，待制显谟阁（见韩元吉《苏岘墓志铭》）。乾道末年，苏峤任给事中，宋孝宗曾书苏轼诗赐峤（见《建炎以来朝野杂记》卷八《苏文忠赠官》），又御制《苏轼文集赞》赐峤（见《苏东坡集》卷首）。三是苏岘，字叔子，苏过之孙，苏籥之子，苏峤之弟。为苏篑后。生于政和七年。因苏迨无后，以诸父之命为迨后，故成为苏迨之孙，苏篑之子。初为海陵县丞，以参知政事钱端礼荐，赐对垂拱殿，言合上意，为太常寺主簿。迁太府寺丞，易将作监丞，知邠州，掌船舶司于闽。以枢密使赵雄荐，再次召对，除吏部郎、太府卿，由福建转运使移江西。孝宗复念之曰："东坡之孙，惟岘有家法在，宜与职名。"诏充秘阁修撰。淳熙十年（1183）十二月七日卒，年六十六。其生平事迹，详见韩元吉《南涧甲乙稿》卷二一《苏岘墓志铭》。《苏岘墓志铭》云："中兴渡江始，诸孙有显者其二：……一曰峤，字季真……次则公也。讳岘，字叔子，兄弟一时驰名。"《周省斋集·乾道丁亥泛舟游山录》云："太府寺丞苏岘叔子，东坡曾孙，而过之孙。居颍昌，陷金。尚书（苏）符奉使时挈以归，今为驾部迨之后。昔东坡买田阳羡，凡九百斛，三子之裔共享之，故岘居此。"可知苏山、苏峤、苏岘俱陷于金，绍兴十年回到南方。

（四）苏轼玄孙及其他

苏轼玄孙更不可考。《苏岘墓志铭》云："男六人：枘，迪功郎，严州桐庐县尉；格，以继季真（苏峤）而夭；石，以继族兄奕世，迪功郎，监行在省仓下界；极，将仕郎；栘、杞，皆为进士，欲自奋。……女一，适施概。孙男五，孙女六。"据《建炎以来系年要录》和陆游、周必大《题跋》，苏轼玄孙还有苏植、苏朴。《宋人轶事汇编》卷一二引《樵书》："耶律楚材之妻苏氏，东坡四世孙威州刺史弼女。"可知又有四世孙苏弼。刘祁《归潜志》卷九："许州有苏嗣之者，云东坡后裔。"《元史·列女传》："嗣之母白氏，许州人，子由五世孙妇。"苏嗣之究竟是"东坡后裔"，还是"子由五世孙"，很难确定。以上这些苏轼后代，仅知其名，事迹不详。

三、苏辙后代

（一）苏辙子女

孙汝听《苏颍滨年表》："三子：迟，字伯充，官至大中大夫、工部侍郎、徽猷阁待制，绍兴二十五年卒；适，字仲南，官至承议郎、通判广信军，宣和四年卒；逊，字叔宽，官奉议郎，通判泸州潼川府，靖康元年卒。五女，文务光、王适、曹涣、王浚明、曾纵其婿也。务光字逸民，适字子立，焕字子文，纵字元矩。"

苏迟

苏迟字伯充，号涌泉先生（柳贯《柳待制文集》卷一九《题东坡翁寄邓道士诗》："犹子迟者，文定公长子涌泉先生"），小名梁（苏轼《端午游真如》："高谈付梁、罗。"苏轼自注："梁、罗，迟、适小名也"），生年不详，苏辙次子苏适生于治平四年（1067），苏迟自然生于治平四年以前。卒于绍兴二十五年（1155），享年当在八十岁以上。绍圣元年（1094）苏辙由汝州再贬袁州、筠州，苏迟、苏适留居颍昌，辙独携幼子苏逊南迁。他在《卜居赋》中说："予初守临汝，不数月而南迁，道出颍州，顾犹有后忧，乃留二子居焉，曰姑糊口于是。"苏迟在颍川建宅筑室，负责一大家的生活，苏辙《同子瞻次过、远重字韵》有"颍川筑室久未成，夜来忽作西湖梦"语，苏过《冬夜怀诸兄弟》亦有"两兄客颍川，耿耿怀去鲁。近闻营菟裘，稍亦葺环堵"语。绍圣三年（1096）冬苏迟来筠州探亲，苏辙《次迟韵》说："老谪江南岸，万里修烝尝。三子留二子，嵩少道路长。累以二孀女，辛勤具镑粮。谁令南飞鸿，送汝至我旁。拊背问家事，嗟我久已忘。力耕当及春，无为久南方。"但第二年二月，苏辙再贬雷州，故苏迟并未"及春"北归，而是送苏辙赴贬所。是时苏轼亦再贬儋州，相遇于藤州，苏轼书《和韦苏州》诗赠苏迟。苏平仲《跋文忠公和韦诗后》云："文定公（苏辙）亦自筠州徙雷州，五月十一日相遇于藤州，遂同行至雷。……是时少傅公（苏迟）方自许下来省亲，亦在行间，故文忠公为书此诗。"苏迟不久复回许昌。元符三年（1100）冬苏辙北归颍昌，不久，党祸再起，崇宁二年（1103）春苏辙避祸汝南，苏迟兄弟时往探视："此生赖有三男子，到处来看老病翁"（苏辙《汝南示三子》）；"汝南百日留，走遍三男子。"（苏辙《思归》）崇宁三年（1104）春苏辙还居颍昌，一家百口，苏迟兄弟忙于筑室，苏辙有《诸子将筑室以画图相示》诗。在苏辙晚年闲居颍昌期间，同苏迟颇多唱和，如《次迟韵寄适、远》《次迟韵对雪》《次迟韵千叶牡丹二首》《和迟田舍杂诗九首》等等，称赞苏迟"澹然有诗人之思"，由此可知苏迟也颇能作诗。建炎初累官尚书右司员外郎。建炎元年（1127）六月直秘阁、知高邮军，旋改知婺州（今浙江金华）。建炎三年（1129）奏言："本州上供罗，自皇祐中岁输万匹，崇宁中增至五万八千匹有奇，民力凋敝，乞减其半。"高宗惊恻，减二万八千匹。婺州父老为立碑祠。柳贯《题坡翁书寄邓道士诗》云："（苏迟）绍兴中守婺，爱其山水清淑，因留居之。婺有苏氏，实始于是。"建炎四年（1130）六月召为中书门下检正诸房文字，九月知泉州，十月为太常少卿。绍兴元年（1131）请补外，改集贤殿修撰，知处州。三年（1133）九月召权刑部侍郎，十月权工部侍郎。五年（1135）告老，充徽猷阁待制，提举江州太平观。十二年（1142）迁一官致仕。二十五年（1155）卒，葬南溪灵洞山（关于苏迟在南宋的事迹，见明郑柏《金华贤达传》卷四）。苏迟之妻"梁氏，为宋状元（梁）颢之曾孙（按：当为玄孙）"（周亮工《书影》），仁宗朝宰相梁适的曾孙女，湖南提点刑狱梁子美之女。《续资治通鉴长编》元符元年六月条载："本路提刑梁子美与（苏）辙系婚姻之家，不申明回避，并其余监司失觉察，罚金三十斤。"可见《书影》所谓苏迟之妻梁氏的记载是可信的。

苏适

由于1972年6月在河南郏县三苏坟发掘出苏迈所撰《苏适墓志铭》（见《文物》1973年第7期），因此，在苏辙三子中，苏适的事迹最为翔实。苏适字仲南，小名罗（见苏轼《端午游真如》）。《墓志铭》云："宣和四年九月八日卒于官舍，享年五十五。"自宣和四年（1122）上数五十五年，则当生于治平四年（1067），时苏辙居父丧于眉山老家。初以苏辙郊恩授承奉郎，任郊社局令。凡六月，改陈州粮料院。苏辙谪岭南，不能尽室以行，分寓颍昌。苏适"移疾而归，求田问舍，缩衣节口，以备南北生养之具，而往来于其间"。

可见苏适亦曾往岭南探望其父。元符三年（1100）苏辙北归颍昌，苏适复出守太常寺太祝。党祸复起，崇宁元年（1102）八月诏元祐党人子弟并不得任在京差遣，苏适罢太祝职，领宫祠者六年。崇宁三年（1104）八月，苏辙遣苏适回蜀祭先坟，有《遣适归祭东茔文》。《墓志铭》云："先人尝患不得归祖茔，仲南代行者再。"可见他不止一次回蜀。政和元年（1111）起监西京河南仓，苏过云："忆君结发读书日，肯学呻吟事刀笔。功名直欲高古人，议论从来气横臆。咄嗟岁晚事大谬，翻然自许林泉役。躬耕二顷羞甘旨，栉风沐雨忘晨夕。十年不知簪组味，万里能舒陈蔡厄。……迩来弹冠本非好，黾俯聊从父兄迫。区区试吏仓庾间，定知蜡屐何曾得。"政和二年（1112）丁父忧，除丧，授信阳军司录事，浉水大溢，苏适请发义仓以济众。政和七年（1117）丁母忧，除丧，复得请为宫祠，未几以省员而罢。中山帅赵公述荐判广信军，卒于任。娶妻黄氏，为龙图公黄寔之女，先苏适半年卒。《墓志铭》云："少时喜作论事文章，诗词至多，不自贵重，亦不乐为章句之学。""先人亦常嘉其有识能断，凡商略古今之事，必与之言焉。伯父东坡公以为'其才类我'，尤喜与之论政事。虽仲南亦每自负，若将有为于世者。""韩公师朴在相位，数与之论事。……右辖范公彝叟与其弟龙图公德孺，皆平生相知者也。其交天下贤士多至公卿，而仲南独不偶。"

苏远

苏远（又名苏逊），字叔宽，小名虎儿。生于熙宁七年（1074）十月，苏轼《虎儿》诗云："旧闻老蚌生明珠，未省老兔生於菟。"苏辙《和子瞻喜虎儿生》云："寅年生虎慰爷娘。"熙宁十年（1077）苏轼由密州改知河中府，年仅三岁的苏远随二兄迎苏轼于济南，苏轼在《将至筠，先寄迟、适、远三犹子》诗中说："夜来梦见小於菟（自注：远小名虎儿），犹是髡髦垂两耳。忆过济南春未动，三子出迎残雪里。"元丰七年（1084）苏轼由黄州移汝州，绕道筠州看望苏辙，苏远年十岁，已学作诗："高谈付梁罗，诗律到阿虎。"（苏轼《端午游真如》）绍圣年间，苏辙兄弟远谪岭南，各携一幼子随行："萧然两别驾，各携一幼子"（苏轼《和陶止酒》）；"万里迟子，晨兴夜征。远虎在侧，以宁先生。"（苏轼《和陶停云》）苏远之妻也是黄寔之女，《宋史·黄寔传》："寔两女皆嫁苏轼（按：当为辙）子。……苏辙在陈与寔游，因结婚，其后又与轼友善。"王士禛《香祖笔记》亦云："黄师是是章惇之甥，以二女妻颍滨之子适、逊。"苏辙贬岭南，苏远之妻随行，并于元符二年（1099）死于循州（今广东龙川）贬所。苏辙在《祭八新妇黄氏文》中说："吾不善处世，得罪乎朝。播迁南荒，水陆万里。家有三子，季子季妇，实从此行。自筠徙雷，自雷徙循，风波恐惧，蹊遂颠绝。所至言语不通，饮食异和，瘴雾昏翳，医药无有。岁行方闰，气候殊恶。昼热如汤，夜寒如冰。行道僵仆，居室困瘁。始自仆隶，浸淫不已。十病六七，而汝独甚。天乎何辜，遂殒于瘴。"崇宁元年（1102）苏辙葬苏轼于郏城，苏远之妻亦葬于此，苏辙有《再祭八新妇黄氏文》。在闲居颍昌期间，苏远、苏过唱和颇多，《斜川集》中有《和叔宽田园六首》《和叔宽赠李方叔》等诗。大观元年（1107）八月苏远出监淮西酒，苏辙作诗回忆苏远的艰难经历，并要他安于下吏："忆昔南迁海上雷，艰难唯与汝同来。再从龙尉茅丛里，旋卜云桥荔子堆。相与闭门寻旧学，谁言复出理官醅。乘田委吏吏师事，莫学陶翁到即回。"（《送逊监淮西酒并示诸任》）苏过《送八弟赴官汝南》说："君年逾三十，闭门事幽讨。父兄逼从仕，揽辔方稍稍。"时苏远已三十三岁，故云"君年逾三十"。"官期未满"，苏远就于大观三年（1109）返许昌探亲，苏辙有《逊自淮康酒官归觐，逾旬而归，送行二绝句》，其二云："乘田委吏责无多，旧学年来竟若何？开卷新诗可人意，到官无复废吟哦。"苏辙去世后，苏远曾回蜀，通判泸州潼川府，苏过《送叔宽弟通判泸南》说："老人（苏辙）出乡不得归，西山颍水含清悲。脂车独办入蜀计，栾城季子真男儿！"据《苏颍滨年表》，苏远卒于靖康元年（1126），年仅四十八。在苏辙三子中，苏适、苏远皆死得较早，官皆不显；独苏迟在南宋还生活了二十八年，爵齿远优于二弟。

女适文务光者

文务光字逸民，北宋著名画家、诗人文同第四子。苏、文为世交，苏洵有《与可（文同字）许惠舒景，以诗督之》诗，苏轼、苏辙兄弟与文同的唱酬更多。元丰元年（1078）八月苏辙长女适文逸民，苏轼是年《与李公择书》云："（苏）迈往南京，为舍弟此月十一日嫁一女与文与可子，呼去干事。"苏辙有《次韵文务光秀才游南湖》诗。元丰二年（1079）正月文同卒于陈州，苏辙《祭文与可学士文》已称之为“亲家翁”，并说：“与君结交，自我先人。旧好不忘，继以新姻。乡党之欢，亲友之恩。岂无他人，君则兼之。君牧吴兴，我官南京。从君季子，长女实行。君次于陈，始见姑嫜。使者未返，而君沦亡。”元丰二年七月苏轼被捕入狱，苏辙作《登南城有感示文务光、王遹秀才》诗，有“网罗一张设，投足遂无寄”的感慨。不久，文务光还陈，将护文同灵柩还蜀，苏辙作《次韵王适兄弟送文务光还陈》：“故山万里知何许，我欲因君亦归去。”元丰三年正月苏轼赴黄州贬所，途经陈州，有《陈州与文郎逸民饮别》诗：“君已思归梦巴峡，我能未到说黄州。”其后数年文务光夫妇旅居成都，苏辙贬居筠州。元祐年间苏辙还京，文务光却病卒于成都，有子文骥。苏辙《祭亡婿文逸民文》说：“别我于宋，送君于株。扶丧舟行，万里有余。我迁南方，君旅成都。相望天涯，逾岁一书。我还京师，幸将见君。一病不复，发书酸辛。女有烈志，留鞠诸孤。”文务光死后，苏辙长女携子文骥回娘家居住。绍圣元年（1094）苏辙贬官岭南，长女随苏迟兄弟居陈。苏辙北归，独居汝南期间，长女曾去汝南料理苏辙生活：“我老不待言，有女年四十。念我客汝南，无与俱朝食。……母老行路难，女来生理葺。”这时文骥已长大成人：“外孙跨鞍马，遇事亦闲习。”（苏辙《思归》）苏辙晚年闲居颍昌期间，一面教文骥等读书（有《外孙文骥，与可学士之孙也，予亲教之学，作诗俊发，犹有家风，喜其不坠，作诗赠之》《同外孙文九新春五绝句》），一面教文骥务农（有《文氏外孙入村收麦》《外孙文九伏中入村收麦》，赞美“外孙读书旧有功，五言七字传祖风”）。

女适王适者

王适字子立，仁宗朝参知政事王畯之孙。苏轼知徐州，王适为州学生，贤而有文，喜怒不见，得丧若一，有类苏辙，故以苏辙之女妻之。苏轼知湖州，王适与其弟王遹亦从之学。苏轼被捕入京，亲戚故人皆惊散，独王氏兄弟不去，并送苏轼家眷至南京苏辙处。苏辙谪居筠州、绩溪，王适一直相从，同其有无，相与唱和。其间王适曾两次应举（苏辙有《送王适徐州赴举》《次韵王适留别》），皆未中。苏辙说：“予自南都谪居江南，凡六年而归，适未尝一日不从也。既与予同忧患，至于涵咏图史，驰骛浮图、老子之说，亦未尝不同之。故其闻道日深，为文益高……故予尝曰：‘子非独予亲戚，亦朋友也。’”（《王子立秀才文集引》）元祐初，随苏辙居京。元祐四年（1089）秋苏辙奉使契丹。王适以女弟将适人，自京师至济南鬻田，未至而于十月二十五日卒于奉高传舍，年仅三十五。有一女，后适苏轼之孙、苏迈之子苏符。苏辙贬岭南及北归后，此女皆居颍昌。“嵩少道路长，累以二孀女”（苏辙《次迟韵》），二孀女即文务光、王适之妻。

女适曹焕者

曹焕字子文，光州知州曹九章之子。元丰三年（1080）十月，李常访苏轼于黄州，请以曹焕为苏辙婚。苏轼《与李公择书》云：“所论曹光州亲情，与卑意会，已作书问子由，次第必成也。”后来确实成了，苏辙《祭曹演父朝议文》说：“逮伯迁黄，公在浮光。……始于朋友，求我婚姻。数岁之间，相与抱孙。”元丰五年（1082）王适徐州应举落第，经黄州归高安，曹焕亦同来。苏辙《东轩长老二绝》叙云：“始余于官舍营东轩，彭城曹君焕子文自浮光访余于高安，道过黄冈，家兄子瞻以诗送之。”又《次韵王适元日并示曹焕》云：“二君未肯嫌贫病，犹得衰颜一笑开”；《同王适、曹焕游清居院》云：“二君独何为，经岁坐相守？”但曹焕并没有同苏辙住在一起，苏辙《蔡州壶公观刘道士》诗有“元祐八年七月彭城曹焕子文至自安陆”语可证。政和元年（1111）曹焕曾任山阳令，苏辙有《曹郎子文赴山阳令》诗。其后事迹不详。

女适曾纵者

曾纵字元矩。苏辙《曾郎元矩见过逾月，听其言久而不厌，追感平昔，为赋诗一首》：“胄子相从得佳婿，掖垣同值喜良朋。交情不意隔生死，世事休论有废兴。宿草芊绵泪入土，故琴牢落恨填膺。远来似觉清谈胜，试问传家今几灯？”首句写曾纵，苏辙自注说：“（苏）迟初于太学识元矩，因有姻议。”后五句皆写与曾纵之父的交谊，由此可断定曾纵乃曾肇之子。曾肇字子开，曾巩之弟。元祐初苏辙、曾肇曾为中书舍人，苏辙有《次韵曾子开舍人四月十二日扈从二首》、《再和》二首、《次韵贡父、子开直宿》诗，苏轼也有

《次韵曾子开从驾二首》《再和二首》，“掖垣同值喜良朋”即指此。苏辙此诗写于大观四年（1110），而曾肇卒于崇宁四年（1105），见《宋史·曾肇传》，故有“交情不意隔生死”等语。《宋史·曾肇传》说曾肇有“子统，至左谏议大夫”，统、纵亦为兄弟行。女适王浚明、胡仁修者，已见前“东坡无女”条，兹不重复。

（二）苏辙六孙

苏辙《六孙名字说》：“予三子，伯曰迟，仲曰适，叔曰逊。始各一子耳，予年六十有五，而三人各复一子，于是予始六孙。昔予兄子瞻命其诸孙皆以竹名，故名迟之子长曰简，幼曰策。……适之子长曰籀，幼曰范。……逊之子长曰筠，幼曰筑。”据《苏颍滨年表》，苏辙有孙男九人，“迟二子：简、策”，与《六孙名字说》同。“适三子：籀、范、筑”。据《字说》，苏筑为苏逊之子，但《年表》作苏适之子。《字说》对诸孙“名之之意”作了详尽解说，不会有误。《年表》也不误，因为它与出土的《苏适墓志铭》一致：“子四人：曰籀，迪功郎；曰籀，早卒；曰范，承务郎；曰筑，未壮。”《年表》又说：“逊四子：筠、箴、箱、簦。”除苏筠外，其他三人都是苏辙六十五岁以后所增。在苏辙“孙男九人”中，事迹可考者仅三人而已。

苏简

苏简字伯业，苏迟长子。以祖恩补承务郎。宣和初调郑州司刑曹。满，监华州钱监，改京兆府漕。建炎初其父知婺州，多惠政，父老为建苏坊以识其德，因家于此。苏简等以避乱来寓，因隶婺州。建炎年间，苏简充江浙制置书写机宜文字，通判宜州，未上，改饶州。绍兴初监都进奏院。江淮开都督府，选入幕府。守严州。使者列荐诸朝，守建州。严（州）人思其遗爱，朝廷知之，再除守严州。知处州，直秘阁，帅广东。转朝议大夫，封眉山县男。升直徽猷阁，寻除直龙图阁。帅洪州，逾月罢。次年辞召丐祠，转中散大夫，复龙图阁致仕。乾道初，封中大夫。乾道二年（1166）卒，赠少保。有《山堂文集》二十卷。事见元吴师道《敬乡录》卷七、《宋史翼》卷四、《金华县志》卷九。

苏策

苏策字伯行，苏迟次子，苏简之弟。以外祖梁子美恩授将仕郎，主新郑簿，辟江西帅属。改秩知钱塘县，减税课之无艺者。任诸军审计司、军器监丞，兼权吏部郎，主右选，精详平允。出为闽漕，罢运盐绅纲以请求得之者。守台州，严私鹾。丁父忧，终丧，奉祠十年，卒于乾道三年（1167）。事见元吴师道《敬乡录》卷七、《宋史翼》卷四。

苏籀

苏籀字仲滋，苏适长子。《栾城遗言》云："籀年十有四，侍先祖颍昌，首尾九年，未尝暂去侍侧。"其先祖苏辙自元符三年（1100）归颍昌，至政和二年（1112）去世，共十二年。其间曾迁居汝南，于崇宁三年（1104）正月初五还颍昌，至去世恰九年。苏籀在崇宁三年已十四岁，则当生于元祐五年（1090）。后以祖荫官陕州仪曹椽，任子谅荐入漕幕。登朝为太府监丞、将作监丞。补外，参议夔府，远不能赴，改会稽。请祠归卒。其子苏诩《双溪集后跋》云："建炎初南渡，侍伯祖侍郎（苏迟）居婺州近三十年。"苏迟卒于绍兴二十五年（1155），苏籀之卒在其后，终年当在六十五岁以上。著有《双溪集》十五卷、《栾城遗言》一卷，皆传世。对于苏籀的评价历来分歧较大。元吴师道《敬乡录》卷七云："自处方严，不苟合，故任止于此。"《四库提要》卷一五七则斥其"上秦桧二书及庚申年《拟上宰相书》皆极言和金之利，所以归美于桧者无所不至，不免迎合干进之心。又《杂著》中别有《进取策》一篇，复力言攻刘豫以图金。前后议论，自相矛盾。盖皆揣摩时好以进说，小人反复，有愧于乃祖实多。……特诗文雄快疏畅，以词华而论，终为尚有典型，固亦未可遽废焉。"余嘉锡《四库提要辨证》卷二二亦云："即籀之文章以考其生平，知其为人熏心富贵，惟利是视，故献媚权奸，求为卖国牙郎而不可得，此苏氏之不肖子孙，虽有文集传世，曾何足道！"清伍崇耀《双溪集跋》则一面承认《四库提要》的批评"深中其失"，一面又为之缓颊："明德之后必有达人。而欲其克纯祖武，风节文章两无所愧，亦綦难矣。"毋庸讳言，苏籀上大臣书，确有"干进"之心，美化秦桧之言更不堪卒读。但他在南宋初年力主抗金，《进取策》亦作于金废刘豫之前；而上秦桧、时宰书则作于南北对峙局面已成、金废刘豫之后。时移势易，观点随之有变化，恐不能说就是“自相矛盾”“小人反复”。苏籀诗云：“素餐致寇思长策，失业疲氓想易招”（《冻雨》）；“治道灼知斯、鞅妄，中兴窃拟导、安难”（《连雨偶成》）；“自古迂儒无益算，盖世奇才实天授”（《国士》）；“勃蹊行世终刚介，重惜尤人返自求”（《睡起》）；“寄言繁华侣，莫嗤钝如槌”（《卜居漫赋》）。从这些诗看，《敬乡录》言其“自处方严，不苟合”，似亦有据，而非全是美化乡贤之语。

（三）苏辙曾孙

《苏适墓志铭》谓适“孙男二人，未名”。苏辙曾孙，今知其名者有苏谔、苏诵、苏诩等人。

苏谔

谔字伯昌，苏迟之孙，苏简长子。以苏迟恩，初任浙东帅属，知台州仙居县，江西运司干官、主管文字，知柳州、邵州、韶州。丁父母忧，服除入对，除宁国通判，直秘阁、明州通判。入为工部郎中，改兵部。补外，直显谟阁、湖南运判、明州长史。召除大理少卿、太府卿、秘阁修撰，知镇江。未上，以弟诵卒，乞便郡经理其丧。得江东运判，改提刑，未上，迁江西提刑。后奉祠，卒官，赠朝议大夫，累赠至政议大夫。有《拙斋集》。事见《敬乡录》卷七。韩元吉《南涧甲乙稿·苏文定公祠碑》云：“淳熙十年，公（苏辙）之曾孙秘阁修撰谔为江东路转运使，按抚邑中，来拜祠下，出俸钱付县吏曰：‘修之，勿以烦民也。’”可见苏谔之卒当在淳熙十年（1183）以后。

苏诵

诵字伯言，苏迟之孙，苏简次子，苏谔之弟。以苏简恩补将仕郎，终知濠州。事见《敬乡录》卷七。

苏诩

苏诩为苏适之孙，苏籀之子。苏籀《双溪集》卷三有《示儿子诩》诗。宋孝宗淳熙六年己亥苏诩权知筠州时，曾刊家藏本《栾城集》。苏诩《栾城集跋》说：“太师文定栾城公集，刊行于时者如建安本颇多缺谬，其在麻沙者尤甚，蜀本舛亦不免，是以览者疾之。今以家藏旧本前、后并第三集合为八十四卷，皆曾祖自编类者，谨与同官及小儿辈校雠数过，镘版于筠之公帑云。时淳熙己亥中元日，曾孙朝奉大夫、权知筠州事诩谨书。”不久，苏诩被召到阙，宋孝宗曾向他询问《栾城集》情况。苏诩之子苏森《栾城集跋》说：“先文定公《栾城集》，先君吏部淳熙己亥守筠阳日，以遗稿校定，命工刊之。未几被召到阙除郎，因对。孝宗皇帝玉音问曰：‘子由之文平淡而深造于理。《栾城集》天下无善本，朕欲刊之。’先君奏曰：‘臣假守筠阳日，以家藏及闽、蜀本参考是正，镂板公帑，字画差太粗，亦可观，容臣进呈。’对毕得旨：‘速进来。’翌朝，上诣德寿宫，起居升辇之际，宣谕左右催进。后闻丞相鲁国王公、丞相郑国梁公云：‘上置诸御案上，日阅五板。’”同年苏诩又刊其父苏籀的《双溪集》。《双溪集后跋》云：“先公监丞，栾城公长孙也，在颍滨亲炙教诲十五年。建炎初南渡，侍伯祖侍郎（苏迟）居婺州近三十年。裒其平昔所述古律论撰为十五卷，目曰《双溪集》。并所记《栾城公遗言》一卷。因镂版于筠之公帑，庶几广其传焉。淳熙六年中秋日，男朝奉大夫、权知筠州军州事诩谨书。”

（四）苏辙玄孙及其他

苏辙玄孙可知者有苏森、苏林。

苏森

苏森是苏适曾孙，苏籀孙，苏诩之子。宋宁宗开禧三年丁卯（1207）曾权知筠州，再次刊刻《栾城集》。他在《栾城集跋》中说：“森无所肖似，滥承人乏，到官之初，重念家君（苏诩）所刊家集遭际，乙夜大观，实为荣遇。其板以岁久，字画悉皆漫灭，殆不可读。今撙节浮费，乃一新之。昔文忠、文定二祖，筠实旧游之地，邦人建祠祝之。又况先君尝守是邦，遗爱在人。此集之再刊，亦从邦人之请也。开禧丁卯上元日，四世孙朝奉郎、权知筠州军州事苏森谨书。”

苏林

苏林是苏迟曾孙、苏简孙、苏谔之子。以苏简恩，初任绍兴嵊县主簿，知严州建德县，监督进奏院。丁父忧，免丧，通判秀州，干办诸军粮料院、司农寺主簿，将作丞，补外知衢州，福建提举，就除通判，转朝散大夫，改除左侍郎。丁母忧。免丧，除江东提刑，丐祠卒，累赠正奉大夫。事见《敬乡录》卷七、《金华贤达传》卷四。

苏辙后代可知者还有以下数人：

苏垲

元戴表元《剡溪文集》卷一八《题蜀苏氏族谱后》云："二公（苏轼、苏辙）之后皆尝守婺。而留居婺州，皆延二公之赏，斑斑预于天官之籍。余辛未岁主太学，闻有六世孙垲字伯清者，方以是时入为弟子员，而未及接。越三十六年，乃相见于杭，出所序次昭穆，整整不乱。"这里是总论苏轼、苏辙后代，而未明确交代苏垲是轼还是辙之后，疑苏垲当为苏辙六世孙。

苏镐

光绪《金华县志》卷九载："苏镐，（苏）简五世孙也。德祐（宋恭宗年号）间为太学生。宋亡，隐于家，号泉谷处士。至元（元世祖年号）中征不起，有文学风诣名。"苏镐既为简五世孙，则当为苏迟六世孙，苏辙七世孙。

苏友龙

苏友龙字伯夔，号栗斋，金华人，苏辙八世孙。学经于许谦，为令萧山。转行枢密院照磨，升行省都事。入明而卒。明王祎《王忠文公集》卷一八《苏君小传》云："苏氏之所从来远矣。唐世自赵入蜀，隐约数世。自宋之盛，而文公（苏洵）父子者出。及其自眉之婺，则光显又累世。当元之盛，而君以生，盖上下不啻五百年矣。……余闻伯衡（其子苏平仲）举进士，赴礼部，君与俱行。是时欧阳玄在翰林，亦极称扬之。而一时复以昔时称文公者为君称，至今以为美谈也。"

苏伯衡

苏伯衡字平仲，博治群籍，有文名。元末贡于乡，明初入礼贤馆，擢翰林编修。宋濂致仕，举以自代，以疾辞。后坐笺表误，下狱死。有《苏平仲集》传世。刘基《苏平仲文稿序》云："平仲于文定公（苏辙）为九世孙。文定公长子讳迟，以徽猷阁待制、工部侍郎守婺，遂家于婺，故平仲今为金华人。起前乡贡进士，先为国子学录，即升学正。上亲擢翰林国史院编修官，一时号称得人。见于著作者，语粹而辞达，识不凡而意不诡，亦由其明于理而冒于气也。余与之同朝，每得而读之，未尝不为之击节焉。”

以上考略是平时读书所见，随手抄录，略加整理而成，错误遗漏当不少，尚希通家予以补充和订正。

（原载上海古籍出版社《古籍整理与研究》1986年创刊号）

苏洵幼女八娘及其《自尤》诗

苏洵《自尤》诗叙云："予生而与物无害。幼居乡闾，长适四方，万里所至，与其君子而远其不义。是以年五十有一，而未始有尤于人，而人亦无以我尤者。盖壬辰之岁而丧幼女，始将以尤其夫家，而卒以自尤也。女幼而好学，慷慨有过人之节，为文亦往往有可喜。既适其母之兄程濬之子之才，年十有八而死。而濬本儒者，然内行有所不谨，而其妻子尤好为无法。吾女介乎其间，因为其家之所不悦。适会其病，其夫与其舅姑遂不之视而急弃之，使至于死。始其死时，余怨之，虽吾之乡人亦不直濬。独余友闻而深悲之，曰：'夫彼何足尤者！子自知其贤，而不择以予人，咎则在子，而尚谁怨?'予闻其言而深悲之。其后八年，而予乃作《自尤》之诗。"

"壬辰之岁"是皇祐四年（1052），当时其幼女十八岁。按宋朝人的习惯，孩子生下来就算一岁，那么她应该生于 1035 年。而苏轼生于 1036 年，应该是弟弟。又苏轼有《乳母任氏墓志铭》，云："乳亡姊八娘及轼"，可知其幼姐名八娘。她是苏家最小的女儿，十六岁时即皇祐二年（1050）与舅父程濬之子程正辅结婚。婚后程家对她很不好，不到两年就死了。

苏洵在《苏氏族谱亭记》中斥"某人"云："夫某人者，是乡之望人也，而大乱吾俗焉。是故其诱人也速，其为害也深。自斯人之逐其兄之遗孤子而不恤也，而骨肉之恩薄；自斯人之多取其先人之赀田而欺其诸孤子也，而孝弟之行缺；自斯人之为其诸孤子之所讼也，而礼义之节废；自斯人之以妾加其妻也，而嫡庶之别混；自斯人之笃于声色而父子杂处，欢哗不严也，而闺门之政乱；自斯人之渎财无厌，惟富者之为贤也，而廉耻之路塞。此六行者，吾往时所谓大惭而不容者也。今无知之人皆曰，某人何人也，犹且为之，其舆马赫奕、婢妾靓丽，足以荡惑里巷之小人；其官爵货力，足以摇动府县；

其矫诈修饰言语，足以欺罔君子，是州里之大盗也。吾不敢以告乡人，而私以戒族人焉。仿佛于斯人之一节者，愿无过吾门也。”苏洵这里怒斥的“某人”是谁呢？据南宋末周密《齐东野语》卷一三《老苏族谱记》所载，原来就是指“其妻之兄弟”程濬：“老泉《族谱亭记》言乡俗之薄起于某人，而不著其姓名者，盖苏与其妻党程氏大不咸，所谓某人者，其妻之兄弟也。老泉有《自尤》诗，述其女事外家，不得志以死，其词甚哀，则其怨隙不平也久矣。其后东坡兄弟以念母之故相与释憾。程正辅（即程之才）于坡为表弟，坡之南迁，时宰闻其先世之隙，遂以正辅为本路宪，将使之甘心焉。而正辅反笃中外之义，相与周旋之者甚至。”周密有关苏洵幼女的记载是相当准确的。

但在元明以后，可能是出于对这才气超群而命运悲惨的苏洵幼女的同情，就把这位悲剧人物改写成喜剧人物了。冯梦龙（1574－1646）《醒世恒言》卷一一有所谓《苏小妹三难新郎》，写苏轼之妹与秦观的婚事，这纯是无稽之谈。苏轼无妹，八娘乃苏轼之幼姐，八娘死时，秦观年仅四岁。清褚人获《坚瓠三集》卷三《东坡戏妹》载：“《女史》云：东坡有小妹善词赋，敏慧多辩，其额广而凸。东坡尝戏之曰：‘莲步未离香阁下，梅妆先露画屏前。’妹即答云：‘欲叩齿牙无觅处，忽闻毛里有声传。’以东坡多髯故也。《两山墨谈》所记相戏之语又不同，坡戏妹曰：‘足迹未出香房内，额头先到画堂前。’以其凸额也。妹答坡云：‘去年一点相思泪，今日方流到嘴边。’以坡面长戏之。”这都是小说家言，苏轼虽多髯，但苏小妹死时，苏轼才十七岁，未必蓄须。由于苏洵《自尤》诗的发现（见《嘉祐集笺注》所附残宋本《类编增广老苏先生大全集》)，这些传说都不攻自破了。

《自尤》诗伤幼女健壮而死云：“五月之日兹何辰，有女强死无由伸。嗟予为父亦不武，使汝孤冢埋冤魂。死生寿夭固无定，我岂以此辄怨人。当时此事最惊众，行道闻者皆醉辛。”其女幼而好学，为文可喜：“余家世世本好学，生女不独治组纠。读书未省事华饰，下笔亹亹能属文。”组纠本指丝绳带，泛指女红，唐杨巨源《古意赠王常侍》诗：“组纠常在佳人手，刀尺空摇寒女心。”其女不事华饰，不仅学女红，而且勤勉（亹亹）好学，所作诗文颇具吸引力，读之使人不倦。“家贫不敢嫁豪贵，恐彼非偶难为亲。汝母之兄汝叔舅，求以厥子来结姻。乡人婚嫁重母族，虽我不肯将安云。”可见苏洵母不愿以女嫁“豪贵”，也不愿以女嫁舅家，但“乡人婚嫁重母族”，她也没有办法。“生年十六亦已嫁，日负忧责无欢欣。归宁见我悲且泣，告我家事不可陈。舅姑叔妹不知道，弃礼自快纷如纭。人多我寡势不胜，只欲强学非天真。昨朝告以此太甚，捩耳不听生怒嗔。”“日负忧责”，天天担心责怪；回娘家看望父母（“归宁”，后面的“归觐”同义），悲伤哭泣地说家事难以陈述，程家“不知道，弃礼自快”，自己只好勉强适应，但不是自然如此（非天真）。昨天说他们太过分了，他们却怪我不顺从他们（捩耳不听）而愤怒嗔怪。

苏洵只好劝女儿独善其身，要以泄冶为诫：“余言如此非尔事，为妇何不善一身。嗟哉尔夫任此责，可奈狂狠如痴麐。忠臣汝不见泄冶，谏死世不非陈君。”《春秋左氏传注疏》卷二二载：“陈（灵公）杀其大夫泄冶。”杜预注：“泄冶直谏于淫乱之朝以取死，故不为《春秋》所贵而书名。”谓像陈灵公这样的昏君，谏也无益，谏非其人，故不为《春秋》所贵，直书其名。《史记》卷三六《陈杞世家》载：“灵公与其大夫孔宁、仪行父皆通于夏姬，衷（衣）其衣，以戏于朝。泄冶谏曰：‘君臣淫乱，民何效焉？’灵公以告二子（孔宁、仪行父），二子请杀泄冶。公弗禁，遂杀泄冶。”宋李樗、黄櫄《毛诗集解》卷二四：“自古祸乱之世，正人才出一言则必受其祸。为正人者故多全身远害，缄默而不言，不然则为泄冶之徒。由是观之，其当时之缄默而不言者，乃为不能言。”麐是多疑好斗之兽，苏洵以“狂狠如痴麐”喻程之才是不恰当的，因为程之才的生卒年虽不详，但当与八娘相近，最多大一两岁，八娘被虐待致死，主要应由其家负责，而不应由程之才负责。苏洵对女儿的劝告果然起了作用，次年八娘即生一子。但由于不堪程家的虐待，只好回娘家养病，程家又抢去了幼子，致使八娘旧病复发，不治身亡：

谁知余言果不妄，明年会汝初生孙。一朝有疾莫肯视，此意岂尚求尔存？忧惶百计惟汝母，复有汝父惊且奔。此时汝舅拥爱妾，呼卢握槊如隔邻。狂言发病若有怪，里有老妇能降神。呼来问讯岂得已，汝舅责我学不纯。急难造次不可动，坚坐有类天王尊。导其女妻使为孽，就病索汝襦与裙。衣之出看又汝告，谬为与汝增殷勤。多多扰乱莫胜记，咎汝不肯同其尘。经旬乳药渐有喜，移病余告未绝根。喉中喘息气才属，日使勉强飡肥珍。舅姑不许再生活，巧计窃发何不仁。婴儿盈尺未能语，忽然夺去词纷纷。传言姑怒不归觐，急抱疾走何暇询。病中忧恐莫能测，起坐无语涕满巾。须臾病作状如故，三日不救谁缘因？此惟汝甥汝儿妇，何用负汝漫无恩。嗟余生女苟不义，虽汝手刃吾何言。俨然正直好礼让，才敏明辩超无伦。正应以此获尤谴，汝可以手心自扪。此虽法律所无奈，尚可仰首披苍旻。天高鬼神不可信，后世有耳尤或闻。只今闻者已不服，恨我无勇不复冤。

“汝舅”指程濬，苏洵到程家理论，程濬却“呼卢握槊（博戏）如隔邻”，根本不予理睬（“坚坐有类天王尊”）。八娘已经精神错乱（“狂言发病若有怪”），苏家只好请巫婆来“降神”。程濬不自责，反怪苏洵“学不纯”，又怪八娘“不归觐”（归谒父母），把还不会说话的婴儿抢走了。八娘旧病复发，三天就死了。“谁缘因”，是谁造成的？八娘既是你的外侄女，又是你家媳妇（“汝甥汝儿妇”），有什么对不起你的，你却如此“无恩”？不是因为八娘不好，而是因为太好了（“俨然正直好礼让，才敏明辩超无伦”），才“获尤谴”。清官难断家务事（“法律所无奈”），但老天爷是有眼的（“尚可仰首披苍旻”），后世是会知道的。“此惟”以下十二句都是苏洵极度愤慨之词。最后是借“故人”之口，谓把八娘嫁给程家是明珠暗投，“虎咆牛触”是必然的，不当“尤人”，而当“自尤”：

惟余故人不责汝，问我此事久叹呻。惨然谓我子无恨，此罪在子何尤人。虎咆牛触不足怪，当自为计免见吞。深居高堂闭重键，牛虎岂解逾墙垣。登山入泽不自爱，安可侥幸遭骐驎。明珠美玉本无价，弃置沟上多缁磷。置之失地自当尔，既尔何咎荆与榛。嗟哉此事余有罪，当使天下重结婚。

这位“故人”的话很深刻，表面是责怪苏洵，实际上是对如牛似虎的程濬的痛斥，他家根本不配娶八娘这样的“明珠美玉”。自八娘死后，苏洵与程濬彻底闹翻了，断绝了往来。程濬有数子，程之才行二，程之元行六，程之邵行七，后来皆在外做官。苏轼兄弟同表兄弟之元、之邵关系很密切，屡见于诗文中；而同程之才则四十多年没有交往。直至苏轼兄弟晚年贬官岭南，程正辅任广东提点刑狱，他们才消除了前嫌。

苏过与他的《斜川集》

1983—1984学年，杨明照先生举办古籍整理培训班，我讲授“三苏研究”专题课，并负责该班的结业实习。当时决定选一从来没有人注过而又具有注释价值的小家集子供全班练习，于是选中了苏过的《斜川集》。但由于学习期限太短，最后只要求每个学员各注一篇。学员舒大刚、蒋宗许、李家生、李良生表示愿将此集注完，我表示支持，并向他们提供了《苏过年表》初稿。结业后，他们四人经过三年努力，数易其稿，现在总算完成了《斜川集》的编年校注。这就是本书的缘起。

一

苏过字叔党，号斜川居士，苏轼幼子，时称小坡。生于宋神宗熙宁五年（1072），卒于宋徽宗宣和五年（1123），终年五十二岁（考订详见《苏过年表》）。研究他所著的《斜川集》，对了解苏轼兄弟的晚年景况，徽宗朝的黑暗统治与对元祐党人的迫害，以及少有“奇志”却不得施展的苏过的苦闷，都有一定的意义。

苏过在二十二岁以前（1072—1093），跟随其父宦游南北。“坐见黄州再闰，儿童尽楚语吴歌。”（苏轼《满庭芳（归去来兮）》）——苏轼贬官黄州给年幼的苏过（时年八至十三岁）留下了深刻的印象。“臣一去阙庭，三换符节。坐席未暖，召节已行。筋力疲于往来，日月逝于道路。未经周岁，复典两曹。朝廷非不用臣，愚蠢自不安位。”（苏轼《定州到任谢表》）——苏轼在元祐年间的不安于朝，频繁调动，奔走于朝廷和地方之间，使渐知人事的苏过清楚地看到了新旧两党及其内部的互相倾轧。苏过后来说：“余幼好奇服，簪组鸿毛轻。”（《北山杂诗》）他从小看轻仕进，与他青少年时代的阅历是分不开的。

在二十三岁至三十岁的七年（1094—1101）中，苏轼贬官岭南，徽宗即位，遇赦北归，卒于常州（在今江苏），苏过一直随侍从行。苏辙《东坡先生墓志铭》说："公以侍从齿岭南编户，独以少子过自随。"《宋史》本传也说："（苏）轼帅定武（即定州，治今河北定州），谪知英州（治今广东英德），贬惠州（治今广东惠州），迁儋耳（即昌化军，治今海南儋州市），渐徙廉（即廉州，治今广西合浦）、永（即永州，治今湖南零陵），独过侍之。凡生理昼夜寒暑所需者，一身百为，不知其难。"（晁说之《苏过叔党墓志铭》所述略同）在苏轼三子（长子苏迈，次子苏迨）中，只有苏过始终随侍苏轼左右，受苏轼的熏陶也最深。特别是南迁之行，对苏过文学成就的影响尤其深远。苏辙尝称"吾兄远居海上，惟成就此儿能文也"（《宋史》本传）。

崇宁元年（1102），苏过葬苏轼于汝州郏城县（今河南郏县）小峨眉山，次年服除，遂家于颍昌（今河南许昌市东）。他在《祭叔父黄门（苏辙）文》中说："过也昔孤而归公于许（昌），奉杖屦者十春。"据宋孙汝听《苏颍滨（辙）年表》，苏辙卒于政和二年（1112）十月三日，这表明，从崇宁二年（1103）到政和二年间，苏过同苏辙都闲居于颍昌。崇宁年间，正是徽宗朝实行绍述新政、迫害元祐党人登峰造极的时期，也是苏过兄弟生活最艰难的日子。"平生粗知田，疆理南复东"（《和叔宽田园六首》），"布被冷如水""悲辛残炙冷"（《北山杂诗》），正是他躬耕勤作、穷困潦倒生活的真实写照。晁说之说苏过"于闲居时且多艰"（见《永乐大典》卷二四〇一所载《苏叔党墓志铭》。按，晁集此铭有缺。下不再注明），就是因此而发的。在此期间，苏过和叔父、诸兄弟与同时被禁锢而居许昌的元祐党人子弟及门生（如张耒、李廌、范淳父之子范正平兄弟、吕公著之子吕知止等人），时常往来，唱和甚多。

苏过一生"仕宦之日少"（见《墓志铭》）。元祐七年（1092），苏轼从杭州召回任兵部尚书，苏过曾为承务郎（见《宋史》本传及《墓志铭》）。其后二十年未再任职。直到政和二年（1112）六月，才又出仕。《宋史》本传及《墓志铭》都说："（苏过）初监太原府（治今山西太原）税，次知颍昌府郾城县（在今河南），皆以法令罢。晚权通判中山府（治今河北定州）。”按：苏过政和元年（1111）作诗《送仲南（苏适）兄赴水南仓》说：“明年驱车走太行，政坐相如空四壁。”政和二年十月作《祭叔父黄门文》也说：“痛里门之一诀，哭来讣于并（即并州—太原）汾（即汾河，流经太原）。”知他任职太原在政和二年。又《予寓洛阳宝坛……》诗说：“此心本洞然，六月遭怵迫。”因此，又知苏过太原之行在政和二年六月。在太原，苏过与府帅张近及苏轼门生孙勰、赵鼎臣等人相得甚欢，诗赋叠作。政和五年（1115）冬，苏过奉命为郾城县令。他在《郾城县迁土地祭文》中说：“某以乙未岁之冬，奉敕宰是邑。”乙未岁即政和五年。在他任职期间，郾城时有水旱之忧，苏过祷雨祈晴，奔走群望，不一而已。爱民恤农，一如其父。重和初叶梦得帅颍昌府，苏过及晁将之、晁说之、韩缙、范寥等人，时常泛舟西湖，酣饮赋诗，佳什累累，人称盛事（见元陆友《研北杂志》）。约在宣和五年（1123）夏秋间，苏过权中山府通判，“无几何，以事如镇阳”，“而暴疾以卒于镇阳行道中。年五十有二。时宣和五年十二月乙未”（《墓志铭》）。苏过一生的最后十年，仅作过三任小官，确实是“身处末流，仕又再黜，轗轲（坎坷）道死，不获措其蕴于天下”（赵怀玉《校刻斜川集序》）。可不为之太息耶！

二

要了解苏轼晚年贬官岭南期间的思想和生活，当然应依据苏轼本人的著述。苏过的《斜川集》有助于印证、加深、补充对苏轼晚年状况的了解。

苏轼为什么不安于朝，最后竟以年近六旬的高龄远谪岭南呢？君主多疑，小人多谗，苏轼又多直言（《次大人生日》：“直言便触天子嗔，万里远谪南海滨”），这就是苏过得出的结论。他的以古喻今之作，如《思子台赋》《伏波将军庙碑》《萧何论》等，集中反映了这一思想。他在《萧何论》中说，“萧何请上林苑以与民，高祖大怒而械系之”，原因就在于“君疑臣”。自卢绾反，刘邦认为群臣举不可信矣，而萧何“居可疑之地，有可疑之势”，刘邦欲击萧何“久矣”，“请上林苑以与民”只不过是借口而已。苏过深有感慨地说：“呜呼，功臣之难，自古而然乎？”《思子台赋》写汉武帝巫蛊之祸，谗臣江充与太子有隙，诬告太子埋木人以诅上。太子矫诏杀江充，长安扰乱，言太子反。武帝发兵围太子，太子出亡自经死。武帝后来怜其无辜，筑思子台。苏过痛斥道："闻武帝之多忌兮，谓左右之皆戎。杀阳石（阳石公主，亦坐巫蛊诛）而未厌兮，又瘗（埋）祸于宫中。忸君王之好杀兮，视人命犹昆虫。死者几何人兮，岂问骨肉与王公！"汉武帝"多忌""好杀"，把左右的人都当作敌人（戎，古代少数民族），掀起一次又一次的巫蛊之祸。当他征伐四夷时，似乎是"雄杰"之主；而失道嗜杀时，似乎比婴儿还更无知："彼茂陵（汉武帝）之雄杰兮，盖将与黄帝俱仙；及其失道于几微兮，狐鬼生于左臂。如婴儿之未孩兮，易耳目而不知。"于是，"信谗而杀子，既奸而败国"。苏过还进一步揭露说：汉武帝害死了太子就"慷慨悲歌，泣涕踌躇"，而他杀了那样多大臣、忠臣，"皆以无罪而夷灭，一言以就诛，曾无兴哀于既往，一洗其无辜"。古往今来，无辜受戮的人太多了，苏过之所以在《思子台赋》中大动感情，显然寓有父亲忠而被谤的隐痛。其《伏波将军庙碑》，写东汉光武帝时，伏波将军马援自请南征，进军壶头，水急不能上，加之天气炎热，士卒多病死，马援亦病卒。谗臣陷之，光武帝大怒，追收其新息侯印绶。苏过感慨道："壶头一衄（挫败），谗人遂入其说，人主一信而不可回。"马援在南征中尝食薏苡以祛风湿，并载一车还，以作种子。马援死后，有人上书说他载的都是明珠玉犀。苏过写道："何薏苡之兴谗兮，抱孤忠而不见省。……悲将军之谁咎兮，死青蝇于祖圣！"主虽圣却被青蝇所包围，马援仍落得"功未录而罪及兮，掩大德于一眚（过失）"的下场。马援的遭遇虽可悲，却庙食百世，名垂千古："造物者能困其人，而不能困其功名也。"苏过深信，其父苏轼虽然也是"抱孤忠而不见省"，谗说入，"人主一信而不可回"；但谗人不可能磨灭苏轼的"功名"，他的忠义之心仍将为后人所敬仰。

苏轼对逆境一向能处之泰然。他在渡海去海南时，曾感伤地说："何时得出此境耶?"但一转念，他又自我排解道，在茫茫宇宙中，整个中国也不过是一小岛而已。盆水泼地，蚂蚁以为是灭顶之灾，"岂知俯仰之间，有方轨八道之路乎?"（《苏文忠公海外集》卷四）苏过的《飓风赋》淋漓尽致地发挥了苏轼这一思想。赋的前面大部分描写飓风之威力，结尾处问道，飓风"果足怖"

吗？他说："蚁之缘也，吹则坠；蚋之集也，呵则举。夫嘘呵曾不能以振物，而施之二虫则甚惧。"在"水击而三千，抟扶摇而上者九万"的大鹏看来，根本不算一回事。如果有大鹏那样的胸襟和视野，飓风也就不足称飓，不足为怖了。"则向之所谓可惧者"，皆"耳目之不广，为外物之所变"造成的。元符二年（1099），苏过还写了一篇《志隐》，通过主客对话，进一步发挥了苏轼随遇而安的思想。他针对客人"夸三晋而鄙百粤"的观点，首先阐明了万物齐一、晋粤 他说："彭聃以寒暑为朝暮，蟪蛄以春秋为期颐（百岁）。孰 子知鱼之安于水也，而鱼何择夫河汉之与江湖？ 与孟诸？"他说，儋耳虽是"瘴疠之地"

天地之气，冬夏一 意靡息。冬絺夏葛，稻岁再熟。富者寡求，贫者易足。绩蕊为衣， 食。铸山煮海，国以富强。犀象珠玉，走于四方。士独免于战争，民独勉于农桑。其山川则清远而秀绝，陵谷则缥渺而嵚郁。虽龙蛇之委藏，亦神仙之所宅！

在苏过的笔下，当时还很落后的儋耳，简直是人间天堂、神仙住的地方。这正是苏轼"海南万古真吾乡"的思想。这种万物齐一、随遇而安的思想，显然受了庄子哲学的影响，在当时，对鼓励苏轼父子战胜困境，是一种巨大的精神力量。其次，苏过针对客人以钟鸣鼎食劝其仕进的观点，相当深刻地揭露了当时官场的黑暗：

功高则身危，名重则谤生。枉寻（屈曲不正，攀援依附）者见容，方枘者必憎。而自古豪杰之士，有不能閰阎之穷，慨然有澄清之志，探虎穴，索骊珠，而得全者盖无一二也。

官场中容不得正直的人！苏轼之所以一贬再贬，正因为他功高名重，方枘正直。鉴于苏轼的教训，苏过表示，他安于眼前置身遐方的生活：

今置身于遐荒，如有物之初，余逃空谷之寂寥，眷此世而愈疏。追赤松于渺茫，想神仙于有无。此天下之至乐也。

苏过《志隐》的安贫乐道主张，既符合苏轼的一贯思想，更符合他贬官岭南时的精神状态。《宋史·苏过传》说："初至海上，（苏过）为文曰《志隐》，轼览之曰：'吾可以安于岛夷矣！'"据晁说之《苏叔党墓志铭》载，苏轼还准备"自为《广志隐》，以极穷通得丧之理"。由此可见，苏轼对这篇文章之重视。

苏轼远谪岭南，尝尽了世态炎凉。苏过深有感慨地说："管鲍久已死，交情云雨翻。"（《和叔宽赠李方叔》）但是，世间毕竟还是好人多。就在很多人怕受牵连，对苏轼唯恐避之不及的时候，也有不少亲朋好友，甚至素不相识的人，对苏轼充满了关切之情。其中有万里致书的常子然："嗟我先君，昔迁南夷。万里致书，公时布衣。同臭使然，忘其祸危。"（《祭常子然文》）有万里探亲，死于途中的舅父王元直："先君之迁于南也，平昔亲旧屏迹不敢问安否者七年。舅氏慨然奋不顾身曰：'公盛时在朝廷、典方面，则往见之；今厄穷瘴疠之地，吾等乃避畏形迹，非夫也！'率同往者一人，遂独浮江而下，将自洞庭、桂岭而南。会先君有诏北还，而舅氏遇疾于途以卒。"（《王元直墓碑》）有不顾朝廷禁令，毅然相访的李安正、王子直："绍圣初，先君谪罗浮。是时，法令峻急，州县望风旨，不敢与迁客游。一夕，苍梧守李公安正引车骑扣门，请交于衡门之下。"（《书漳南李安正防御碑阴》）"南行几万里，亲旧书亦绝。……未著绝交书，已叹交游绝。……怪君一事无，访我此穷发。"（《赠王子直》）特别值得一提的是，苏过有一首《己卯冬至，儋人携具见饮》诗，生动描述了海南人民对苏轼父子的情谊。这时，苏氏父子已谪居海南三年，"南音行自变，重译不须通。"他们同海南人民已经没有多大的语言障碍了。"父老怜匏系，肴蔬盛篚馈。"当地父老同情久谪不仕（《论语·阳货》："吾岂匏瓜也哉，焉能系而不食？"旧时常以匏系喻不得出仕）的苏轼父子，给他们送来的肴蔬，盛满（馈）了食器（篚）。送来的礼物有：

椰酒醍醐白，银皮琥珀红。……薯芋人人送，囷庖日日丰。瘴收黎母谷，露入菊花丛。海蜓羞蚶蛤，园奴馈韭菘。槟榔代茗饮，吉贝御霜风。

有白如醍醐（酥酪上凝聚的油）的椰子酒，红如琥珀的银皮酒，海南广产的薯芋，海蜓蛤蜊等海味，韭菜、黄芽菜（菘）等菜蔬，可作饮料的槟榔，可御风寒的木棉（吉贝）。从苏轼《用过韵，冬至日与诸生饮酒》诗看，这次“携具见饮”的人，主要是符林、吴子野等当地士人，但当地劳动人民对苏氏父子也很好。苏过《夜猎行》诗说，海南多鹿子、野猪，土人常于夜分月出捕取。一天晚上，猎声震山谷，第二天就有人给他们送野味来。他感谢父老道：“朝来剥啄谁有馈，愧尔父老勤弓戈。”特别是在苏轼遇赦北归时，海南人民对苏轼父子更是依依不舍：“送车反自厓，异獠纷来宾。蛙蠓与蚳醢，敬我如族姻。”（《用伯充韵赠孙志举》）苏过自注说：“南夷风俗，非姻家不得与蛙蛤蚁酱之会。”但他们对苏轼父子却例外，完全把苏轼父子当亲人看待。

三

今存《斜川集》中的绝大部分诗文作于徽宗朝，从中我们可以清楚地看到徽宗朝对所谓元祐党人的迫害，以及当时严重的阶级对立。

崇宁元年（1102）五月，韩忠彦以“变神考（神宗）之法度，逐神考之人才”的罪名罢相，朝廷再次追贬司马光等四十四人的官职，其中二十一人之子弟不得在京师做官。九月，立党人碑，把司马光等一百二十人列出罪状，谓之“奸党”，御书刻石于端午门，其中就有苏轼兄弟及其门人秦观、张耒、晁补之、黄庭坚等。崇宁二年（1103）二月，诏党人子弟不得至阙下。四月，诏毁三苏等人文集。九月，蔡京又自书“奸党”名姓，命州县立党人碑。崇宁三年（1104）六月，又重定党人，刻石于朝堂，由原来的一百二十人增至三百零九人。其后对元祐党人的迫害虽有所缓和，但终徽宗朝均未恢复苏轼等人的名誉。

正是在这种背景下，当年的执政大臣苏辙，一直闲居颍昌十余年，不再与人相见，默默以死。这期间，苏过有很多咏诵苏辙的诗篇，如“绝口谁能论梦幻，逢人聊只话耕桑。翟公门外常罗雀，要放空阶草木长”（《次韵叔父上巳二首》）；“枕上轩裳何足梦，壶中天地本来宽。幅巾从此追巢许，永愧苍生起谢安”（《叔父生日四首》）；“求田问舍追三径，面壁灰心过九年”（《次韵叔父黄门己丑岁除二首》）等等。苏过在《祭叔父黄门文》中说：“公之脱身南荒而归也，则澹然箕山之下，渼水之滨。友巢由于千载，追松乔于白云。盖与世而相忘，默渊潜而自珍。托《春秋》以见志，戮奸宄于灰尘（指苏辙晚年所作《春秋传》等）。公虽不用也，而天下愈尊之如泰山，归之如凤麟。”这些诗文都反映了苏辙晚年默默无闻，郁郁寡欢，潜心于学术研究的境况。

正是在这种背景下，苏轼三子均长期沉沦下僚或闲居。苏过在《送伯达（苏迈）兄赴嘉禾》中写道：“我生三十余，忧患恰半生。……五载卧箕颍，分甘一廛氓。嗟哉生理拙，口腹不解营。各逐升斗仕，弹冠愧渊明。”苏过于崇宁二年居颍昌，从“五载卧箕颍”句可知，此诗写于崇宁六年（1107），时苏过三十六岁，在这“三十余”年中，他有十多年都是在伴父南迁和闲居颍昌的“忧患”中度过的，都在作“一廛氓”。由于生活艰难，他们不得不为升斗之禄而出仕。《送仲豫（苏迨）兄赴官武昌叙》说：“长兄（苏迈）年五十有三，不能俯仰于人，犹为州县吏；仲兄（苏迨）少不乐仕进，亲戚强之，今四十有三，始为管库官。”从“长兄年五十有三”，仲兄“四十有三”，可知这篇叙写于政和元年（1111），时苏过四十岁，尚闲居许昌。仲兄苏迨本不乐仕进，而亲戚强迫其出仕，显然也是为生活所迫。苏过《送仲南兄（苏辙子苏适）赴水南仓》，生动地表现了苏过兄弟（包括堂兄弟）在从仕上的思想发展过程。早年他们都意气风发，似乎定有作为：

忆君结发读书日，肯学呻吟事刀笔。功名直欲高古人，议论从来气横臆。

后来却事与愿违，只好高卧林泉，潜心文史：

咄嗟岁晚事大缪，翻然自许林泉役。躬耕二顷羞甘旨，栉风沐雨忘晨夕。十年不知簪组味，万里能舒陈蔡厄。丈夫升沉何足道，竭身养志真奇特。闭门却求文史乐，劲气岂为穷居屈。

但是，后来连高卧山林也无法坚持。为了谋生，只好去做不屑做的“刀笔”吏：

迩来弹冠本非好，黾勉聊从父兄迫。区区试吏仓庾间，定知蜡屐何曾得。嗟余白发亦自笑，眷眷一官乃鸡肋。明年驱车走太行，政坐相如空四壁。

家徒四壁，生活艰难，是苏过兄弟被迫出仕的重要原因。从“明年驱车走太行”可知，这首诗作于监太原税前夕的政和元年。苏过晚年曾三次出仕，但思想上一直很苦闷，表现仕隐矛盾的诗篇在《斜川集》中比比皆是。在官场中，他深感孤独，没有同调：“溪山岂远人，吏缚苦难到。岂惟畏简书，谁与同嗜好?”（《次韵任况之》）深感不自由，有如“辕下驹”，为“韁锁”所缚：“一堕世网中，局促辕下驹”（《饯任况之》）；“何时脱韁锁，著我林泉帽”（《次韵任况之》）。深感官场风险太大，李斯官居相位，被杀时求“牵黄犬俱出上蔡东门逐狡兔”亦不可得：“君看轩冕荣，其辱与之俱。斯游岂不遂，上蔡曾弗如”（《湖阴有隐君子作轩曰独乐，乡人常希古为赋诗，属予同作寄之》）。因此，他时时都想弃官归隐：“安能久俯仰，自困刀笔吏”（《送梁与可赴中山仓》）；“行当投劾去，暮景收桑榆。”（《饯任况之》）

在徽宗朝，不仅元祐党人及其子弟受到迫害，甚至他们的门生也受到牵连。从《斜川集》中可以知道，苏门六君子之一的李方叔就在颍川开磨坊（《李方叔治颍川水磨，作诗戏之》）。苏过对徽宗的荒淫腐朽，追逐声色犬马也很不满，这集中表现在《书〈张骞传〉后》一文中。文章写道：“酒色之害人，甚于毒药；博弈之害财，甚于盗贼。然人之畏毒药而甘心于酒色，知恶盗贼而不厌博弈者，何哉？适于己而忘于害耳。千金之子破产于声色狗马，万乘之主失德于玩好嗜欲者多矣，岂不信哉！”适己忘害是全文的中心。他指责汉武帝“以一马之故，穷师万里（《汉书·张骞传》：“天子既好宛马……乃以李广利为将军，伐宛”），天下骚动，几及（陈）胜、（吴）广之乱”；而汉武帝不惜“穷师万里”以夺取宛马，又是张骞启之。苏过感慨道：“呜呼！苟一夫之私欲，竭生民之膏髓，虽系虏其人，而郡县其地，何补疮痍之万一哉!”而“贪人之心如饥渴然，必欲有其所未有者为富，见其所未见者为宝耳，夫岂有穷哉!”这篇文章显然是针对当时的花石纲之役而发的。徽宗继位不久，就命童贯于苏、杭造作牙角犀玉、金银竹藤等器用，装画糊抹，雕刻织绣之工，曲尽其巧。不久又索取各地珍异，灵璧、太湖、慈溪、武康的石头，两浙的异花奇竹，福建的荔枝、橄榄，南海的槟实，登州、莱州的文石，湖湘的文竹，四川的佳果，无所不进，闹得鸡犬不宁。“民豫是役者，中家破产，或鬻子女以供其役”(《宋史纪事本末》卷五〇)。花石纲之役是引起方腊起义的直接原因之一，方腊在漆园誓师时就曾讲到宋徽宗“声色狗马、土木祷祠、甲兵花石”之“縻费”。方腊说:“今赋役繁重，官吏侵渔，农桑不足以供应，吾侪所赖为命者，漆楮竹木耳，又悉科取无锱铢遗。”(方勺《青溪寇轨》)苏过所谓“万乘之主失德于玩好嗜欲”，即暗指徽宗;所谓汉武帝“以一马之故……几及胜、广之乱”，就是对徽宗的警告;而方腊起义的爆发，证明他是颇有预见的。

苏过还把统治阶级的腐朽同民间的疾苦作了鲜明对比。他在《小雪》一诗中揭示了当时的贫富悬殊:“不知贫与富，苦乐相悬绝。”富者的生活是:

沉沉五侯居，碧瓦映华棁。兽炭麒麟红，银瓶黄封揭。春风绕幄帐，醉面生绮缬。赐宴明光宫，玉色迷金阙。

这些达官贵人住在金碧辉煌的宫室里，饰有麒麟的炭炉烧得通红，喝着银瓶御酒，虽然宫外雪花纷飞，宫内却春意盎然，个个醉面生辉。而贫者的情况却恰恰相反:

谁怜荜门士，破壁穿飞屑。捉襟肘常见，纳履指屡决。衣长不可度，薪湿何由爇。饥吟数更鼓，坐叹生理拙。

寒士屋破，絮雪穿入，衣破肘现，鞋破趾出，薪湿不燃，寒夜难熬。同是雪夜，贫富不同，确实是“苦乐相悬绝”。

苏过对贫者是充满同情的。在《北山杂诗》中，他写到一位“樵叟”：

空山寂无闻，独拥寒炉火。时时黄犬吠，知有行人过。扣门但樵叟，束薪求售我。辛勤易一饭，空腹安能果。我困亦无几，僮仆行忧饿。明朝且食粥，弹铗悲楚些。

《山居苦寒》中，还写到一位年过八旬的孤苦寡妇：

傍舍孤嫠八十余，背无完絮况裙襦。分衣愧乏庄公惠，纸被聊将慰老臞。

他因自己已经到了“食粥”的境地，面对“樵叟”，只好弹铗悲歌；对“孤嫠”，也只能送一床纸被供其御寒。他对贫苦人民虽无力援助，或所助微薄，但对他们的关切之心却跃然纸上。苏过对人民的同情与他自身的处境有密切的关系。他在《和叔宽田园》中写道：

平生粗知田，疆理南复东。常祈五日雨，未厌十日风。纷纷秀莨莠，恐害嘉谷丛。芟荑绝根本，肃杀先秋冬。坐获霜筥收，庶几粢盛供。一饭食我力，愿与农夫同。

由于他处在躬耕自食的地位，因此，对气候的好坏很关心，对除草以护谷抓得很紧，以便秋天能有一个好收成。他在《次韵杨良卿秋雨有感》中也说：

一饱真难得，凶丰特未分。连绵窗外雨，惆怅陇头云。雀啅饥谋食，蛙鸣夜作群。谁能补天漏？我欲跨重云。

没有“一饭食我力”的处境，就不会有“愿与农夫同”的思想；没有“愿与农夫同”的思想，就很难产生“一饱真难得”的感慨，就不会有跨云补天漏的感情。

在少数民族问题上，苏过的《论海南黎事书》颇有见地。他首先指出要重“民言”，要使下情上达。他说：“国家之善恶，法令之得失，官吏之贤不肖，未尝不窃议于下也。……古之君子建一事，出一令，未尝不参之于民言。”他指责当时的官吏根本不重视民言，不了解下情：“今天下号称能吏者，直以簿书期会洁身奉己而已；尤异者，使民尊之如鬼神，畏之如雷霆，可谓能矣！然上之情不可知，下之情不能达，所谓利害之实，从何而得之哉!”在处理海南黎人的问题上，就暴露出各级官吏根本不了解民情，有人主张“覆其巢而夷其地”，即用武力镇压；有人主张“羁役其人，而改其俗”，即按治理汉人之法治理黎人，强迫其同化；有人主张“绝其通市以困其力”，即断绝同黎人的贸易。苏过以自己“侍亲海南，实编于民”所了解到的详情，一一驳斥了上述主张。他认为要治黎，首先要搞好吏治：“饬有司，严约束，市黎人物而不与其值者，岁倍偿之，且籍其家而刑其人”；“又为之赏典以待能吏。”其次，主张选黎人作吏：“朝廷若捐数官以使人，则贤于用师矣”。“今朱厓屯师之千人，岁不下万缗，若取十一以为黎人之禄，可以罢千师屯矣。”再次，主张用民兵代替戍卒。他说，当时的戍卒，“多出无赖，所过聚落，鸡犬一空。来则捶暴其家人，去则坏弃其器具”。这种扰民之卒不如不要好。他说：“仆以为戍卒可省，民兵可用。何则？编户之家，家有武备，亲戚坟墓所在，人自为战，而又习其山川险阻，耐其风土瘴疠。吏若拊循其民，岁有以赏之，则吾藩篱不可窥矣。”苏过这些主张是比较切实可行的。赵怀玉《斜川集序》说：“东坡善言兵，而叔党有论黎事之书，出处进退，未忘国家。”确实如此，苏过虽然长期闲居，身处下僚，却同他父亲一样，“虽废弃，未忘为国家虑”（苏轼《答李琮书》）。

四

苏轼三子“俱善为文”，而以苏过的文学成就最高。苏轼说：“小儿少年有奇志，中宵起坐存黄庭。近者戏作凌云赋，笔势仿佛《离骚》经。”（《游罗浮山一首，示儿子过》）又说：“过子诗似翁，我唱儿辄酬。未知陶彭泽，颇有此乐不?”（《和陶游斜川，正月五日与儿子过出游作》）又海南《与刘沔都漕书》："幼子过文益奇，在海外孤寂无聊，过时出一篇见娱，则为数日喜，寝食有味。"苏辙也赞其"能文"（《宋史・苏过传》）。后人常称赞"其诗文具有家法"（赵怀玉《斜川集序》）；"笔下诗文嗣乃公"（吴长元《校录〈斜川集〉寄鲍以文》）；"零章賸句，等诸笠屐（苏轼）之遗"（弓翊清《斜川集序》）。苏过的文学成就当然不可能同苏轼相比，但说他的诗文具有苏轼之遗风，确实并非夸张。

苏轼的文章纵横恣肆，气势磅礴，情致绵密，苏过的诗赋和部分散文，如前面已经提到的《书〈张骞传〉后》《伏波将军庙碑》《志隐》《论海南黎事书》以及《飓风赋》《思子台赋》等，也具有这种特点。前面已经谈到《飓风赋》的寓意，这里我们再来看看他对飓风的描写吧。首先，他通过客人之口写飓风之征兆："仲秋之夕，客有叩门指云物而告予曰：'海氛甚恶，非祲（妖氛）非祥。断霓饮海而北指，赤云夹日而南翔。此飓之渐也。子盍（何不）备之？'"接着写飓风初来之情景："语未卒，庭户肃然，槁叶蔌蔌，惊鸟疾呼，怖兽辟易。忽野马（云气）之决骤（急奔），矫退飞之六鹢（《左传・僖公十六年》："六鹢退飞过宋都。"鹢，水鸟）。袭土囊之暴露，持众窍之叱吸。"特别精彩的是对飓风盛时恐怖景象的描写：

少焉，排户破牖，陨瓦擗屋。礧击巨石，揉拔乔木。势翻渤澥，响振坤轴。疑屏翳之赫怒，执阳侯之将戮。鼓千尺之涛澜，襄（冲上）百仞之陵谷。吞泥沙于一卷，落崩崖于再触。列万马而并骛，溃千里而争逐。虎豹詟骇，鲸鲲奔蹙。类巨鹿之战，殷声呼而动地；似昆阳之役，举百万于一覆。予亦为之股栗毛耸，索气侧足。夜拊榻而九徙，昼命龟而三卜。

这里，既有对飓风的正面描写：房屋被撕裂，巨石相撞击，树木连根拔，倒海翻江，声震乾坤；又有侧面烘托：虎豹惊骇，鲸鲲奔蹴，自己也"股栗毛耸，索气侧足"；既用神话传说作形容，屏翳赫怒戮阳侯；又以著名恶战相比拟，有如巨鹿、昆阳之役，真是极尽夸张之能事。而风过浪平之后又是一番景象："已而山林寂然，海波不兴。动者自止，鸣者自停。湛天宇之苍苍，流孤月之茕茕。”读了苏过的《飓风赋》，我们好像经历了飓风的全过程一样，开头越来越声势逼人，最后却寂然清明。全文都写得有声有色，使人有亲临其境之感。《宋史·苏过传》说：“其《思子台赋》《飓风赋》早行于世。”可见在当时就是他的名篇。

明人袁宏道说：“坡公之可爱，多其小文小说。”《斜川集》中也有一些脍炙人口的小品，如《记交趾进异兽》：

麒麟凤凰，天所生也；虎豹蛇蝎，亦天所生也。生麟凤也，必复生虎豹蛇蝎，苍苍者或自有说。然天之生麟凤也不数，而虎豹蛇蝎害人之物往往蕃衍于深山大泽间。耽耽焉，逐逐焉，肆其爪牙之利，以逞其口腹之欲。宜乎麒麟凤凰高飞远引，不一游于世也。

短短一百字，可谓寄慨万端！老天爷既要生麒麟凤凰，又要生虎豹蛇蝎；麟凤生得不多，而虎豹蛇蝎却比比皆是；正因为虎豹蛇蝎横行，麒麟凤凰就只好高飞远引！“幽阴成颇杂，恶木翦还多！”千古同慨！虎豹蛇蝎之“耽耽焉，逐逐焉，肆其爪牙之利，以逞其口腹之欲”，这不是对徽宗朝的逼真写照吗？

苏轼说：“过子诗似翁。”我认为，苏过的诗更似苏轼晚年和陶渊明的诗。苏轼说：“吾于诗人无所甚好，独好渊明之诗。”（苏辙《追和陶渊明诗引》）苏轼晚年曾“尽和其诗”。苏过青年时代随父南迁，就深受其父的影响，爱上了陶诗；其后长期闲居，沉沦下僚，更使他同陶诗结下了不解之缘。因陶潜曾游斜川，他就把自己卜居之地叫小斜川，自号斜川居士，经常表示“斜川终拟学渊明”（《次韵姚美叔约寻春之什》）。苏过所谓“学渊明”，主要是指要学陶潜不为五斗米折腰的精神（《次韵孙海若见赠》：“折腰为五斗，强颜管库职。……坐咏渊明篇，令人有愧色”）。但是，读读《斜川集》就不难看出，他把陶潜“质而实绮，癯而实腴”的特有诗风也学到了。今存《斜川集》以五言古诗为最多，大都写得表面质朴而实际绮丽，表面清瘦而实际丰腴。前面所举的苏过诗往往具有这一特点，这里我们再来读读他的《和叔宽田园六首》中的第六首吧：

十年资章甫，人弃我亦闲。得从长沮游，时把严陵竿。本非厌作吏，未忍违故山。朝来行西畴，果腹惟三餐。信哉负郭美，五斗何足干。长为田舍翁，所乐非所叹。

章甫，宋人的礼帽。《庄子·逍遥游》云："宋人资（采买）章甫而适诸越，越人断发文身，无所用之。"前六句大意是说，他像宋人采买章甫到越国一样，干着无用的事，朝廷对他弃而不用，他也乐得清闲，像古代隐士长沮、严子陵一样隐居故山。后六句具体描写隐居之乐，"信哉负郭美"，表现了他对田园风光的热爱；"五斗何足干"，表现了他对仕途的蔑视。这首诗从内容到风格都酷似陶诗，平淡的话语中有着丰富的内涵。

五

关于苏过的《斜川集》，《宋史》本传说："（苏过）有《斜川集》二十卷。"而《宋史·艺文志》却著录"苏过《斜川集》十卷。"二者互相牴牾，但亦各有所本。晁说之《（苏过）墓志铭》说苏过"有《斜川集》二十卷"；陈振孙《直斋书录解题》卷一七、马端临《文献通考》卷二三七都作十卷。由此可知《宋史》本传从《墓志铭》，而《艺文志》从二家书目之说。考《墓志铭》作于北宋宣和七年（见本志），晁说之与苏过过从甚密，其说理当不误；陈、马二氏之书成于南宋以后，且又众口一辞，那么南宋所传《斜川集》确为十卷无疑。大概是南渡草草，斯集亦不免其厄。后来的目录学家各执一端，如《续通志》卷一六二从十卷说，而明人的《蜀中广记》卷九八则从二十卷之说。均系因袭抄摘，未能深考。

苏过文章流传甚早，史称"其《思子台赋》《飓风赋》早行于世"（《宋史》本传及《墓志铭》）。但是《斜川集》的流传却不甚广，鸡林黠贾，往往因南宋刘过（有《龙洲集》）、谢邁（有《竹友集》）之名与苏过相同，篡改其姓，以赝本售利。据明王世贞《弇州题跋》，自元末，已有用刘过集冒充《斜川集》者；后之“东南士大夫，家置一编而不觉”（赵怀玉《校刻斜川集序》）。有识之士，固已心知其伪，如邵晋涵、孙原湘诸人，都早发其难（邵氏之说见《南江文钞·书坊本伪斜川集后》、孙氏之说见《天真阁集·书斜川集赝本》），却苦于真本不传，学林称憾。迄至乾隆三十八年（1773）清廷开馆修撰《四库全书》，特诏儒臣从《永乐大典》中搜罗遗籍，编修周永年从中录得苏过诗文三百五十五篇，除去三篇重出，实为三百五十二篇，厘为六卷（参见吴长元《校刊斜川集原序》），嘱鲍廷博刻入《知不足斋丛书》。当时，笃爱斯集的赵怀玉又再进行校勘订正，于乾隆五十三年（1788）首刊于杭州，“《斜川集》乃克流播艺林，而谢幼槃之《竹友集》、刘改之（过）之《龙洲集》皆还旧观，世称快事。”（法式善《斜川集补遗序》）二十年后，嘉庆十三年（1808）诏修《全唐文》，总纂官法式善又从《永乐大典》辑出苏过诗文六十八篇，勒为二卷（见《斜川集补遗序》），知不足斋主人取之散置于各卷之后，刻入丛书。因此，如果没有清人所做的这些努力，那么，随着《永乐大典》毁于八国联军入侵北京，连这样一部《斜川集》的辑本，我们也见不到了。

今传《斜川集》由于是清人辑佚校刻，版本不至于很复杂。现通行有两个系统：一是以赵怀玉最早校刻的三百五十二篇本（校记中简称“赵本”），后之阮元编《宛委别藏》丛书所收本（简称“宛本”），虽是“从旧钞本重加缮录”（见《研经室外集·斜川集六卷提要》），而篇次一与“赵本”同。二是刊行于《知不足斋丛书》的四百二十篇本（本书底本，简称“原本”），后来道光年间眉山三苏祠刊附于《三苏全集》（简称“祠本”）、《四部备要》（简称“备要本”）、《丛书集成》（简称“丛本”）、《国学基本丛书》（简称“国本”），所收诸本，都与之同，唯诗文编卷先后有异。另外，今中国国家图书馆还藏有两种清钞本，一本（题“清钞乙本”）篇目与《知不足斋丛书》本同，一本（题“清旧钞本”，简称“旧本”）编次紊乱，似为辑佚时的手稿，有一百四十八篇，较之诸本，总数虽少，而有七篇是众本所无的。按赵怀玉《校刊斜川集序》称自己曾经于乾隆辛丑在翁方纲苏斋见到翁从《永乐大典》中辑录的苏过诗文若干，“惜未及假钞”，未知即是此旧钞稿本否。

六

宋人编次的《斜川集》业已不传，其面目无从考知。清人校刊的《斜川集》，除字句的校订外，在编纂上仅以五言、七言、文赋诸体分卷，年代不明，背景莫知。又兼以辗转翻刻，讹误难免，不便于阅读。因此，有必要对《斜川集》进行整理，包括编年、标点、校勘、注释、辑佚等。兹分别简述如次。

诗文的编年是一项复杂缜密而又十分重要的工作，这要求将零篇散简珠连玉贯，帮助读者了解时代背景，从而加深对诗文的理解。这次整理，将原本目次打散，根据诗文内容，参以苏过事迹，按年排列，分作十卷。对只能考订相对年代的作品，系于同时期作品的后面；完全无年代、时期可考的，则列于卷末。

标点，一律用新式标点。

校勘，系用《知不足斋丛书》本《斜川集》作底本，以各本会校，于每篇后写有校记。校记的内容包括列异文、辨是非。底本与他本文辞有异，都可以通，则将异文列出；底本有误当据某本或某书改正者，出校说明；底本文字仅笔划小误，显系误刻者，则直接改正，不出校；底本不误而他本明显错误，一般不出校。但是，如果误本可能引起误解，则在校记中驳正；至于异体字、避讳字改为正体，回归原字则不再出校。校语置注释中。

注释的本旨在于为读者扫除语言文字障碍，尤其注意为研究者提供第一手资料。注释体例是：原文全句属一个事件或典故者，不列词头，直接出注；如原句仅一处用典或可分数典，或有人名、地名的，则立词头分释。注释引书证时，专著有卷有篇的，一般出具书目篇名；有卷无篇，或有篇无卷的，则出具其篇或卷。收入文集的诗文，无论别集总集，一般只注篇名。诗文编年，一般在一个年号的元年注明公元纪年，以后类推。

《斜川集》自明季失传以来，诗文散佚十分严重。清人辑佚，其功非小，然而典坟充栋，数人努力亦不免漏宝遗珍。一是《永乐大典》中的苏过诗文并未尽搜，如今残存的《永乐大典》“启”字韵下苏过《代人贺启》共八条，四库馆臣遗其一条未收；就是清人从中辑出的苏过诗文，也由于出自众手，分藏各家，而未能全刊，如“清旧钞本”就有七篇不见于诸家刻本；二是吴长元从《播芳大全》辑录未曾辑全，今《播芳大全》中有数十篇文章亦为漏辑，今并录之。又从周在浚《晋稗》中录得苏过诗一首，《宝真斋法书赞》《三希堂法帖》辑得诗文四篇。共辑得轶文轶诗二十余篇。另外，从其他集子得知苏过曾经作有某诗某文，今又无法找到的，如从《苏轼诗集》《栾城后集》知苏过在惠州尝作《江涨》诗、在海南尝作“重字韵”诗，从《张右史（耒）集》知在颍昌有诗戏张耒，如此之类，皆无从寻得，只有付之阙如了。

另外，新整理的《斜川集》后，还有五种附录。一是《苏过年表》；二是年表所不能容纳的苏过轶事；三是集评，搜求宋以来名人学士对苏过的评价；四是本集叙跋；五是苏过诗文订误。

以上编年、标点、校勘、注释、辑佚、附录资料的工作未必完全能尽如人意，但我想，到目前为止，至少这是《斜川集》最完整的本子了。

（原载《四川大学学报》1982 年第 2 期；又载巴蜀书社 1996 年版《斜川集校注》卷首）

文星璀璨的嘉祐二年贡举

历史是一个发展过程，但在这一过程中，有一些时间关节点，不仅本身绚丽多姿，而且贯穿了整个发展过程，对后世也产生了深远的影响。嘉祐二年（1057）贡举就是这样一个时间关节点。从嘉祐二年正月六日以翰林学士欧阳修权知贡举，至三月五日（1057 年 1 月 31 日至 3 月 30 日）仁宗御崇政殿试礼部奏名进士，各科共录取 899 人，特别是进士科的 388 人，多为北宋各个领域的代表人物。短短两个月，可说是文星璀璨的两个月，北宋政治界、思想界、文学界的代表人物都在这两个月中崭露峥嵘。唐宋八大家中的宋六家均齐集京城，其中四大家与这次贡举直接有关：欧阳修权知贡举，曾巩与苏轼兄弟均于此科进士及第。另外两大家也有间接关系，苏洵是为送二子应试入京，王安石在京任群牧判官，王安石变法的主要代表人物亦于此科进士及第。

一、宋代科举的进一步完善

科举制度是始于隋，兴于唐，完善于宋，直至清末始废的以分科考试选拔官吏的制度。

宋代科举较之唐代有很多变化。就考试内容看，唐代科举考试重诗，宋代重赋、重论，经义、策论都是论，律赋也以论为主要内容。就考官与士子的关系看，在宋以前，进士与主考官的关系是座主与门生的关系。宋王朝为加强中央集权，禁止进士称考官为恩师，自称门生。太祖建隆三年（962）九月一日诏曰："国家悬科取士，为官择人，既擢第于公朝，宁谢恩于私室？将惩薄俗，宜举明文。今后及第举人，不得辄拜知举官子孙弟侄，如违，御史台弹奏。……兼不得呼春官为恩门、师门，亦不得自称门生。"（徐松《宋会要辑稿》选举三之一，中华书局影印中国国家图书馆藏本）并实行御试，把进士的录取权收归皇帝。

唐代及宋初的进士及第者，每科不过一二十人、二三十人。宋代自太宗朝起，动辄数百人，甚至逾千人。这虽使中下层士子有了更多进入仕途的机会，但也是造成宋代官冗的原因之一。

宋代科举为防舞弊，严禁请托，《宋史》卷一五五《选举志》一云："谕馆阁台省官，有请属举人者密以闻，隐匿不告者论罪，仍诏诸王、公主、近臣，毋得以下第亲族宾客求赐科名。"为防考官照顾所识应试者，实行糊名、誊录、回避、锁院等制度。凡与考官有关的官员子弟、亲戚、门客应试，另派官员考试。考试期间实行锁院，自任命知举官之日起，到殿试发榜为止。欧阳修《礼部唱和诗集序》（《欧阳修集》卷四三）云："嘉祐二年春，予幸得从五人者于尚书礼部考天下所贡士，凡六千五百人。盖绝不通人者五十日，乃于其间时相与作为古律长短歌诗杂言，庶几所谓群居燕处言谈之文，亦所以宣其底滞而忘其倦怠也。"试想锁院五十日，不得回家，不得与外界联系，也够寂寞枯燥了，他们只好通过诗歌唱和来打发时间。

二、嘉祐二年贡举的考官多为仁宗朝的文化精英

《宋会要辑稿》选举一之一一载："嘉祐二年正月六日，以翰林学士欧阳修知贡举，翰林学士王珪、龙图阁直学士梅挚、知制诰韩绛、集贤殿修撰范镇并权同知贡举。"又同书选举一九之一二载："二年正月五日，以翰林学士欧阳修等权知贡举，天章阁侍讲卢士宗、集贤校理张师中封印卷首，馆阁校勘张洞、王猎充覆考官，梅尧臣、张子谅、张唐民、董参、吴秉、鲜于侁充点检试卷，张师颜、刘坦、李昌言、孙固、崔台符充诸科考试官。十五日，命直集贤院祖无择、集贤校理钱公辅考试知贡举官亲戚举人。"这就是主持嘉祐二年贡举和参与具体组织工作的全部官员，其中一些人的事迹已不可考，但不少人都是文学名家。限于篇幅，无论此科的考官和进士，凡研究得较充分的名家大家，虽将论及却较略，而对其他一些确有成就而研究较少者将略详。

知贡举欧阳修（1007—1072）是北宋诗文革新的领袖，其文学创作成就卓著，诸体皆佳，苏轼《六一居士集叙》（《苏轼文集》卷一〇）说："欧阳子论大道似韩愈，论事似陆贽，记事似司马迁，诗赋似李白。"他的文学创作成就首推其文，其诗歌成就虽不如散文，但也有转变一代诗风之功。刘克庄《江西诗派序》云："国初诗人如潘阆、魏野，规规晚唐格调，寸步不敢走作。杨（亿）、刘（筠）则又专为昆体……苏（舜钦）、梅（尧臣）二子稍变以平淡、豪俊，而和之者尚寡。至六一、坡公，巍然为大家数，学者宗焉。"（《后村先生大全集》卷二四，四部丛刊初编本）欧阳修擅长作词，其词基本上沿袭《花间集》的风格，冯煦说："宋至文忠，文始复古，天下翕然师尊之，风尚为之一变。即以词论，亦疏隽开子瞻，深婉开少游。"（《蒿庵论词》，人民文学出版社1984年版）除了文学成就而外，欧阳修在经学（《易童子问》三卷、《诗本义》十四卷）、史学（奉诏撰《唐书》纪十卷、志五十卷、表十五卷；自著《五代史》七十四卷）、金石学（《集古录跋尾》十卷）方面均有显著成就。

点检试卷官梅尧臣（1002—1060）是宋诗的开山祖师。他官位卑微，当时只是馆阁校勘，但在文学史上的地位，在嘉祐二年贡举中的作用（首向欧阳修推荐苏轼的试卷），几与欧阳修相近。他一反西昆体诗风，以风格平淡、意境含蓄为基本艺术特征，在宋代诗坛具有很高的地位。刘克庄云："本朝诗惟宛陵为开山祖师。宛陵出，然后桑濮之淫哇稍息，风雅之气脉复续，其功不在欧（阳修）、尹（洙）下。"（《后村集》卷一八，四库全书本）梅亦工文，惜为其诗名所掩。欧阳修以文赋知名，如果仅从数量上看，欧的文赋远不如梅尧臣的数量多，但没有一篇可与欧阳修的《秋声赋》媲美。梅尧臣的散文亦不错，其《小女称称砖铭》（《宛陵集》卷三二，四库全书本），为小女半岁夭折而作，具有浓厚的抒情色彩，羡慕小女"笑不知其乐"，"啼不知其悲。动舌而未能言，无口过；动股而未能行，无蹈危"，充满了无限的人生感慨。

权同知贡举王珪、梅挚、韩绛、范镇也是北宋文学名家。梅挚（995—1059）以《五瘴说》（《能改斋漫录》卷一四，四库全书本）知名。岭南山林中有湿热致病的瘴气，仕于岭南者皆畏惧。作者却提出仕有五瘴之说："急征暴敛，剥下以奉上，此租赋之瘴也；深文以逞，良恶不白，此刑狱之瘴也；晨昏荒宴，废弛王事，此饮食之瘴也；侵牟民利，以实私储，此货财之瘴也；盛陈姬妾，以娱声色，此帷薄之瘴也。有一于此，民得以怨之，神得以怒之，而后逆气成象，俾安者疾之，疾者殛之，以示天戒。虽日在辇毂下，亦不可逭（逃），矧其绝远乎！世之仕者，或不自知五瘴之过，止归咎于土瘴，得不谬欤！”此文由山川之瘴而论为仕之瘴，最后又以山川之瘴作结，结构严密，说理深透，境界高，富有警戒意义，为官者宜手书一通置之座右。其诗清新警策，平易畅达，富有情趣。如《江州琵琶亭》（《宋诗纪事》卷一二）诗云：“陶令归来为逸赋，乐天谪宦起悲歌。有弦应被无弦笑，何况临弦泣更多。”

王珪（1019—1085）是文章、事业兼美的太平宰相。许光凝《华阳集序》云：“夫贤者之处世，所可贵于天下者，不过事业、文章而已，然鲜或兼之。昔绛侯（周勃）有诛吕之功，而贻少文之诮；博陆（霍光）有立宣之绩，而被不学之议，则事业非不著也。（司马）相如以凌云之赋，游金门而无闻；（柳）宗元擅作者之称，均司马而贬死，则文章非不工也。岐国王公（珪），弱冠登甲科，不出都城，致位宰相。当熙宁、元丰之际，翊戴圣主，比隆尧舜。盖自嘉祐之初，与欧阳永叔（修）、蔡君谟（襄）更直北门，声名振于一时，学者尤所师慕。每一篇出，四方传诵之。后虽当轴处中，朝廷有大典册，必命公为之，则事业文章，可谓兼之矣。公少登显途，未尝迁谪。故平生著述，多代言应制之文，而无放逐无聊感愤之作。仁宗尝称公文有体，英宗尝谓辅臣学士唯王珪能草制。神考每有圣作，多令公视草，称之为真大手笔。”王珪以文学致位通显，在翰苑几二十年，其文辞闳侈瑰丽，辞藻华美，骈俪工巧，自成一家。他一生富贵，好为富贵人语，其诗喜用金玉锦绣字，有“至宝丹”之讥。

韩绛（1012—1088）官至宰相，与欧阳修、梅尧臣等人多有唱和。知成都府期间，多咏蜀中事，如《复修府学故事》《题琴台》《游鸿庆寺》等篇，兴复旧学，凭吊遗迹，能发怀古之忧思。如《复修府学故事》（《成都文类》卷一四，四库全书本）云：“文翁石室已千秋，世有兴衰化自流。贤隽相望承学粹，朝廷由此得人优（自注：蜀中名士，布在显要）。太平典礼当传习，盛际文章正讲求。师友琢磨期不倦，岷峨秀气与云浮。”

范镇（1008—1088）历仕仁宗、英宗、神宗三朝，后以反王安石变法乞致仕，天下翕然尊之。苏辙《范蜀公挽词》（《栾城集》卷一六）“忧国常先众，谋身亦勇归”十字，准确概括了他的一生。他少以赋名，其《长啸却胡骑赋》句式整齐，音调铿锵，主旨鲜明，具有针对性，在当时影响甚大，传到契丹，得到了“长啸公”的美名。

嘉祐二年贡举的其他组织者，除梅尧臣外，还有一些颇有文学特长者，如“晚年为诗与楚辞尤工”（《郡斋读书志》卷四下，四库全书本）的鲜于侁（1019—1087），著有骚体诗《九诵》，苏轼《书鲜于子骏楚词后》（《苏轼文集》卷六六）称其气格高古，与屈原、宋玉为友于千载之上。祖无择（1010—1085），少从孙复学经术，后又从穆修学为古文，故其为文“峭厉劲折，当风气初变之时，足与尹洙相上下”（《四库全书总目》卷一五四《龙学文集》提要）。钱公辅（1021—1072）擅长为文，风格与欧阳修文相近，其《吊王右军宅辞》（《宋文鉴》卷三〇，四库全书本）哀叹天下名山僧占多，王羲之宅已变成佛寺，富于抒情。钱亦能诗，其《众乐亭诗》（袁桷《延祐四明志》卷二〇，四库全书本）云：“谁把江湖付此翁，江湖更在广城中。葺成世界三千景，占得鹏天九万风。宴豆四时喧画鼓，游人两岸跨长虹。他年若数东南胜，须作蓬莱第一宫。”

三、嘉祐二年的进士多为神宗、哲宗两朝的文化精英

如果说嘉祐二年贡举的考官基本上集中了仁宗朝的文学代表人物，那么嘉祐二年的进士则基本上集中了神宗、哲宗两朝各个领域的代表人物。

宋王朝自建隆元年开始科举考试，至嘉祐二年欧阳修知贡举，历年各科榜首多达三十余人。其中固然不乏名臣名人，如王曾、王禹偁、苏易简、欧阳修、范镇、冯京等，但一生平平者也大有人在。嘉祐二年贡举的榜首章衡（1025—1099）与同科其他及第者如曾巩、苏轼兄弟相比，就不算突出。章衡之叔章惇（1035—1105）也参加了这次进士考试。因耻于名列章衡之下，委敕而出。嘉祐四年（1059）再举，得进士甲科。从后来的成就看，他耻居衡

下，不是没有道理的。章惇在神宗、哲宗朝曾两度为相，成为变法派的核心人物之一。他博学善诗文，朝廷一些大著述如《神宗皇帝徽号册文》《哲宗哀册文》《慈圣光献皇后谥号议》之类多出其手。其子章持、章援亦能文。

邓绾、王韶、吕惠卿、林希、曾布等变法派人物均于此科及第。王安石得政，邓绾（1028—1086）上书称美（《宋史》卷三二九《邓绾传》）：“陛下得伊、吕之佐，作青苗、免役钱等法，百姓无不歌舞圣泽。”安石大喜，欣然如旧交。蜀人在朝者无不笑骂，绾曰：“笑骂从（任）汝，好官须我为之。”王安石去位，附吕惠卿；王安石复相，又劾吕惠卿、章惇以取悦安石。

王韶（1030—1081）是熙河名将，文武双全，能诗能文，在变法派中算人品较好的。他官至礼部侍郎、枢密副使。后因与王安石有政见分歧，罢职出知洪州，其《知洪州到任谢表》（《涑水纪闻》卷一六），不卑不亢：“为贫而仕，富贵非学者之本心；与时偕行，功业盖丈夫之余事。”又云：“自信甚明，独立不惧。面折廷争，则或贻同列之忿；指擿时病，则或异大臣之为。以至圣论虽时有小差，然臣言亦未尝曲徇。”又云：“晓然知死生之不迷，灼然见古今之不异。通理尽性，虽未能达至道之渊微；立言著书，亦足以赞一朝之盛美。”苏辙《代毛筠州祭王观文韶文》（《栾城集》卷二六）云：“公学敦诗书，性喜韬略。奋迹儒者，收功戎行。”其子王寀亦工诗词。

吕惠卿（1032—1111）官至翰林学士、参知政事。惠卿为人极不可取，他靠王安石而居高位，为防王安石再相，不惜“发其私书”中的“无使上知”语以中伤安石。苏轼《吕惠卿责授建宁军节度副使制》（《苏轼文集》卷三九）说：“吕惠卿以斗筲之才，挟穿窬之智。谄事宰辅，同升庙堂。乐祸而贪功，好兵而喜杀。以聚敛为仁义，以法律为诗书。首建青苗，次行助役。均输之政，自同商贾；手实之祸，下及鸡豚。苟可蠹国以害民，率皆攘臂而称首。……始与知己（指王安石），共为欺君。喜则摩足以相欢，怒则反目以相噬。连起大狱，发其私书。党与交攻，几半天下。”

林希（1035－1101）官至翰林学士、同知枢密院。哲宗亲政后，斥逐元祐大臣，制词多出其手，竭尽丑诋之能事。他与苏轼兄弟本来关系密切，过去曾写信称美苏氏父子说：“父子以文章冠世，迈渊（王褒字子渊）、云（扬雄字子云）、司马（相如）之才；兄弟以方正决科，冠晁（错）、董（仲舒）、公孙（弘）之对。”（《清波杂志》卷六，四库全书本）绍圣初，撰《苏辙降官知袁州制》，却称其“父子兄弟挟机权变诈之学，惊愚惑众。……垂帘之初，老奸擅国，置在言路，使诋先朝，以君父为仇，无复臣子之义。”（王楙《野老纪闻》）徽宗立，林希以“老奸擅国”等语被夺职，忧愧而死。苏轼自海南北归时，在《与子由书》（卷六八）中说：“林子中（希）病伤寒十余日便卒，所获几何？遗臭无穷，哀哉哀哉！”林希的可耻下场，确实可为有文无行者戒！

不难看出，变法派人物在人品上多有瑕疵，但在政治上多为能人、干才，而且在文学上也颇有成就。

一提起嘉祐二年贡举，人们就想到苏轼兄弟同科进士及第。其实，曾巩、曾布、曾牟兄弟及从弟曾阜一门四人也是同科及第。曾布位至宰相，地位比苏轼兄弟显赫。曾巩（1019—1083）是欧阳修诗文革新的积极追随者和支持者，几乎全部接受了欧阳修在文学创作上的主张。其文自然纯朴，以议论见长，立论警策，结构严谨，条理分明，说理曲折尽意，文辞和缓纡徐，自有一种纵横开阖、从容不迫的气势。其诗风与文风相近，古朴典雅，清新自然。他与王安石的关系本来很密切，曾多次向欧阳修推荐王。但当王安石变法后，欧、曾与王的关系开始疏远了。苏轼在《送曾子固倅越（通判越州）得燕字》（《苏轼诗集》卷六）诗中说，随着欧阳修的失势，曾巩的离去也是必然的。世论太容不得人，像蜩蝉一般吵吵嚷嚷，震耳欲聋。哪有万顷的巨池，来养你这横海的大黄鱼（鳣）呢（“安得万顷池，养此横海鳣”）？

曾巩之弟曾布（1036—1107）力主变法，与吕惠卿共创青苗、助役、保甲、农田等新法。其《答弟肇书》（《续资治通鉴长编》卷九四）较准确地概括了自己一生的政治立场：“布自熙宁立朝至今，时事屡变，惟其不雷同熙（宁）、（元）丰，故免元祐之窜斥；惟其不附元祐，故免绍圣之中伤。自处亦有义理，恐未至贻家族之祸也。”他久在文苑，擅长诗文，尤长四六，所作表启，备朝廷之体。其妻魏夫人，元祐名士魏泰之姐，以曾布官至右仆射，受封鲁国夫人。著有《鲁国夫人词》一卷，风格婉约，多描写闺怨离愁，影响

甚至高于曾布。朱熹云：“本朝妇人能文，只有李易安（清照）与魏夫人。”（《朱子语类》卷一四〇）

北宋理学家张载、吕大钧、程颢及洛党干将朱光庭亦于此科及第。汉儒解经重名物训诂，宋儒解经重义理性命之说，故宋代儒学被称为理学或道学，《宋史》在《儒林传》外，还设《道学传》就是明证。张载（1020—1077）是关学的代表人物，学古力行，尝与二程切磋道学之要，相互影响。其学以《易》为宗，以中庸为体，以孔孟为法。其文较重义理，极力阐发儒学传统。程颢《哭张子厚先生》（《二程文集》卷一）云：“叹息斯文约共修，如何夫子便长休？山东无复苍生望，西土谁共后学求。千古声名联棣萼，二年零落去山丘。寝门恸哭知何限，岂独交亲念旧游！”

吕大钧（1031—1082）亦于此科及第。蓝田吕氏一族，吕大忠、吕大防、吕大钧、吕大临均致力于理学。范育《吕和叔（大钧）墓表》（《皇朝文鉴》卷一四五）云：“《大学》之教不明于世者千五百年，先是扶风张先生子厚（载）闻而知之，而学者未之信也。君于先生为同年友，一言而契，往执弟子礼问焉。”

程颢（1032—1085）自幼博览群书，出入六经，尤深《易》学。早年尝从周敦颐学，后在洛阳讲学十余年。他以道学名世，与其弟程颐同为北宋理学奠基人，开理学程朱一派。与视诗为“闲言语”的程颐不同，颢能诗，既含蓄蕴藉，又清新灵动，有些还成了家喻户晓的名篇。如《偶成》（《二程文集》卷一）诗：“云淡风轻近午天，望花随柳过前川。旁人不识予心乐，将谓偷闲学少年。”

朱光庭（1037—1094）是元祐年间反对苏轼的急先锋。苏轼在《试馆职策问》（卷七）中曾说：“欲师仁祖之忠厚，而患百官有司不举其职，或至于偷；欲法神考之励精，而恐监司守令不识其意，流入于刻（刻薄）。”朱光庭等抓住这两句话，弹劾苏轼谤讪先朝，乞正其罪。高太后说，仔细看苏轼文意，是指今日百官有司、监司守令而言，并非讥讽祖宗。苏轼在《乞郡札子》（《苏轼文集》卷二九）中说，神宗朝李定、舒亶等诬他诽谤朝廷，还有近似的地方，即“以讽谏为诽谤”；现在则是“以白为黑，以西为东”，连“近似”

都说不上了。

苏轼（1036—1101）、苏辙（1039—1112）兄弟都是反对新法的代表人物。《宋史·苏辙传》说："辙与兄进退出处，无不相同。"世间的任何人和事的"相同"都是相对的，不可能"无不相同"。他们兄弟的性格差异甚大，并影响到他们的政治态度、学术思想及文学风格。苏轼兄弟的研究成果很多，我也撰有《苏轼兄弟异同论》，兹从略。

四、从嘉祐二年贡举看宋代文学的地域性、家族性

嘉祐二年贡举集中反映了宋代文学的地域性、家族性。权知贡举和同知贡举共五人，只有韩绛一人为北方（开封雍丘，今河南杞县）人，其他四人皆为南方人，欧阳修籍贯江西而生于四川绵阳，王珪、范镇皆为成都华阳（今四川成都）人，梅挚为成都新繁（今四川新都）人。

嘉祐二年贡举各科及第者的事迹多已湮灭无闻，甚至连姓名都已失传。幸好中国方志往往是对正史的重要补充，有些方志以"章衡榜"领起，记载了此科的进士及第者。可惜不是每种方志都有这类记载，故很不全。各省《通志》所列项目也不尽相同，一般只列进士，但《福建通志》还列有诸科、特奏名。从记有章衡榜进士的方志，也可看出宋代文化与文学具有明显的地域性和家族性。北方各省仅《陕西通志》卷三〇载嘉祐二年章衡榜进士两人：吕大钧（蓝田人，中乙科）、张载（郿人）。《山西通志》卷六五载嘉祐二年进士一人："盖抃（长治人）。"南方各省则多得多，《江西通志》卷四九所载多达三十三人；《浙江通志》卷一二三所载多达三十九人；《福建通志》卷三四所载章衡榜进士二十四人，诸科十七人，特奏名三十人，共七十一人；福建仅福州一地就多达十六人。《四川通志》卷三三未列章衡榜，也未列嘉祐二年进士，而是统列嘉祐进士。但从苏轼《谢范舍人（镇）书》（《苏轼文集》卷四九）不难看出，此科蜀人及第者一定很多："蜀之郡数十，轼不敢远引其他，盖通义蜀之小州，而眉山又其一县，去岁举于礼部者，凡四五十人，而执事与梅公（挚）亲执权衡而较之，得者十有三人焉，则其他可知矣。"

这次贡举还集中表现出宋代文化与文学的家族性，无论考官还是进士不

少都是文学世家。如权知贡举欧阳修及其子欧阳发、欧阳棐，权同知贡举王珪及其子王仲修。特别是权同知贡举韩绛，其父韩亿官至尚书左丞；兄弟八人，长兄韩纲官太常博士、集贤校理；次兄韩综，官知制诰；五弟韩维，官至门下侍郎；六弟韩缜，官至尚书右仆射兼中书侍郎。考试知贡举官亲戚举人祖无择，其弟祖无颇官至提点利州、福建二路刑狱，亦能文，所撰《跋韩熙载夜宴图》文笔生动，读其文如观其画。嘉祐二年贡举，不少还是兄弟同科进士及第。除苏轼兄弟二人，曾巩兄弟四人外，其他如黄湜、黄灏兄弟，王回、王向兄弟，林希、林旦兄弟也是同科及第。还有父子同科及第者，如《江西通志》卷八〇谓“蔡元道与子承禧同登嘉祐二年进士”。

五、打击“太学体”改变了整个宋代文风

在嘉祐二年贡举中，欧阳修罢黜务为险怪奇涩的“太学体”，推崇“以西汉文词为宗师”，造语平淡、议论中理的苏轼兄弟，改变了整个文坛的风气，基本上结束了宋初文坛长期存在的文道之争、骈散之争、难易之争，形成了以平易流畅为特征的宋代文学风格，奠定了整个宋代乃至元、明、清各代文学发展的基础。这是欧阳修权知嘉祐二年贡举的最大贡献。

太学体是石介（1005—1045）在太学任教时逐渐形成的文体。庆历二年（1042）石介为国子监直讲，以师道自任，四方诸生来学者数千人。他是反西昆体的急先锋，尝著《怪说》力排杨亿：“今杨亿穷妍极态，缀风月，弄花草，淫巧侈丽，浮华篡组，刓锼圣人之经，破碎圣人之言，离析圣人之意，蠹伤圣人之道。”石介对杨亿的批评显然太过激了，欧阳修《与石推官第一书》（卷六六）谓其“自许太高，诋时太过”。矫枉易失于过正，但不过正也难于矫枉，石介对杨亿的猛烈攻击，实际结束了西昆体的统治地位。朱熹云：“有杨亿、刘筠者……守道（石介）尤嫉之，以为孔门之大害，作《怪说》三篇以排佛老及杨亿。于是新进后学，不敢为杨刘体，亦不敢谈佛老。后欧苏复主杨大年（亿）。”

张方平在欧阳修之前，于庆历六年二月所上《贡院请诫励天下举人文章奏》中，就猛烈批评以石介为代表的太学体：“至太学之建，直讲石介课诸

生，试所业，因其好尚，而遂成风。以怪诞诋讪为高，以流荡猥烦为赡。逾越规矩，或误后学。朝廷恶其然也，故下诏书，丁宁诫励，而学者乐于放逸，罕能自还。”“以怪诞诋讪为高，以流荡猥烦为赡”，这就是太学体的特点。自庆历六年至嘉祐二年（1046－1057）已逾十年，但“学者乐于放逸，罕能自还”，直至嘉祐二年欧阳修知贡举，才给太学体以致命打击。为了纠正古文革新中的上述不良倾向，欧阳修在嘉祐二年知贡举时采取了两条有力措施。一方面把“长于草野，不学时文，词语甚朴，无所藻饰”（《苏轼文集》卷四九《谢梅龙图书》）的苏轼兄弟置之高等，另一方面就是对凡为险怪奇涩之文者皆黜，飞声场屋的刘几亦落选。苏轼在进士及第后作的《谢欧阳内翰启》（《苏轼文集》卷四九）中说：

轼以天下之事，难于改为。自昔五代之余，文教衰落，风俗靡靡，日以涂地。圣上慨然太息，思有以澄其源，疏其流，明诏天下，晓谕厥旨。于是招来雄俊魁伟敦厚质朴之士，罢去浮巧轻媚丛错彩绣之文，将以追两汉之余，而渐复三代之故。士大夫不深明天子之心，用意过当，求深者或至于迂，务奇者怪僻而不可读，余风未殄，新弊复作。大者镂之金石，以传久远；小者转相摹写，号称古文。纷纷肆行，莫之或禁。

苏轼这段话很重要。所谓“风俗靡靡，日以涂地”，“浮巧轻媚丛错彩绣之文”，即指西昆体。所谓“圣人慨然太息”，“明诏天下”，即欧阳修在《与荆南乐秀才书》（《欧阳修集》卷四七）中所说的“天圣中天子下诏书敕学者去浮华”。仁宗下诏之后，就好的方面讲，诚如欧阳修所说，昆体之风“渐息”；就不好的一面看，又如苏轼所言：“余风未殄，新弊复作。”“余风”指西昆体之风；“新弊”就是“以怪诞诋讪为高，以流荡猥烦为赡”，“求深”“务奇”“怪僻”，“转相摹写”的所谓“古文”。欧阳修这次所打击的正是“号称古文”的“新弊”。

韩琦《太子太师欧阳公墓志铭》（《安阳集》卷五〇，乾隆重修本）云：“嘉祐初权知贡举。时举者务为险怪之语，号太学体。公一切黜去，取其平淡造理者即预奏名。初虽怨讟纷纭，而文格终以复故者，公之力也。”《宋史·欧阳修传》亦云：“知嘉祐二年贡举。时士子尚为险怪奇涩之文，号太学体。修痛排抑之，凡如是者辄黜。毕事，向之嚣薄者伺修出，聚噪于马首，街逻不能制。然场屋之习从是遂变。”

“文格终以复故”，“场屋之习从是遂变”，最典型的例子就是刘几（1008—1088）文风的改变。刘几在太学，屡试为第一人，文风险怪，学者争效之。嘉祐二年应试，为欧阳修所黜。四年，改名刘煇再试，文格迥变，欧阳修称赏之，仁宗擢为第一。杨杰《故刘之道（几）状元墓志铭》（《无为集》卷十三，四库全书本）云：“先是，皇祐、全和间，场屋文章以搜奇抉怪，雕镂相尚，庐陵欧阳公深所疾之。及嘉祐二年知贡举，则力革其弊，时之道亦尝被黜。至是（指嘉祐四年）欧阳公预殿廷考校官，得程文一篇，更相激赏，以奏天子。天子称善，乃启其封，即之道之所为也。由是场屋传诵，辞格一变。议者既推欧阳公有力于斯文，而又服之道能精敏于变也。”刘几、刘煇同为一人，两次参加进士考试，仅隔一年，文风迥然不同，颇能说明欧阳修知嘉祐二年贡举，严厉打击太学体，对推动北宋诗文革新的作用。

六、嘉祐二年贡举文星璀璨的原因及影响

与欧阳修同时或早于欧阳修的不少人已在从事诗文革新，为什么只有欧阳修知嘉祐二年贡举才取得了决定性胜利？除北宋诗文革新经多年酝酿，多人努力，到欧阳修时已日趋成熟等共同的时代原因外，还与欧阳修个人分不开。

第一，欧阳修为北宋诗文革新提供了系统的理论。他反对为文而文，其《答吴充秀才书》（《欧阳修集》卷四七）反对“弃百事不关于心，曰：吾文士也，职于文而已”；《与黄校书论文章书》（《欧阳修集》卷六八）强调诗文要“中于时病而不为空言”。在文与道的关系上，其《答祖择之书》（《欧阳修集》卷六九）云：“道纯则充于中者实，中充实则发为文者辉光。”同时，他也不忽视“文”的作用，《代人上王枢密求先集序》（《欧阳修集》卷六八）谓“言以载事，而文以饰言，事信言文，乃能表见于后世”。他还提出了对文的具体要求，要简而有法，平易自然，反对险怪奇涩之作，反对模拟，强调创新，

强调诗文风格的多样性，他托曾巩告诫王安石“勿用造语及模拟前人”，“孟、韩文虽高，不必似之也，取其自然耳”（《黄氏日钞》卷六三）。苏、梅诗风迥异，他对两人都十分推崇，他在《水谷夜行寄子美、圣俞》（《欧阳修集》卷二）中说：“苏豪以气轹，举世徒惊骇；梅穷独我知，古货今难卖。”他反对昆体四六，但其《论尹师鲁墓志》（《欧阳修集》卷七二）认为“偶俪之文，苟合于理，未必为非”，并称道杨、刘“雄文博学，笔力有余，故无施不可”。他提倡诗文革新，但对诗文革新内部的不良倾向，对“号称古文”而求深务奇的狂词怪论也毫不手软。正因为他既反对西昆体，又反对诗文革新内部的不良倾向，才保证了诗文革新的健康发展。

第二，欧阳修以大量堪称典范的作品，扭转了当时文坛的风气。欧阳修曾对苏洵说：“予阅文士多矣，独喜尹师鲁（洙）、石守道（介），然意常有所未足。今见君之文，予意足矣。”（《栾城后集》卷一二）欧阳修以前的古文家，其作品还不能令人满意，这是他们不能完全战胜和取代西昆体的重要原因。欧阳修及其门人之所以能使北宋诗文革新取得完全胜利，并对后世产生巨大影响，就在于他们创作了大量完美的足以传世的作品。

第三，欧阳修培养了大批新秀，壮大了北宋诗文革新的实力。宋代文化特别是宋代文学发达的原因很多，奖拔后进成风，是其重要原因之一。欧阳修之所以成为欧阳修，与他受人（如胥偃）奖拔分不开，更与他喜欢奖拔后进，造就出曾巩、王安石、三苏父子等一代文豪分不开。

嘉祐二年贡举标志着北宋古文革新的胜利，宋代文学各体无不受其影响。宋赋虽然诸体皆备，但最有特色的是形成了不尚用典，骈散结合，押韵不严，具有散文化倾向的文赋，出现了欧阳修的《秋声赋》、苏轼的前后《赤壁赋》这样的千古名篇。不仅古文家，而且专精四六的骈俪名家，其四六文风格，亦为之一变，形成散文化倾向较浓的宋四六。北宋古文革新对宋诗、宋词的影响也很深远，即以文为诗、以诗为词、以文为词，刘辰翁《辛稼轩（弃疾）词序》（《须溪集》卷六，四库全书本）云：“词至东坡，倾荡磊落如诗如文，如天地奇观，岂与群儿雌声学语较工拙？然犹未至用经用史，牵《雅》《颂》入郑魏也。自辛稼轩前，用一语如此必且掩口。及稼轩横竖烂漫，用如禅宗棒喝，头头皆是，又如悲笳万鼓，平生不平事并尽卮酒，但觉宾主酣畅，谈不暇顾。词至此亦足矣。”

嘉祐二年贡举的考官和进士的诗、词、文，都成了南宋、元、明、清学习的典范，这从明、清所编的大量宋代诗、词、文选本就不难看出。宋文平易流畅的风格奠定了元、明、清各代散文发展的基础。明代前后七子主张文必秦汉，诗必汉唐，但明人学宋代诗文者并不少，唐宋古文八大家的提法，虽然宋已萌芽，元已大体成型，但流行正是从明代开始的。

北宋文化、文学对邻国也有广泛影响。除同日本的文化交流远逊于唐代外，同印度以佛教为中心的文化交流，同高丽的双向文化交流都超过了前代。秦观《客有传朝议欲以子瞻使高丽，大臣有惜其去者，白罢之，作诗以纪其事》（《淮海集》卷八，四库全书本）云：“文章异域有知音，鸭绿差池一醉吟。颖士声名动倭国，乐天辞笔过鸡林。节旄零落毡吞雪，辩舌纵横印佩金。奉使风流家世事，几随浪泊海东岑。”前四句热情歌颂了苏轼对日（倭国）、韩（鸡林）的巨大影响。颖士指唐代萧颖士，日本遣使入唐，自陈国人愿以萧夫子为师。乐天指白居易，古朝鲜商人谓本国宰相每以百金换白诗一篇。后四句写苏家自古有出使传统（“奉使风流家世事”），“节旄零落”指汉代苏武出使匈奴，“辩舌纵横”指苏秦佩六国相印。秦观此诗作于元祐年间，其实早在元丰年间苏轼已经“辞笔过鸡林”了。出身高丽名门望族的金覲，曾以苏轼兄弟之名为其儿子取名为金富轼、金富辙。

宋代对外文化影响最突出的特点是汉籍大量外传。宋以前，中国典籍基本上靠手抄，连中国人自己要得到一部书都很困难，对外传播更微乎其微。宋代刻书业很发达，大量图书通过公私渠道流传到邻国和中国境内的各少数民族政权所统辖的地域。宋王朝对此虽有一些限制，主要是限制涉及国家机密的诏令、奏议外传，对邻国索取其他图书，宋王朝基本上是有求必应的。流传到高丽的宋代典籍，包括了宋以前的中国主要典籍及宋代编印的大型图书如《册府元龟》、《文苑英华》、蜀版《大藏经》等。

（原载《北京大学学报》（哲学社会科学版）2010年第1期）

论欧阳修

欧阳修字永叔，号醉翁，晚号六一居士，庐陵（今江西吉安）人。但他出生在四川，景德四年（1007）其父欧阳观任绵州（今四川绵阳）军事推官，他就在这年六月二十一日出生在绵州。江西、四川在宋代都出了很多文化名人，而欧阳修是应该由两地分享其荣耀的。

欧阳修一生经历了北宋两次革新，他是庆历新政的核心人物之一，是王安石变法的目睹者。他一生经历了由学西昆体到反西昆体的过程，成为北宋诗文革新的领袖。

在天圣八年（1030）二十四岁进士及第以前，他的生活是比较贫寒的，为了应试，他不得不学时文。他“四岁而孤”，大中祥符四年（1011），父亲卒于泰州（今属江苏）任上。年仅二十九岁的母亲郑氏，只好带着他投靠担任随州（今属湖北）推官的叔父欧阳晔，定居随州。家贫无钱买纸，母亲就以荻画地，教欧阳修读书练字。无钱买书，欧阳修就借书抄诵。当地大姓李氏子亦好学，欧阳修常游其家，在他家觅得韩愈文六卷，读而爱之。他在《记旧本韩文后》中说：

> 得唐《昌黎先生文集》六卷，脱落颠倒无次序。因乞李氏以归，读之，见其言深厚而雄博。然予犹少，未能悉究其意，徒见其浩然无涯若可爱。是时，天下学者杨（亿）、刘（筠）之作，号为时文，能者取科第，擅名声，以荣当世，未尝有道韩文者。予亦方举进士，以礼部诗赋为事。年十有七，试于州，为有司所黜。因取所藏韩氏之文复阅之，则喟然叹曰：学者当至于是而止尔。因怪时人之不道，而顾己亦未暇学，徒时时独念于予斯文，以偿其素志。

可见，欧阳修在十七岁“试于州”以前就爱上了韩文，但还不得不学风靡一时的西昆体时文。这次应试所作的《左氏失之诬论》，中有“石言于宋，神降于莘。外蛇斗而内蛇伤，新鬼大而故鬼小”之句，就是典型的四六文，“虽被黜落而奇警之句大传于时”（魏泰《东轩笔录》）。其后虽已决心“尽力于斯文”，但在进士及第以前，毕竟“未暇学”韩文。他在《苏氏文集序》中说：“子美（苏舜钦）之齿少于予，而予学古文反在其后。天圣之间，予举进士于有司，见时学者务以言语声偶相擿裂，号为时文，以相夸尚，而子美与其兄才翁（苏舜元）及穆参军伯长（穆修），作为古歌诗杂文。时人颇共非笑之，而子美不顾也。”这表明当时已有不少人在倡导古文，但昆体之风占优势。欧阳修虽已决心致力于古文，但还没有付诸实践。

从天圣九年（1031）二十五岁入仕至庆历五年（1045）三十九岁知滁州，是他积极参与政治革新和诗文革新，并两度遭贬的时期。

欧阳修一生从事诗文革新有三个高潮。第一次就是在天圣末、明道年间，他初入仕途，担任西京留守推官时。“幕府足文士，相公方好贤。”说来也巧，这时担任西京留守的“相公”正是西昆体的代表人物之一钱惟演，恰恰在他周围集中了一批反西昆体，从事诗文革新的士子。仅据《书怀感事寄梅圣俞》，就有梅尧臣、谢绛、尹洙、尹源、富弼、王复、杨愈、张先、孙延仲等人。“逢君（梅尧臣）伊水畔，一见已开颜。未暇谒大尹（钱惟演），相携步香山。”欧阳修到西京留守推官任，不是首先去谒见“大尹”钱惟演，而是同梅尧臣去游山玩水，但钱惟演并不以为无礼。据邵伯温《邵氏闻见录》载，钱惟演于府第起双桂楼，命欧阳修、尹洙作记。欧文先成，凡千余言，尹洙仅用五百字，修服其简古，“自此始学为古文”。欧阳修自己也说：“举进士及第，官于洛阳，而尹师鲁（尹洙）之徒皆在，遂相与作为古文。”（《记旧本韩文后》）在《与荆南乐秀才书》中，他回顾了自己由作时文到作古文的过程：“仆少孤贫，贪禄仕以养亲，不暇就师穷经，以学圣人之遗业。而涉猎书史，姑随世俗作所谓时文者，皆穿蠹经传，移此俪彼，以为浮薄，惟恐不悦于人，非有卓然自立之言如古人者。然有司过采，屡以先多士。及得第已来，自以前所为不足称有司之举而当长者之知，始大改其为，庶几有立。”“穿蠹经传，侈此俪彼”，正是西昆体作家的典型特征。他怎样“大改其为”呢？这就是坚持作古文，不作“侈此俪彼”的四六文：“况今世人所谓四六者，非修所好。少为进士时不免作之。自及第，遂弃不复作。在西京佐三相幕府，于职当作，亦不为作。”（《答陕西发抚使范龙图辟命书》）“于职当作”四六文而不作，而与尹洙之徒“相与作为古文”，但钱惟演并不以为忤。相反，钱惟演还经常与这群文士或宴于后园，或同访水南隐士。有时他不能同游，待这群文士归来，还“遣厨传歌妓”迎劳，并“传言曰：‘山行良苦，当少留龙门赏雪。府事简，勿遽归也。’钱相遇诸公之厚如此！”（《邵氏闻见录》）宽容，是文化发展的重要条件之一。如果当年钱惟演只允许这群幕僚对他亦步亦趋，只能作昆体诗文，也许北宋诗文革新的胜利，还会推迟若干年。

这是北宋诗文革新史上值得追忆的一次兴会：“君吟倚树立，我醉欹云眠。……共题三醉石，留在八仙坛。”（《书怀感事寄梅圣俞》）但好景不长：“乐事不可极，酣歌亦为叹。”（同上）不久，钱惟演被劾南迁，梅尧臣赴开封应礼部试，他也秩满还京，被任命为馆阁校勘。当时范仲淹知开封府，每进见，辄论时政得失。景祐三年（1036）范仲淹上《百官图》，坐讥刺大臣，落职知饶州。集贤校理余靖、馆阁校勘尹洙论范仲淹不当贬，亦坐贬。谏官高若讷诋范仲淹，以为当黜，欧阳修作《与高司谏书》以责之。此信行文曲折，语言幽默，笔锋犀利，“可以折冲万里”（黄庭坚《跋欧阳公红梨花诗》），表现了欧阳修嫉恶如仇的精神，颇能代表欧阳修早期散文所取得的成就。高若讷上其书于朝，欧阳修也被贬为峡州夷陵（今湖北宜昌）令。他在夷陵所作的《新营小斋》诗中写道：

微生慕刚毅，劲强早难屈。自从世俗弃，常恐天性失。

可见欧阳修在政治上遇到挫折时，很注意保持自己“刚毅”“劲强”的天性，而第一次贬官也确实没有磨掉他不屈的个性。当康定元年（1040）他被召还朝，复馆阁校勘，改集贤校理后，他仍遇事敢言。庆历二年（1042），契丹遣使求关南地，吕夷简荐富弼报聘，他引颜真卿使李希烈事乞留富弼。接着又作《准诏言事上书》，极陈时弊，仍不失当年的锋芒。仁宗鉴于对西夏用兵失利和京东京西两路民变纷起，任范仲淹为参知政事，富弼为枢密副使，欧阳修、王素、余靖、蔡襄为谏官，推行庆历新政。这是北宋诗文革新史上的又一次大聚会。范仲淹指责西昆派末流“靡靡增华，愔愔相滥，仰不主乎规谏，俗不主乎劝诫”（《唐异诗序》）。在庆历新政期间，他针对“有司束以声病，学者专于记诵”的时弊，主张“精贡举”，改变专以诗赋墨义取士的旧制。与欧阳修同科进士及第，以作反西昆、斥佛老的《怪说》闻名于时的石介，时任国子监直讲，作《庆历圣德颂》歌颂新政，称颂范仲淹、富弼为“一夔一契”；称颂欧阳修、余靖“万里归来，刚气不折”。这时，苏舜钦、梅尧臣亦在京，苏舜钦以范仲淹荐，时任集贤校理监进奏院；梅尧臣罢湖州监税任，在京待调。欧阳修在《水谷夜行寄子美、圣俞》诗中写道：

缅怀京师友，文酒邈高会。其间苏与梅，二子可畏爱。篇章富纵横，声价相摩盖。

同时在欧阳修周围还出现了曾巩、杨辟、李常、张续等新秀，欧阳修为自己无力帮助他们脱颖而出深感遗憾：“先生（石介）二十年东鲁，能使鲁人皆好学。其间张续与李常，剖琢珉石得天璞。……予惭职谏未能荐，有酒且慰先生酌。”（《读张李二生文赠石先生》）“吾奇曾生（巩）者，始得之太学。初谓独轩然，百鸟则一鹗。既又得杨生（辟），群兽出麟角。乃知天下才，所识惭未博。……嗟吾虽得之，气力独何弱！帝阍启岩岩，欲献前复屈。遽令扁舟下，飘若吹霜箨。世好竞辛酸，古味殊淡泊。否泰理有时，惟穷见其确。”（《送杨辟秀才》）曾巩、杨辟均参加了庆历二年的进士考试而未第，所以欧阳修发出了以上感慨，并鼓励他们不要灰心。欧阳修还有一篇《送曾巩秀才序》，对有司以“一法”取人，十分愤慨：

广文曾生，来自南丰，入太学，与其诸生群进于有司。有司敛群材，操尺度，概以一法考其不中者而弃之。虽有魁垒拔出之才，其一累黍不中尺度，则弃不敢取。幸而得良有司，不过反同众人，叹嗟爱惜，若取舍非己事者，诿曰："有司有法，奈不中何!"有司固不自任其责，而天下之人亦不以责有司，皆曰："其不中，法也。"不幸有司尺度一失手，则往往失多而得少。呜呼！有司所操果良法耶？何其久而不思革也！

欧阳修自己也是三试才得第，第一次尽管写出了为人"传诵"的论文，但因"赋逸官韵黜"。因此，他对操"一法"以取士的科举考试制度是十分反感的。后来他主持礼部考试，对杜撰故事的苏轼却置之高第，就是他不以"一法"取人，"思革"并付诸实践的表现。

庆历新政前后的文人兴会也未能维持很久。新政的某些措施触犯了一些人的既得利益，他们群起诽谤新政。庆历四年（1044）新政反对者以苏舜钦卖拆封废纸充伎乐为口实，把苏舜钦削籍为民，参与其宴的王洙、王益柔、吕溱、刁约、宋敏求等亦遭贬。苏舜钦是宰相杜衍之婿，又为范仲淹所荐，打击苏舜钦，旨在打击新政。庆历五年，杜衍、范仲淹、富弼、韩琦皆罢任。欧阳修上《论杜衍、范仲淹等罢政事状》，认为杜、范无可罢之罪。反对派又以欧阳修的外甥女失行系狱，诬修品行不端。后虽辨明为诬，但仍贬知滁州。石介虽已病逝，亦诬以逃往契丹，几遭开棺验尸之祸。庆历新政失败了，北宋诗文革新的第二次高潮亦随之消逝。

从庆历五年（1045）三十九岁贬官滁州到至和元年（1054）四十八岁还朝，这十年间欧阳修一直在任地方官，先后徙知扬州、颍州、应天府。第二次贬官，特别是庆历新政的失败，给欧阳修很大刺激，使他认识到改革之不易。他在滁州琅琊山建醉翁亭，自号醉翁："醉中遗万物，岂复记吾言?"（《题滁州醉翁亭》）但事实上，他无法"遗万物"，忘"吾言"。他不能忘记庆历新政为谗人所毁：

举世之善，谁非公徒？谗人岂多，公志不舒。善不胜恶，岂其然乎？或难毁易，理又然欤！

（《祭资政范公文》）

不能忘记支持庆历新政的杜衍已致仕：

俭节清名世绝伦，坐令风俗可还淳。貌先年老因忧国，事与心违始乞身。

（《纪德陈情上太傅致政杜相公》）

不能忘记石介险遭斫棺：

当子病方革，诽谤正腾喧。众人皆欲杀，圣主独保全。已埋犹不信，仅免斫其棺。此事古未有，每思辄长叹。我欲犯众怒，为子记此冤。

（《重读〈徂徕集〉》）

也不能忘记苏舜钦的除名：“又疑此境（沧浪亭）天乞与，壮士憔悴天应怜。……丈夫身在岂长弃，新诗美酒聊穷年。”（《沧浪亭》）更不能忘记自己被诬：“我遭谗口身落此，每闻巧舌宜可憎。……可笑灵均（屈原）楚泽畔，离骚憔悴愁独醒。”（《啼鸟》）这十年中虽然没有天圣末在西京，庆历中在汴京那样的文人兴会，但在诗文创作上，却是欧阳修一生的丰收时期。诗歌如《丰乐亭游春》《食糟民》《庐山高》等，文如《丰乐亭记》《醉翁亭记》《祭尹师鲁文》等，都作于这一时期。他以大量的堪称典范的作品，使北宋诗文革新立于不败之地。

从至和元年（1054）四十八岁至治平四年（1067）六十一岁，这十余年间欧阳修一直在朝，从翰林学士至枢密副使、参知政事。仁宗在位既久，遍阅天下之士，群臣均难称意，思富弼、韩琦之贤，复召置二府。当时参加庆历新政的人只有富、韩、欧阳三人在朝。他们吸取庆历新政失败的教训，渐趋稳健，既知无不言，又谨慎行事，同心辅政，故嘉祐之政，世多以为得人。这是北宋诗文革新史上第三次文人聚会的时期。嘉祐二年（1057）欧阳修主持礼部考试，采用行政手段打击不良文风，支持诗文革新。正是这一年，三十八岁的曾巩才进士及第：“由庆历至嘉祐初，公（曾巩）之声名在天下二十余年，虽穷阎绝徼之人得其文，手抄口诵，惟恐不及，谓公在朝久矣，而公方以乡贡中进士第。”（林希《曾巩墓志》）也是这一年，仅二十二岁和十九岁的苏轼兄弟亦一举进士及第：“踽踽元昆（指苏轼），与辙偕来……驰词数千，适当公怀。擢之众中，群疑相丽。”（苏辙《祭欧阳少师文》）。苏洵也以文章成了欧阳修的座上客，王安石也在京任职。这样，欧阳修的五位得意门生，唐宋散文八大家中的六大家于嘉祐初都同时聚集于京城，可谓盛况空前。由于欧阳修在这次礼部试中对“狂词怪论，见者投弃”，当时曾引起“狂词怪论”者的强烈不满，他们聚众起哄，围攻欧阳修。但“公恬不惊，众惑徐开”（同上），“场屋之习，自是遂变”（《宋史·欧阳修传》），标志着北宋诗文革新取得了决定性的胜利。

仁宗无子，东宫久未定。欧阳修主张立宗室子为皇太子，上言说：“汉文帝立太子之后，享国长久，为汉太宗；（唐）明宗储嗣不早定，而秦王以窥觇陷于大祸，后唐遂乱。陛下何疑而久不定乎？”（苏辙《欧阳文忠公神道碑》）后经群臣努力，仁宗立赵宗实为皇太子。嘉祐八年（1063）仁宗去世，太子继位，是为英宗。但英宗多病，曹太后听政，与帝不睦，有废立之议。因英宗生父濮安懿王的称号问题，群臣中也发生激烈争吵。治平四年（1067）英宗病逝，神宗继位。在短短四年中换了三个皇帝。一朝天子一朝臣，在封建社会中，随着皇位的更迭，往往惩治前朝大臣，更何况当时党争激烈呢？其《诗笔》集中表达了他当时的心情：

黄犬可为戒，白云当自由。无将一抔土，欲塞九河流！

一抔土是无法塞九河的，“牵黄犬”“逐狡兔”而不可得的秦相李斯的教训，更促使他不断上表乞外任。神宗一即位，六十一岁的欧阳修就出知亳州，改青州、蔡州。在青州因拒绝执行王安石推行的青苗法，受朝廷诘责，他于是连章告老。熙宁四年（1071）以观文典学士、太子少师致仕，“退休于颍水之上”，“更号六一居士”，决心以藏书一万卷、金石遗文一千卷、琴一张、棋一局、酒一壶，伴他这一位老翁，以摆脱“轩裳珪组”“忧患思虑”之累（《六一居士传》）。可惜，这种“乐且适”的生活很短，次年（1072）他即卒于颍州，享年六十六岁。“平生自持心无愧，直道诚知世不容”（《寄答王仲仪太尉素》）。这就是他对自己一生的总结。

与欧阳修同时或早于欧阳修的不少人已在从事诗文革新，为什么只有欧阳修才使北宋诗文革新取得决定性胜利，成为当时公认的领袖呢？除北宋诗文革新经多年酝酿，多人努力，到欧阳修时已日趋成熟等时代原因外，就欧阳修个人讲，我认为有以下三个重要原因：

第一，欧阳修为北宋诗文革新提供了系统的理论。在写作目的上，他反对为文而文，反对“弃百事不关于心，曰：吾文士也，职于文而已”（《答吴充秀才书》），强调诗文要“中于时病而不为空言”（《与黄校书论文书》），要发扬《诗经》的美刺传统：“善者美之，恶者刺之”（《诗本义·本末论》）。在文与道的关系上，他强调道：“道胜者，文不难而自至”（《答吴充秀才书》），“道纯则充于中者实，中充实则发为文者辉光”（《答祖择之书》）；但他也重视文：“君子之于学也，言以载事，而文以饰言，事信言文，乃能表见于后世。”（《代人上王枢密求先集序书》）他还提出了对文的具体要求，一要“简而有法”（《尹师鲁墓志铭》），二要平易自然，对险怪奇涩之作不懈斗争。他反对模拟，强调创新，强调诗文风格的多样性，他托曾巩告诫王安石“少开廓其文，勿用造语及模拟前人”，“孟、韩文虽高，不必似之也，取其自然耳”（曾巩《与王介甫书》）。苏、梅诗风迥异，他对两人都十分推崇：“苏豪以气轹，举世徒惊骇。梅穷独我知，古货今难卖”（《水谷夜行寄子美、圣俞》）；“子美笔力豪隽，以超迈横绝为奇；圣俞覃思精微，以深远闲淡为意。各极其长，虽善论者不能优劣也”（《六一诗话》）。他反对西昆体，但同时认为“偶俪之文，苟合于理，未必为非”（《论尹师鲁墓志》），并称道杨、刘“雄文博学，笔力有余，故无施不可”（同上）。他提倡诗文革新，但他对诗文革新内部的不良倾向，“号称古文”而求深务奇的狂词怪论也毫不手软。正因为他既同西昆体，又同诗文革新内部的不良倾向作斗争，才保证了诗文革新的健康发展。

第二，欧阳修以大量堪称典范的作品，扭转了当时文坛的风气。欧阳修曾对苏洵说：“予阅文士多矣，独喜尹师鲁（洙）、石守道（介），然意常有所未足。今见君之文，予意足矣。”（苏辙《栾城后集》卷一二）欧阳修以前的古文家，其作品还不能令人满意，这是他们不能完全战胜和取代西昆体的重要原因。欧阳修及其门人之所以能使北宋诗文革新取得完全胜利，并对后世产生巨大影响，就在于他们创作了大量完美的足以传世的作品。欧阳修的散文，议论透彻，叙事生动，写景形象，行文纡徐婉转，语言简洁自然。政论如《朋党论》阐明“君子与君子以同道为朋，小人与小人以同利为朋”，列举历代兴亡事例，论证必须“退小人之伪朋，用君子之真朋”，结构谨严，行文平实，与早年所作的《与高司谏书》风格迥异。史论如《五代史伶官传序》，通过“庄宗之所以得天下与其所以失之者”，阐明“忧劳可以兴国，逸豫可以亡身”，“祸患常积于忽微，而智勇多困于所溺”的历史教训，融议论、叙事、抒情为一体，节奏抑扬顿挫，语言婉转晓畅，有一唱三叹之美。他的杂记文尤多脍炙人口之篇。他贬官滁州所作的《醉翁亭记》，表面看似是陶情山水，轻松愉悦，实际抒发了贬官的抑郁之情，全文连用二十一个“也”字，而其中的“醉翁之意不在酒，在乎山水之间也”，更成了家喻户晓的名句。其他如《丰乐亭记》的“忧深而思远”，《岘山亭记》的“神韵飘渺”，《仁宗御飞白记》的“浑雄冲淡”，都为历代治古文者所效法。欧阳修的一些怀念友朋的抒情散文，如《祭资政范公文》《祭尹师鲁文》《祭石曼文》《祭苏子美文》《祭梅圣俞文》等，几乎字字句句都从肺腑流出，真挚感人。欧阳修的诗歌成就不如散文，“专以气格为主，故言多平易疏畅”（《石林诗话》）。平易疏畅本是优点，但放松了对意境和文采的追求，过分散文化，有些作品就缺乏含蓄隽永的艺术魅力。欧词的艺术成就高于诗，多数词作仍受南唐冯延巳的影响，娴雅和婉；但也有少数词，如《朝中措》（“平山栏槛倚晴空”）、《水调歌头·和苏子美沧浪亭》，境界开阔，气势雄放，上下古今，人间天上，已开苏轼豪放词的先河。正如冯煦《蒿庵论词》所说：“宋至文忠，文始复古，天下翕然师尊之，风尚为之一变。即以词论，亦疏隽开子瞻，深婉开少游（秦观）。”

第三，欧阳修培养了成批新秀，壮大了北宋诗文革新的实力。宋代文化特别是宋代文学发达的原因很多，奖拔后进成风，是其重要原因之一。欧阳修之所以成为欧阳修，是与他受人奖拔分不开的，更与他喜欢奖拔后进，造就出曾巩、王安石、三苏父子等一代文杰分不开。天圣六年（1028），二十二岁的欧阳修在再试不中之后，携文谒翰林学士胥偃于汉阳，偃大奇之，他对修说："子必有名于世。"他不但把欧阳修留置门下，携修泛江入京再试，而且以女妻之。三十年后即嘉祐二年（1057），自己做了翰林学士的欧阳修，读到初出茅庐，亦仅二十二岁的苏轼的文章，连声称赞说："读轼书，不觉汗出。快哉快哉，老夫当避此人放出一头地！"（邵博《邵氏闻见后录》）又说："更三十年，无人道着我也！"（朱弁《曲洧旧闻》）古往今来，那些眼光如豆，心胸狭窄的人，一看到胜过或可能胜过自己的人，就想把别人踏下去。比起"尚欲放子出一头"（苏轼《送晁美叔》）的欧阳修来，真该愧煞！三十后，苏轼在文学上的成就确实超过了欧阳修，但并未因此"无人道着"欧阳修。相反，他那"放子出一头"的胸襟，倒成了人们称道的重要内容之一。

（原载巴蜀书社 1989 年版《欧阳修诗文赏析集》卷首）

欧阳修的“闺阁丑闻”

古代中国是君主专制国家，欲置政敌于死地，最厉害的武器就是诬其讪谤皇上，无人臣之节，李定、舒亶在“乌台诗案”中对付苏轼就是如此。古代中国又是表面上最重伦理道德的国家，欲使政敌名誉扫地，难立于朝，最好的办法就是以闺阁丑闻加以中伤。北宋著名文学家、史学家，位至参知政事的欧阳修，有两次离朝都是政敌诬以闺阁丑闻而达到目的的。

一次是庆历五年（1045），欧阳修三十九岁，在朝为谏官，忤权贵，以龙图阁直学士为河北都转运使，职事完成甚好，无可中伤。恰好外甥女张氏嫁与远房侄子欧阳晟，与仆人陈谏私通。事发，张氏为推脱罪责，语涉未嫁时在欧阳修家之事。后虽证明子虚乌有，仍落龙图阁直学士，罢都转运使，降知滁州。欧阳修在《滁州谢上表》中说：“臣生而孤苦，少则贫残，同母之亲，唯存一妹。丧厥夫而无托，携孤女以来归。张氏此时，生才七岁。……在人情难弃于路隅，缘臣妹遂养于私室。方今公私嫁娶，皆行姑舅婚姻。况（欧阳）晟于臣宗，已隔再从；而张非己出，因谓无嫌。乃未及笄，遽令出适（嫁）。然其既嫁五六年后，相去数千里间，不幸其人自为丑秽。臣之耳目不能接，思虑不能知，而言者及臣，诚为非虑。”是的，其侄女丧父来归时年仅七岁，未满十五岁就出嫁了，有何“丑事”可言呢？嫁后五六年，相隔数千里，出了丑事，与欧阳修有何关系呢？但“谤谗始作，大喧群口”，闹得满城风雨。“苟罹纤过，奚追深文？”谤谗者要罗织罪名，是很难逃脱的。

再一次是治平四年（1067），欧阳修已六十一岁，在朝任参知政事，因英宗皇帝生父谥号之争（所谓濮议），遭到一些人的嫉恨。蒋之奇同意欧阳修的主张，被修荐为御史。反对派视蒋为奸邪，蒋遂反修以自解。正好有人诬修与其媳吴氏有暧昧关系，吴氏乃宰相吴充之女，蒋之奇等乘机弹劾欧阳修。

欧阳修大怒，连上章疏要求根究蒋之奇的弹奏：“之奇诬罔臣者，乃是禽兽不为之丑行，天地不容之大恶。臣若有之，万死不足以塞责；臣若无之，岂得含胡隐忍，不乞辨明？……大抵小人欲中伤人者，必以暧昧之事，贵于难明，易为诬污。然而欲以无根之谤绝无形迹，便可加人，则人谁不可诬人？人谁能自保?”（《再乞根究蒋之奇弹疏札子》）神宗皇帝最初欲深谴修，但经过根究，毫无事实，于是罢黜蒋之奇，出榜朝堂，使中外知其虚妄，并两次下手诏给欧阳修，谓“事理既明，人疑亦释，卿宜起视事”（《神宗御札》）。但欧阳修鉴于“所以致此大谤者，本出怨家之口，由臣拙直，多忤于物，而在位已久，积怨已多”，“众怒难犯，孤根易危”，坚辞参知政事，于是以观文殿学士、刑部尚书出知亳州。从此再未回朝，五年后病逝于颍州。

（原载 1993 年《中国典籍与文化》第 1 期）

“忧国常先众，谋身亦勇归”

——论蜀公范镇

范镇（1008—1088）字景仁，封蜀郡公，世称范蜀公，成都华阳（今四川成都）人。他是北宋著名政治家、文学家、史学家，一生著述甚富，曾参与修撰《新唐书》《仁宗实录》等著作。但除《新唐书》外，其他皆失传。四库馆臣从《永乐大典》等书中辑得《东斋记事》五卷，补遗一卷，《两宋名贤小集》存其诗一卷，我们编《全宋文》辑得其文一百五十余篇，约十万字。如果进一步广搜其佚诗，也许还能为他重编一个集子。

一

范镇的一生，大体可分为三个阶段。景祐四年（1037）三十岁以前，是他名动场屋而屡试不第的时期。他出生在一个累世不仕的读书人家庭。他在《上蜀帅张公书》中说：“镇，西南后进生也，家无衣缨之贵，门惟蓬荜之陋，儒其业者，代实济之。”父母早丧，靠诸兄抚育成人。《上蜀帅王密学书》云：“镇天与奇薄，幼即孤露，始生四岁而先人殁，七岁而母氏终。所赖诸兄养之长之，又从而诲之，得于盛明时服为儒者事业。”文坛巨擘宋庠、宋祁兄弟名重当时，见镇亦奇之，与之为布衣交，由是名动场屋。苏辙《祭范蜀公景仁文》云：“公之少年，初以赋鸣。挟第来东，气和而平。微见圭角，人人目惊。宋氏叔仲，典司众盟。见公所为，屣履以迎。自毁其文，以致公名。士满太学，莫之敢争。”所谓“自毁其文，以致公名”，指二宋与镇同赋《长啸却胡骑赋》，镇赋先成，二宋读之，称其极佳，不敢出己作。从范镇给蜀帅张公、王密学、韩密谏等上书看，他虽然名满太学，却屡试未第。

从宝元元年（1038）进士及第，至熙宁三年（1070）六十三岁致仕，是范镇从政时期。宝元元年举进士，他为礼部第一。故事：殿廷唱第过三人，礼部第一人必抗声自陈，虽考校在后，必得升等，吴育、欧阳修皆由此得升一甲。独镇不肯言，他人屡趣之，皆不应。唱名至第七十九乃出拜，退就列，无一言，时人服其静退。

释褐为新安主簿，宋绶留守西京，召置国子监。秩满，又荐诸朝，为东监直讲。以参知政事王举正荐，召试学士院。谓其诗失韵，除馆阁校勘，充编修《唐书》官。而实未失韵，有学者皆为其不平，而镇处之泰然。宰相庞籍荐其有异材，恬于进取，超迁直秘阁，为开封府推官。擢起居舍人知谏院兼管勾国子监。镇在谏院，多所论奏，尤以论建储事知名。时仁宗在位已三十五年，无子嗣。镇上疏请立宗室子为嗣，连上十九章，待罪百余日，须鬓为白，朝廷不能夺，乃罢知谏院，改集贤殿修撰，判流内铨。继修起居注，除知制诰，迁翰林学士，充史馆修撰，改右谏议大夫。

英宗即位，迁给事中，改翰林侍读学士。神宗朝，迁礼部侍郎，召还，复为翰林学士兼侍读、群牧使、勾当三班院、知通进银台司，纠察在京刑狱。王安石为政，行“青苗法”，取息低于高利贷者。镇上疏谓“陛下疾富民之多取而少取之，此正百步与五十步之间耳。今有二人坐市贸易，一人下其值以相倾夺，则人皆知恶之。其可以朝廷而行市道之所恶乎！”韩琦上疏论新法之害，送条例司疏驳；李常乞罢“青苗”，安石令常分析；司马光除枢密副使，以所言不行辞免，诏许辞免，镇皆封还其诏。时诏举谏官，镇举苏轼、孔文仲，因苏、孔反新法，皆不报。遂上言：“臣言不行，无颜复立于朝，请致仕。”疏五上，最后直指王安石：“陛下有纳谏之资，大臣进拒谏之计；陛下有爱民之性，大臣用残民之术。”遂落翰林学士，以本官致仕。王安石自草制词诋镇，镇笑诵其词曰：“‘材无称职之能’，某披襟当之矣；‘内有怀利之实’，则夫子自道也。”其《谢致仕表》仍云：“望陛下集群议为耳目，以除壅蔽之奸；任老成为腹心，以养和平之福。”天下闻而壮之。范镇历仕仁宗、英宗、神宗三朝，皆以言事罢。至废黜不用，天下翕然尊之，无论贵贱贤愚，皆谓之景仁而不敢名。

自熙宁三年（1070）致仕至元祐三年（1088）去世，是范镇闲居时期。

镇既退居，专以读书赋诗自娱。客至，辄饮酒尽欢。熙宁八年（1075），苏轼兄弟自外任归京，曾寓居范镇东园。苏辙《雪中呈范景仁》云：“羁游亦云尔，幸此贤主人。东斋暖且深，高眠不知晨。”元丰二年（1079），苏轼因作诗讥刺新法，被捕入狱，索苏轼与镇往来文字甚急，镇乃上书救轼，后移居许昌，于所居造大堂，并以“长啸”名其堂。堂前有荼蘼架，每春季花盛时，宴客于其下，相约有花酒者饮一大杯，时号飞英会。哲宗立，镇已年近八十，犹拜端明殿学士兼侍读，镇坚辞不就。元祐三年卒，年八十一。苏辙《范蜀公挽词》云：

能言人尽尔，有立世终稀。忧国常先众，谋身亦勇归。见奇初或笑，要极未应非。仅似西山老，终身止食薇。

“忧国”一联，准确地概括了范镇的一生。人人都能言，但言要有所立，却不是人人都能办到的。仁、英、神三朝的一些重大问题，往往都是他首先提出，常常被人笑为怪论，而最终却证明他是对的。敢于提出不同意见需要勇气，言而不行即退出官场，则更需要勇气。司马光作《范景仁传》，非常推崇范镇之勇，谓仁宗无嗣，“景仁者冒不测之渊，无勇者能之乎？人之情，孰不畏天子与执政？亲爱之至隆者，孰若父子？执政欲尊天子之父，而景仁引古义以争之，无勇者能之乎？禄与位皆人所贪，或老且病，前无可冀，犹恋恋不忍舍去。况景仁身已通显，有声望，视公相无跬步之远，以言不行，年六十三即拂衣归，终身不复起，无勇者能之乎？”

二

人们都知道《新唐书》为欧阳修所撰，或欧阳修与宋祁合撰，而知道范镇之功仅次于宋祁的就不多了。欧阳修只是《新唐书》的总其成者，他参加这一工作较晚。庆历四年（1044）宰相贾昌朝建议重修《唐书》，五年五月诏开局修《唐书》，以贾昌朝充提举官，以王尧臣、宋祁、张方平、杨察、余靖为刊修官，以曾公亮、赵师民、何中立、范镇、邵必、宋敏求为编修官。提举官、刊修官、编修官，其后屡有变动，而宋祁、范镇却自始至终参加了这一工作。初命时编修官为六人，次年就只有范镇、宋敏求，新增王畴，仅三人而已。编修《新唐书》，前后花了十七年（范镇谓二十年，包括了“印行”的时间），欧阳修主要参加了后半段（1054—1060年）的工作。因欧阳修政治地位比宋祁高，而最后完成阶段实际是欧阳修在主持工作，故此书以欧阳修领衔。但正如欧阳修《辞转礼部侍郎札子》所说：“检会宋祁、范镇到局，各及一十七年，王畴一十五年，宋敏求、吕夏卿、刘羲叟并从初置局便编纂故事，分成卷草，用功最多。如臣者，盖自置局十年后，书欲有成，始差入局，接续残零，刊撰纪、志六十卷。是臣到局日月不多，用功最少。今来一例受赏，臣实愧心。”这虽是谦语，但也大体符合事实。除欧阳修外，宋祁、范镇用力最多。范镇为编修官，主要从事编纂资料，分卷起草的工作，宋祁则在此基础上做“刊修”工作。

范镇在史学上的又一贡献，是撰成《东斋记事》十卷。他在《自序》中说：“予尝与修唐史，见唐之士人著书以述当时之事，后数百年有可考证者甚多。而近代以来盖希矣，惟杨文公《谈苑》、欧阳永叔《归田录》，然各记所闻而尚有漏略者。予既谢事，日于所居之东斋燕坐多暇，追忆馆阁中及在侍从时交游语言，与夫里俗传说，因纂集之，目为《东斋记事》。其蜀之人士与其风物为最详者，亦耳目之所熟也。至若鬼神梦卜，率收录而不遗之者，盖取其有戒于人耳。”这里概括了本书的写作目的和主要内容。此书久佚，四库馆臣从《永乐大典》中辑出，分为五卷；又从《事实类苑》《类说》等书中辑为《补遗》一卷。1980年中华书局出有校点本，校点者又辑得佚文二十三条，附载于后，这是目前最完整的版本，因此书兼记“鬼神梦卜”之事，很多目录书都把它归入小说家。但正如《四库全书总目·东斋记事提要》所云：“核其大纲，终非《碧云騢》《东轩笔录》诸书所能并论也。”意谓全书主体是记北宋政事，非小说家者流。辑本第一卷记太祖、太宗、真宗、仁宗、英宗五帝之事，第二卷主要记他在论乐时与司马光的争论，第三卷记大臣事迹，第四卷记“蜀之人事及其风物”，第五卷为杂记，其中含有“鬼神梦卜”之事。由此可见，书中绝大部分内容都是严肃的政事，因此，才为南宋史家所重视，被广泛采录入史书。全书文笔简洁，亦其史家特点。但也有少数条目比较风趣，富有文学色彩。兹举数则，以见一斑：

太祖一日御殿虑囚，内有一囚告："念臣是官家邻人。"太祖以为燕蓟邻人，遣问之，乃云："臣住东华门外。"太祖笑而宥之。（卷一）

囚犯以家居皇宫外，就自称是天子邻居，并因此获得宽宥。这既可看出囚犯的机智，亦可看出宋太祖确实不愧为大度之君，不但未加罪，反"笑而宥之"。又如：

赏花钓鱼会赋诗，往往有宿构者。天圣中，永兴军进山水石，适置会，命赋《山水石》。其间多荒恶者，盖出其不意耳。坐中优人入戏，各执笔，若吟咏状。其一人忽仆于界石上，众扶掖起之。既起，曰："数日来作一首《赏花钓鱼诗》，准备应制，却被这石头擦倒。"左右皆大笑。（卷一）

这是对文臣学士的辛辣讽刺。真宗、仁宗都喜欢召文臣文士入宫唱和，他们的诗看似敏捷，实际多为"预制板"。题出"宿构"之外，其和诗就"荒恶"毕现，故为优人所讥。范镇的《国朝事始》以及他参与修撰的《仁宗实录》《玉牒》《日历类编》也属史书，因原书失传，这里就略而不论了。

三

范镇少以赋名，今存赋仅两篇（见《皇朝文鉴》卷四、卷十二），好在当时颇负盛名的《长啸却胡骑赋》即在其中，可以窥见一斑。据《晋书》卷六二《刘琨传》载，琨在晋阳，尝被胡骑围数重，城中窘迫无计。琨乘月登楼清啸，胡人皆凄然长叹，弃围而去。赋即咏此，开头就点明了全赋主旨：

制动者以静，善胜者不争。伊刘氏之长啸，却胡人之乱兵。初历历以传闻，合围风靡；遂稍稍而引退，一境尘清。

接着写当时形势的严峻：“边寇众至，虏战数挑。胜不可以进决，敌不可以前料。”在这一严峻关头，刘琨却能以静镇敌：“终夜长吟，故异鸡鸣之客；远人咸听，遂收乌合之群。”作者由此得出结论说：“安可破危，利能图害”；“深谋者为众归，尚力者必自溃。”只要能静以镇敌，“有天下之君，曷为西北之虑”。结句表明，此赋不是单纯咏史，而是在借史为对抗辽和西夏的侵扰出谋。这是一篇律赋，律赋多内容空泛，往往难以卒读。而此赋不仅句式整齐，音调铿锵，而且主旨鲜明，具有针对性，故在当时影响甚大。除前已提及的二宋不敢出己作外，还传到了契丹，范镇因此得到了“长啸公”的美名。苏轼《范景仁墓志铭》云：“契丹、高丽知诵公文、赋。少时尝赋《长啸却胡骑》，及奉使契丹，虏相目曰：‘此长啸公也。’兄子百禄亦使虏，虏首问公安否？”

现存范镇文以奏议为多，其中以《请建储疏》为最有名。这是一个敏感的话题，如何行文，才能做到言之者无罪，闻之者足戒，必须认真斟酌。时镇知谏院，故他先从谏官的责任说起，谏官应为宗庙社稷计，不当爱死尸利。接着他以仁宗之言为张本，以减少阻力。仁宗病时“以祖宗后裔为念”，言“我不能管天下事也”。因此，镇建言先立宗室子，以系天下之心；异日诞育皇嗣，复遣还邸。然后他以锋利的文笔，阐明了必须如此的理由：

真宗皇帝取宗室子养之宫中者，天下之大虑也。太祖皇帝舍子而立太宗皇帝者，天下之大公也，宗庙社稷之至计也。唐自昭、肃后，君臣之间讳言储副事者，暗君之为也。

作者从正反两面说明仁宗无子，需立宗室子为子，才是“大公”“至计”，否则就是“暗君”，这样尖锐地提出问题，是有杀身之祸的。故文章结尾说：“疏成而累月不上者，大惧无益于死，死今之世，以累陛下之明也。”最后为什么仍上此疏呢？因为仁宗病时尚不忘宗庙社稷之至计，今已病愈，“肯杀敢言之谏官乎”？全文围绕宗庙社稷之至计立言，说理透彻，词锋锐利，而行文婉转，是一篇力作。

词锋锐利，可说是范镇奏议的共同特点。如《论益兵困民疏》，谓益兵必增费，增费必困民，民困必国危，并云："百万之费，非出于天，非出于地，非出于建议者之家，一出于民也。""官所以养民者也，兵所以卫民者也，养民卫民者反残民矣，臣恐朝廷之忧不在四夷矣，而在冗兵与穷民也。"又如《请罢青苗法疏》云："所为青苗，黄青在田，贱估其值，收敛未毕，而必其偿，是盗跖之法也。"讳言储君是暗君所为，增兵之费非出建议者之家，青苗法是盗跖之法，都颇能代表范镇奏议的锐利特色。

范镇入仕前，也像其他人一样，曾上书大臣，求其援引。但这位有庙廊器的人，往往出语不凡，其《上蜀帅韩密谏书》，首论"圣王之治以得贤为首"，历举周、汉、唐之得贤，本朝更以"首贤而为治"。接着讲峨岷乃储精之地："自司马相如、王褒、何武、扬子云之生，遗风流闻，不绝如线。"现在更是人才辈出："怀良玉以被褐，藏颖锥而处囊者，岂可胜道哉！"最后才讲上书目的："若镇之能薄才谫，进之使与计偕（举人赴会试）可也，退之以警不肖可也。"可见这是一封求举的书信，但全文道古说今，思路开阔，下笔甚远而紧扣主旨，本为求举却以得贤为说，比起同类书信的摇尾乞怜，不知要高出多少倍。

其《送彭学士序》的写法也与一般的赠序写法不同。彭学士指彭乘，与作者同为华阳人。天圣八年（1030）知普州，以兴学著称。继居父丧，服除，知荆门军。此序即为送彭赴荆门而作。但此文并未在送彭知荆门上着墨，而是盛称彭在普州的兴学：

县令前驱，弩栏甚宠；子弟帅教，檄文不修。里有冠盖之华，家有序塾之盛。议者谓文翁玉堂，子云书台，兴儒以来，未有侈于今日者已。

对彭知荆门，仅文末一句带过："南荆领军，非久留之地，故略而无述。"意谓像彭乘这样的人物，朝廷不会让他久知荆门，会很快被召还朝。这样写既是对彭的颂扬，又暗含安慰之意，且不落俗套。

讥刺之作耐读，颂扬之作难工。其《归来亭记》是一篇颂扬之作，但由于立意高，敢于言人所不敢言，故能给人以强烈印象。治平三年（1066），知舒州孙锡以年老致仕，建亭名归来，并以陶潜《归去来辞》刻石。潜为历代所敬重，尤为宋人所推崇，而作者却谓孙锡“过潜为远甚”。这一结论似乎很难令人信服，但作者一连串的反诘使你不能不信服：潜舍五斗米之微，锡辞二千石之隆，孰廉？潜不得已而归，锡以礼而归，孰贤？潜处乱世，锡处治平之世，无折腰之辱，孰荣？全文仅二百余字，除开头数语交代本事，结尾以“亭之江山之美，风物之胜，有群公之诗在焉”，以撇开景物描写外，文章主体是议，而且是以只问不答的反诘句代议论，更显简劲有力。

范镇之文，十之七八均已失传，现存之文虽多达一百五十余篇，仍很难窥见全貌。仅就现存文章看，他虽然与诗文革新的领袖欧阳修同时，但所存两赋皆为律赋，其他文章亦多用骈句，受宋初骈俪之风的影响较大。

四

司马光《续诗话》云：“范景仁镇喜为诗。年六十三致仕，一朝思乡里，遂径行入蜀。……遂游峨眉、青城山，下巫峡，出荆门，凡期岁乃还京师。在道作诗凡二百五十篇，其一联云：‘不学乡人夸驷马，未饶吾祖泛扁舟。’此二事，他人所不能用也。”一年作诗竟达二百余首，其文集一百卷中含诗数量就不难想象了。所举一联的“乡人”指司马相如，“吾祖”指范蠡，范在帮助越王勾践灭吴后，急流勇退，及时乘扁舟泛五湖而去。此联妙就妙在把同乡的司马相如与同姓的范蠡联在一起，抒发自己的志趣。现在衣锦还乡，却不向“乡人”夸美；自己急流勇退，不让“吾祖”专美。这两个典故，确实“他人所不能用”。

范镇是因反对王安石变法而致仕的，他的《秋怀答司马君实》中说明了他致仕的原因：

畴昔共登仕，尔来三十秋。常睎丝绳直，窃耻鸱夷柔。蹄涔学巨海，蚁垤依崇丘。行之不自疑，亲寡憎怨稠。于今不亟去，沦胥恐同流。努力买良田，远追沮溺游。

他说自己入仕三十年，直而不柔。自己的才能有如小水（蹄涔）小土堆（蚁垤），却想学你这样的高山大海，结果是亲者寡而怨者多。如果自己不尽快离去，就会同他们同流合污。但人一走，茶就凉，他致仕后也品尝到了世态的炎凉。其《次张寺丞园》云：

园林再到身犹健，官职全抛梦乍醒。惟有南山与君眼，相逢不改旧时青。

阮籍能作青白眼，常以青眼对所敬重的人，而以白眼对所鄙夷的人。他在“官职全抛”之后重游此园，不仅山青依旧，而张寺丞也未以白眼对他。着一“惟”字，表明像张寺丞这样的人实在太少，势利之徒实在太多。但乡人对他仍是尊敬的，《奉和冯允南二首》云：

小马轻与蜀道难，身披裘褐顶峨冠。已从林下幽人往，犹作朝中旧德看。渔钓喜欢新得侣，道途瞻顾尚呼官。多惭乡友贻清唱，天外鸾音与凤翰。常望乡山忆翠微，此来时节更春晖。林间怨鹤久招隐，花外啼鹃仍劝归。云似随人飞缥缥，雨如洗道洒霏霏。回思仕宦平生事，六十三年始悟非。

他虽然已归隐林下，乡友仍把他看作朝中旧德，呼以官名。林鹤啼鹃早就劝他归隐，当他返回故乡时，连白云也为他伴行，细雨亦为之洗道。

不管世人的青眼或白眼，他对自己的及时致仕，实际是很满意的。《送罗胜卿同年提举玉局观》云：“匹马西归去，知君得意偏。人情重乡里，官职更神仙。晓后无衙诺，旬头有俸钱。何须驾白鹤，辛苦上青天。”提举玉局观是宋王朝用以养老优贤的祠禄官，只领俸禄不任事，即所谓“无衙诺”而“有俸钱”，这已是神仙过的日子，又何须辛辛苦苦驾白鹤、上青天，才算神仙呢？范镇致仕后也有“以端明殿学士提举中太乙宫兼集禧观公事”的虚衔，因此，此诗既是称道罗胜卿，也是他夫子自道。《题曹山人墅居》写墅居之乐，也是他夫子自道：“桥外浣花溪水通，山人高隐在其中。一江绿竹喧天沸，争及松篁斗日风！”

镇为蜀人，因此，不仅他的《东斋记事》以记“蜀之人士与其风物为最详”，而且他的现存诗篇也以吟咏蜀中风物为最多，咏蜀中名胜的有《游昭觉寺》：“炎蒸无处避，此地忽如寒。松砌行无际，石房禅自安。鸳鸯秋沼涨，蝙蝠晚庭宽。登眺见田舍，衡茅斗不完。”寺外赤日炎炎，寺内清凉如寒冬，松木无际，禅房岑寂，池中鸳鸯嬉戏，庭院蝙蝠斜飞。又有《净众寺新禅院》：“金地西郊外，一来烦恼摅。凡逢似仙境，鲜不属僧居。岸绿见翘鹭，溪清无隐鱼，残阳已周览，欲去几踌躇。”据《蜀中名胜记》卷二载，净众寺为成都府西门八胜之一，是唐开元十六年新罗国僧无相所建，宋代改名净因寺。这里绿野如茵，白鹭翘首，清溪见底，游鱼可数。其他如《和阎寺丞海云寺》《登崇圣阁》，也是写成都名胜的。

范镇的咏物诗也多咏成都花木，或咏成都牡丹的繁茂而为群芳所妒：“径围三尺大，颜色几重深”（《成都观牡丹》）；“牡丹名重品，特地盛于今。西子含羞甚，东君著意深。障行施烂锦，屋贮用黄金。妾婢群花卉，那能不妒心!”（《李才元寄示蜀中花图》）成都海棠很有名，却未入诗圣杜甫的诗卷：“不知真宰是谁专，生得韶光此树偏。吟笔偶遗工部意，赋词今识翰林权。风翻翠幕晨香入，霞照危墙夕影连。移植上园如得地，芳名应在紫薇先。”（《和提刑海棠》）而《武侯庙柏》更表现了作者自己的风骨：“满叶是清霜，培根无沃上。耻作秦皇松，宁为冯异树。英灵自有风，荫蔚长如雨。可怜青青姿，不知人事古。”秦始皇封泰山遇雨，避雨松下，封松树为五大夫。冯异，东汉初人，佐光武帝兴汉，拜孟津将军，封阳夏侯，为人谦退，诸将论功，独屏树下，人称大树将军。作者借柏抒慨，表示宁学冯异的谦退，耻受秦皇的封爵。这样写，也是有些犯讳的，但也正好表现了这位敢于直谏，勇于归隐的直臣的心迹。

苏轼《范景仁墓志铭》云：“公始以诗赋为名进士，及为馆阁侍从，以文学称。”又云：“其文清丽简远，学者以为师法。”“清丽简远”四字，比较准确地概括了范镇诗文的风格。

（原载《天府新论》1991年第1期）

评苏黄争名说

诗话、笔记往往能提供一些正史失载的珍贵资料，历来为研究者所重视。但其中也有不少出自道听途说，不可轻信，苏黄“争名”说就是一例。苏轼同其门人包括黄庭坚的友谊可谓感天地、动鬼神，但有人却说黄争名于苏：“鲁直欲为东坡之迈往而不能，于是高谈句律，务以自立而相抗”（王若虚《滹南诗话》）；“须知笔墨浑闲事，犹与先生（东坡）抗死争”（周昂《鲁直墨帖》）。或说苏不满黄与己齐名：“（山谷）受知于东坡先生，而名达夷夏，遂有苏黄之争。坡虽喜出我门下，然胸中似不能平也。”（吴垧《五总志》）或说苏黄互相争名：“元祐文章，世称苏黄，然二公当时争名，互相讥诮。”（胡仔《苕溪渔隐丛话》前集卷四九）“苏黄各因玄真子（即张志和）《渔父词》增为长短句互相讥评。”（王若虚《滹南诗话》）尤可笑者，甚至有人说黄庭坚听到苏轼逝世的消息，竟“拈几上香，合在手，曰：‘此香扁子，自此属老夫矣！’”（周辉《清波杂志》）在这些诗话、笔记里，苏黄都成了争名于朝的俗士，而黄庭坚更是幸灾乐祸的小人。为了证明这些说法之无稽，需要对苏黄关系作系统的考察。

一

苏黄间的诗书往还开始于元丰元年（1078），时苏轼四十三岁，知徐州；黄庭坚三十二岁，任北京（今河北大名）教授。首先是黄庭坚上书苏轼并附《古诗二首》，热情歌颂苏轼品格的高洁，感叹其遭遇的不幸：

江梅有佳实，托根桃李场。
桃李终不言，朝露借恩光。

孤芳忌皎洁，冰雪空自香。
古来和鼎实，此物升庙廊。
岁月坐成是，烟雨青已黄。
得升桃李盘，以远初见尝。
终然不可口，掷置官道傍。
但使本根在，弃捐果何伤！

诗的大意是说，苏轼像高洁的江梅托根于凡俗的桃李之中，不但得不到桃李的称许，反遭桃李的嫉妒，只是靠人主的“朝露”“恩光”生长。《尚书·说命上》云：“若作和羹，尔惟盐梅。”江梅本应作庙廊和羹，但却随着岁月飘忽，由青转黄而不用。当年苏轼由遥远的西蜀来到京师，仅得到普通桃李的待遇，还因其“不可口”，连这种普通待遇也丧失了。最后两句是作者对他的安慰：只要能保持自己高洁的本性，“弃捐”也没有什么了不起。黄庭坚《上苏子瞻书》说：“阁下学问文章，度越前辈，大雅恺弟，约博后来。立朝以直言见排，补郡辄上最课。可谓声实于中，内外称职。”诗中以“托物引类”的手法表达了信中对苏轼的这一看法。黄诗第二首以青松喻苏轼（“青松出涧壑，十里闻风松”），以菟丝自喻，表示自己终生依附苏轼（“小草有远志，相依在平生”），并说自己之所以这样做，是因为“小大才则殊，气味固相似”。这也就是《上苏子瞻书》中所说的“心亲则千里晤对，情异则连屋不相往来”。下面将很快看到，黄庭坚对苏轼道德文章的仰慕以及“相依在平生”的决心，直至去世都未改变。

苏轼在《答黄鲁直书》中盛赞黄的“《古风二首》，托物引类，真得古诗人之风”。他在《次韵黄鲁直见赠古风二首》的第一首中写道：

嘉谷卧风雨，稂莠登我场。
陈前漫方丈，玉食惨无光。
大哉天地间，美恶更臭香。
君看五六月，飞蚊殷回廊。

兹时不少假，俯仰霜叶黄。
期君蟠桃枝，千岁终一尝。
顾我如苦李，全生依路傍。
纷纷不足惜，悄悄徒自伤。

这是就黄庭坚说自己遭遇不幸而发出的感慨。关于这首诗的主旨，苏轼在乌台诗案的“供词”中作了清楚的交代：“云‘嘉谷卧风雨’至‘玉食惨无光’，以讥今之小人胜君子，如稂莠之夺嘉谷。又云‘大哉天地间’至‘悄悄徒自伤’，意言君子小人进退有时，如夏月蚊虻纵横，至秋自息；比黄庭坚于蟠桃，进必迟（即《答黄鲁直书》所谓“今世之君子所不能用”）；自比苦李，以无用全生；又取《诗》云‘忧心悄悄，愠于群小’，以讥讽当今进用之人皆小人也”（《乌台诗案》）。这样一篇尖刻的讥时之作，当然要成为乌台诗案中苏轼的重要罪状之一。黄庭坚坐与苏轼唱酬，受罚金处分，这就是张耒所说的“苏公以文章得罪，而闻足下实与其间”（《与鲁直书》）。从苏黄交往一开始，命运之神就把他们紧紧地连在一起。苏诗第二首赞美黄庭坚有如仙人，说人们到处寻仙，而“不知市人中，自有安期生。……阆风安在哉，要君相指似”。这与《答黄直书》所称美黄“超逸绝尘，独立万物之表；驭风骑气，以与造物者游”是一致的。苏轼对黄庭坚的这一推崇也至死未变。

苏黄间的直接诗书往返是从元丰元年开始的，但他们的相知却比这早得多。黄庭坚的舅父李公择、岳父孙莘老都是苏轼的好朋友，他们政治立场相近，均因反对王安石变法而相继离朝。苏轼在通判杭州和知密州期间，就从孙、李处读到黄的诗文，知其为人：“轼始见足下诗文于孙莘老之坐上，耸然异之，以为非今世之人也。莘老言：‘此人人知之者尚少，子可称扬其名。’轼笑曰：‘此人如精金美玉，不即人而人即之，将逃名而不可得，何以我称扬为！然观其文以求其为人，必轻外物而自重者，今之君子莫能用也。’其后过李公择于济南，则见足下之诗文愈多，而得其为人益详。”（《答黄鲁直书》）黄庭坚通过舅父和岳父，不但早就仰慕苏轼，而且见过苏轼，只是未敢贸然谒见而已：“庭坚齿少且贱，又不肖，无一可以事君子。故尝望见眉宇于众人

之中，而终不得使令于前。”（《上苏子瞻书》）

在元丰元年以后，苏黄间的唱酬越来越多，这里只谈谈黄庭坚的《见子瞻粲字韵诗，和答三人，四返不困而愈崛奇，辄次韵寄彭门三首》《再和寄子瞻，闻得湖州》；苏轼的《往在东武（即密州）与人往返作粲字韵诗四首，今黄鲁直亦次韵见寄，复和答之》。黄诗的主旨与《古诗二首上苏子瞻》同，一是歌颂苏轼的道德文章：“公材如洪河，灌注天下半。……文似《离骚》经，诗窥《关雎》乱。”“公文雄万夫，嗷嗷不自乱。”“先生古人学，百氏一以贯。见义勇必为，少作衰俗懦。”二是感叹苏轼“一饱事难谐，五车书作伴”。三是抒发思见之情：“漫有酒盈樽，何因见此粲。”“咏歌思见之，长夜鸣曷旦。东南望彭门，官道平如案。”“相思欲面论，坐起鸡舞旦。”苏轼在“和答”诗中，对得到黄庭坚这样的天下奇才称赞不已，表示由衷的高兴。他首先感慨人才难得：“苻坚破荆州，止获一人半。中郎老不遇，但喜识元叹。”而自己却得到了黄庭坚认可：“我今独何幸，文字厌奇玩。又得天下才，相从百忧散。”苏轼也希望见到黄庭坚：“相思君欲瘦，不往我真懦。吾侪眷微禄，寒夜抱寸炭。何时定相过，径就我乎馆。”但由于乌台诗案，二人皆得罪，直至元丰八年（1085）十二月还朝，他们才得到“相从”“相过”的机会。

二

北宋文坛上有过三次群英会，一次是宋真宗景德年间，以杨亿为首，在他周围集中了一大群诗人，形成所谓西昆体诗派。他们一扫“五代以来芜鄙之气”，但又出现了“颇伤于雕摘”的新弊端。一次是宋仁宗嘉祐年间，以欧阳修为首，在他周围集中了梅尧臣（苏舜钦已死）、曾巩、王安石、三苏父子等一大群作家，进行诗文革新，他们既结束了西昆体的统治地位，又纠正了古文运动内部的不良倾向，使北宋诗文走上了健康发展的道路。再一次就是宋哲宗元祐年间，以苏轼为首，在他周围集中了苏辙、黄庭坚、秦观、晁补之、张耒、陈师道、李廌、李之仪等一大群友生，形成所谓“元祐体”。宋诗之为宋诗，是到这时才完成的。正如严羽所说：“国初之诗，尚沿袭唐人。……至东坡、山谷始自出己意以为诗，唐人之风变矣。”（《沧浪诗话》）

刘克庄也说："元祐后诗人迭起，一种则波澜富而句律疏，一种则锻炼精而情性远，要之不出苏、黄二体而已。"所谓"元祐体"主要是指"苏黄二体"，它足以代表宋诗特色。

在熙、丰年间，黄庭坚在诗坛的声名还不足以与苏轼比，因此，也还没有苏黄争名的流言。但是，在元丰末他渐与苏轼齐名，所谓苏黄争名主要指元祐年间。

胡仔所谓苏黄争名、相互讥诮的根据是："东坡常云：'黄鲁直诗文，如蝤蛑、江摇柱，格韵高绝，盘飧尽废；然不可多食，多食则发风动气。'山谷亦（谓东坡）云：'盖有文章妙一世，而诗句不逮古人者。'"（《苕溪渔隐丛话》前集卷四九）王若虚也把上引苏轼的话看作是对黄庭坚的讥笑："戏论谁知是至公，蝤蛑信美恐生风。夺胎换骨何多样，都在先生一笑中。"（《山谷于诗每与东坡相抗，门人亲党遂谓过之，而今之作者亦多以为然，予尝戏作四绝云》）宋人王楙根本不同意胡仔所谓苏黄争名、相互讥笑的观点，他说："苏、黄二公同时实相引重，黄推苏尤谨，而苏亦奖成之甚力。黄云东坡文章妙一世，乃谓效庭坚体，正如退之效孟郊、卢仝诗；苏云读鲁直诗如见鲁仲连、李太白，不敢复论鄙事。其互相推许如此，岂争名者哉！"王楙也不同意上引苏、黄的话可作相互讥诮的证据："诗文比之'蝤蛑、江摇柱'，岂不谓佳？至言'发风动气''不可多食'者，谓其言有味，或不免讥评时病，使人动不平之气，乃所以深美之，非讥之也。'文章妙一世，而诗句不逮古人'，此语盖指曾子固，亦当时公论如此，岂坡公耶？"（《野客丛书》卷七）胡仔张冠李戴，误"深美"为"讥诮"，后人不察，多把他作为苏黄互讥的主要依据。王士禛驳"黄不满苏诗"说："黄集有云：'吾诗在东坡下，文潜、少游上，杂文与无咎伯仲耳。'此可证俗论附会之谬。"（《带经堂诗话》卷一）

苏轼曾改张志和《渔父词》为《浣溪沙》："西塞山边白鹭飞，散花洲外片帆微。桃花流水鳜鱼肥。　自芘一身青箬笠，相随到处绿蓑衣。斜风细雨不须归。"据吴曾《能改斋漫录》卷一六载："山谷见之，击节称赏，并云：'惜乎散花与桃花字重叠，又渔舟少有使帆者。'"黄庭坚自己也写了一首咏渔父的《浣溪沙》，合张志和、顾况的《渔父词》为一首："新妇矶边眉黛愁，女儿浦口眼波秋。惊鱼错认月沉钩。　　青箬笠前无限事，绿蓑衣底一时休，斜风细雨转船头。”苏轼在《跋黔安居士渔父词》中说：“鲁直作此词清新婉丽，问其得意处，自言‘以水光山色替却玉肌花貌’。此乃真得渔父家风也。然才出新妇矶，又入女儿浦，此渔父无乃太澜浪乎！”这本来是苏、黄间切磋诗词的美谈，黄对苏词既“击节称赏”，又指出其“花”字重复，“片帆”不当的缺点；苏对黄词既赞其“清新婉丽”，“真得渔父家风”，又戏其“新妇矶”“女儿浦”等语，把渔父写得“太澜浪”（即太浪漫）。据《能改斋漫录》卷一六载，黄庭坚接受了苏轼的意见：“山谷晚年，亦悔前作之未工。”并改《浣溪沙》为《鹧鸪天》：“西寒山前白鹭飞，桃花流水鳜鱼肥。朝廷尚觅玄真子，何处而今更有诗！　　青箬笠，绿蓑衣，斜风细雨不须归。人间欲避风波恶，一日风波十二时。”“东坡笑曰：‘鲁直乃欲平地起风波耶！’”这更证明是在开玩笑，生动表现了苏、黄间亲密无间的关系。但吴坰《五总志》却说：“‘太澜浪’等语虽曰戏言，是亦嫉而轻之也。”王若虚《滹南诗话》说得更严重：“苏黄各因其玄真子《渔父词》增为长短句，而互相讥评。”

苏轼的气质和诗风与黄庭坚大不相同，但却喜爱黄诗，正如清人田雯所说：“坡公于山谷，则数效其体，前哲虚怀，往往如是。”苏轼“效黄庭坚体”比较有名的一篇是元祐二年作的《送杨孟容》，黄庭坚次韵，题作《子瞻诗句妙一世，乃云效庭坚体，盖退之戏效孟郊、樊宗师之比，以文滑稽耳。恐后生不解，故次韵道之。子瞻〈送杨孟容〉诗云‘我家峨眉阴，与子同一邦’，即此韵》。这首诗虽出以诙谐戏谑，但与元丰元年的《古诗二首上苏子瞻》一样，执弟子之礼至恭：

我诗如曹郐，浅陋不成邦。
公如大国楚，吞五湖三江。
赤壁风月笛，玉堂云雾窗。
句法提一律，坚城受我降。
枯松倒涧壑，波涛所舂撞。
万牛挽不前，公乃独力扛。

诸人方嗤点，渠非晁张双。
袒怀相识察，床下拜老庞。
小儿未可知，客或许敦厖。
诚堪婿阿巽，买红缠酒缸。

前四句以大小国为喻，说自己根本不能与苏轼相比；中间十二句歌倾苏轼在诗坛的领袖地位，感谢他对自己的奖拔；最后四句以戏语作结，谓自己根本不能与苏轼相比，我的小儿子人称敦厚（敦厖），只要他能同您的孙女阿巽（苏迈之女）匹配，就很满意了。这样一篇感谢苏轼相知，诚心推服苏轼的诗，也被曲解为黄庭坚在嘲讽苏轼。南宋史绳祖说："黄鲁直次东坡韵云：'我诗如曹郐，浅陋不成邦。公如大国楚，吞五湖三江。'其尊坡公可谓至，而自况可谓小矣。而实不然，其深意乃自负，而讽坡诗之不入律也。曹郐虽小，尚有四篇之诗入《国风》；楚虽大国，而《三百篇》绝无取焉。"（《学斋占毕》卷二）对于这种曲解，还能说什么呢？须知任何一种比喻都只是就某一点比拟；如果换一个角度去解释，都可得出相反的结论。若确如史绳祖所说，请问又如何解释"句法提一律，坚城受我降"；"万牛挽不前，公乃独力扛"；"袒怀相识察，床下拜老庞"等句呢？

元祐三年（1088）黄庭坚作《避暑李氏园》诗，好事者在这首诗上也大做文章："山谷避暑城西李氏园，题诗于壁云：'荷气竹风宜永日，冰壶凉簟不能回。题诗未有惊人句，会唤谪仙苏二来。'少游言于东坡曰：'以先生为苏二，大似相薄。'"（《王直方诗话》）。王直方并不相信黄诗有"相薄"之意，故说少游"吹毛"（黄、秦友谊亦深，少游"吹毛"之说亦不可信。因与本文无关，姑置不论），更未说苏轼听信了谗言。但明人张萱在转述这则记载时却添油加醋地说："公（苏轼）亦改容。"这就把苏轼变成了不辨是非，听信谗言的庸人。这则记载最早出自《王直方诗话》，王既未说苏轼"改容"，明人张萱又从何处见得苏轼"改容"呢？称行第乃唐宋人的习惯，翻翻唐宋人的集子，比比皆是。苏轼、陈师道也曾称山谷为"黄九"，黄称苏轼为苏二，怎么就成了"大似相薄"呢？"题诗未有惊人句，会唤谪仙苏二来"，明明是以李（“真谪仙人也”）杜（“语不惊人死不休”）比苏轼，连小孩子都看得懂是对苏轼的称颂，大文豪苏轼怎么还会看不懂，会听“大似相薄”的挑拨而为之“改容”呢？

以上我们逐一考察了所谓元祐年间苏黄争名、相互讥诮的主要论据，几乎一条也不能成立。如果我们进一步研究元祐年间的苏黄诗文，以上谬说更是不攻自破。

黄庭坚回京任职的时间比苏轼略早一点，他于元丰八年四月以秘书省校书郎被召，实际到京已在六七月份；苏轼于同年十二月回京任礼部郎中。他们相互仰慕已十余年，互通书问也已整整八年，现在才真正相聚。黄庭坚《跋子瞻木山诗》云：“元祐中乃拜子瞻于都下。”而且不止苏、黄，还有苏轼的一大群门生和友人，他们经常在一起题诗作画，如元祐元年正月十二日苏轼和著名画家李公麟为柳仲远作《松石图》，柳又求李作《憩寂图》，苏轼兄弟均有诗，并邀黄庭坚同赋。（苏轼《题憩寂图诗》）元祐二年六月苏轼及其友生“凡十六人”齐集王诜西园，李公麟作《西园雅集图》，米芾作《西园雅集图记》，生动描述了图中所绘的人物形象：“其乌帽、黄道服，捉笔而书者为东坡先生；仙桃巾、紫裘而坐观者为王晋卿；幅巾青衣，据方几而凝伫者为丹阳蔡天启；捉椅而视者为李端叔……坐于石盘旁，道帽紫衣，右手倚石，左手执卷而观书者为苏子由；团巾茧衣，手秉蕉箑而熟视者为黄鲁直；幅巾野褐，据横卷画渊明《归去来》者为李伯时；披巾青服，抚肩而立者为晁无咎；跪而捉石观画者为张文潜；道巾素衣，按膝而俯视者为郑靖老。后有童子执灵寿杖而立。二人坐于盘根古桧下，幅巾青衣，袖手侧听者为秦少游；琴尾冠、紫道服，摘阮者为陈碧虚；唐巾深衣，昂首而题石者为米元章；幅巾袖手而仰观者为王仲至。”正如米元章所说：“嗟乎！汹涌于名利之域而不知退者，岂易得此耶？自东坡而下凡十有六人，以文章议论、博学辨识、英辞妙墨、好古多闻、雄豪绝俗之资，高僧羽流之杰，卓然高致，名动四夷。后之览者，不独图画之可观，亦足仿佛其人耳。”确实如此，苏轼及其友生身在朝廷，志在林泉，真是一群志同道合的仙人。

黄庭坚在元祐年间的声名虽越来越高，但苏轼并未改变对黄的继续奖拔，而且可说正是由于苏轼的继续奖拔，黄的声名才越来越高。苏轼在《答张文潜书》中说："仆老矣，使后生犹得见古人之大全者，正赖黄鲁直、秦少游、晁无咎、陈履常与君等数人耳。"可见他对黄鲁直等确实寄予厚望。元祐元年苏轼主持学士院考试，擢毕仲游、黄庭坚、张耒、晁无咎等九人并为馆职。苏轼还曾举黄庭坚自代，认为黄"孝友之行追配古人，瑰玮之文妙绝当世"。（《举黄鲁直自代状》）苏轼为此曾屡遭政敌攻击，付出了很大的代价。他在《乞郡札子》中说："臣所荐士，例加诬蔑"，"臣所举自代人黄庭坚、欧阳棐，十科人王巩、制科人秦观，皆诬以过恶。"以致苏轼不得不离开朝廷。

黄庭坚在元祐年间的声名虽越来越高，但他对苏轼道德文章的崇敬仍一如往时。或颂其文："平生四海苏太史，酒浇不下胸崔嵬。……谁笑文章照今古，野老争席渔争隈"（《次韵子瞻武昌西山》）；"人间风日不到处，天上玉堂（指翰林院）森宝书。想见东坡旧居士，挥毫百斛泻明珠"（《双井茶送子瞻》）；"胸蟠万卷夜光寒，笔倒三江砚滴干。"（《子瞻去岁春侍立迩英，子由秋冬间相继入侍，作诗各述所怀，予亦次韵四首》）或颂其绘画："海内文章非画师，能回笔力作枯枝"（《题子瞻墨竹》）。黄庭坚对苏轼的书法艺术尤为崇拜，他说苏轼"落笔如风雨，虽谑弄皆有义味，真神仙中人，此岂与今世翰墨之士争衡哉"（《题东坡字后》）；"东坡简札，字形温润，无一点俗气。"（《题东坡字后》）他认为苏轼书法艺术成就之高，是与他的道德文章分不开的："余谓东坡书，学问文章之气，郁郁芊芊，发于笔墨之间，此所以他人终莫能及耳。"（《跋东坡书远景楼后》）他还充分估计了苏轼的书法艺术在历史上的地位："今人未解爱敬此书，远付百年，公论自出"（《跋东坡小陆赞》）；"笔圆而韵胜，挟以文章妙天下，忠义贯日月之气，本朝善书，自当推为第一。数百年后，必有知余此论者。"（《跋东坡墨迹》）黄庭坚对苏轼的崇拜可谓五体投地，怎么能说他讥诮苏轼，同苏轼争名呢？

三

就艺术成就而言，苏轼贬官黄州以后，特别是贬官岭南以后的诗文确实超过早年。苏辙说："（苏轼）尝谓辙曰：'吾视今世学者，独子可与我上下耳。’既而谪居于黄，杜门深居，驰骋翰墨，其文一变，如川之方至，而辙瞠然不能及也。”（《东坡先生墓志铭》）又说，苏轼谪居岭南，“独喜为诗，精深华妙，不见老人衰惫之气”（《和陶诗引》）。朱弁说：“东坡文章，至黄州以后，人莫能及，唯黄鲁直诗，时可以抗衡。晚年过海，则虽鲁直亦瞠乎其后矣。或谓东坡过海虽为不幸，乃鲁直之大不幸矣。”（《风月堂诗话》卷上）朱弁后一句话无非是进一步赞美苏轼的晚年诗，而好事者又附会出东坡死，黄庭坚竟有“此香扁子自此属老夫”的谬说。这与苏、黄晚年的实际状况也是大相径庭的。

苏轼贬官岭南，黄庭坚亦先后贬官黔州（今重庆彭水）、戎州（今四川宜宾）等地。苏轼曾向李端叔打听黄庭坚等人的情况：“黄鲁直、张文潜、晁无咎，各得信否？”（《答李端叔书》）而在初闻黄庭坚贬官黔州后，在《答秦太虚书》中又说：“闻（范）淳父、鲁直远贬，为之凄然。”苏轼还有一首《桄榔杖寄张文潜一首，时初闻黄鲁直迁黔南，范淳父九疑也》，其中有“遥知鲁国真男子，独忆平生盛孝章”，以孔融、盛孝章比黄、范，表达了对他们的思念之情。苏轼又致书黔州，问黄“起居何如，风土何似？或云大率似长沙，审尔亦不甚恶也。惠州已久安之矣，度黔亦无不可处之道也。闻行橐无一钱，途中颇有知义者，能相济否？”对黄关怀之情，如在目前。苏轼还曾托黄庭坚照顾王庠、程遵诲：“此两人有致穷之具（指善为文，所谓文穷而后工），而与不肖为亲，又欲往求黄鲁直，其穷殆未易量也。”对黄庭坚表现出充分的信赖。

黄庭坚在蜀中，与苏轼亲友如王庠、王元直、家安国、黄斌老（文同之妻侄）辈，皆多所交往。元符三年，黄庭坚自戎州舟行省其姑于青神，还曾去谒苏洵之墓。李子仪《跋山谷帖》云：“黄庭坚迁黔南，徙戎，凡五六年而后归。展转嘉、眉，谒苏明允墓，上峨眉山，礼普贤大士。”黄对苏的仰慕，亦不减于昔日。他在《跋子瞻和陶诗》中说：“子瞻谪岭南，时宰欲杀之。饱食惠州饭，细和渊明诗。彭泽千载人，东坡百世士。出处虽不同，风味乃相似。”在《与欧阳元老书》中说：“寄示东坡岭外文字，今日方暇遍读，使人耳目聪明，如清风自外来也。”《题东坡书道术后》亦说：“谈道之篇，传世欲数百千字，皆能书其人所欲言，文章皆雄奇卓越，非人间语。尝有海上道人评东坡，真蓬莱瀛洲方丈谪仙人也。流俗方以造次颠沛、秋毫得失，欲轩轾困顿之，亦疏矣哉!”得知苏轼病逝的消息后，他在《与王庠、周彦书》中说：“东坡先生遂捐馆舍，岂独贤士大夫悲痛不能已，人之云亡，邦国殄瘁者也，可惜可惜！立朝堂堂，危言谠论，切于事理，岂复有之!”他又写信给苏辙，主动表示愿书墓志：

端明二丈，人物之冠冕，道德文章足以增九鼎之重，不谓遂至于此，何胜殄瘁之悲！况手足之情，平生师生之地，荼毒封割之怀，何可堪忍，奈何！所赖诸子有所立，而季子（指苏过）文字，几于斯人之不亡也。

又说：

端明二丈，窀穸有期，天下失此伟人，何胜霣涕！石刻得三丈论撰，无憾矣！不审几时得刻石，托谁书丹？若未有人，不肖辄为托名其上；若自有人，即已矣。

苏轼死后不久，徽宗、蔡京再次迫害元祐党人，分别以苏轼、文彦博为待制、宰执以上首恶，并诏毁苏轼文集。黄庭坚在《题东坡像》中愤慨地写道：

东坡先生天下士，嗟乎惜哉今早世，蠢蠢尚诮短人气！

崇宁元年（1102）五月黄庭坚东归，系舟湖口，得见苏轼南迁途中曾咏过的壶中九华石，睹物思人，发出了“能回赵璧人何在，已入南柯梦不通”（《湖口人李正臣蓄异石九峰，东坡先生名曰壶中九华，并为作诗。后八年自海外归，湖口石已为好事者所取，乃和前篇以为笑，实建中靖国元年四月十六日，明年当崇宁之元五月二十日，庭坚系舟湖口，李正臣持此诗来，石既不可复见，东坡亦下世矣。感叹不足，因次前韵》）的沉痛哀叹！苏轼死，张耒在颍州曾以师弟子之礼为轼举哀，结果被贬为房州别驾，黄州安置。黄庭坚返鄂州（今湖北武昌），途经武昌（今湖北黄冈对岸的鄂城），与张耒颇多唱和，对他们共同的恩师苏轼表示深切的怀念。黄在《武昌松风阁》中写道："东坡道人已沉泉，张侯何时到眼前。……安得此身脱拘挛，舟载诸友长周旋。"《次韵文潜》云："年来鬼祟覆三豪（指苏轼、秦观、范淳父），词林根柢颇摇荡。天生大材竟何用，只与千古拜图像。……经行东坡眠食地，拂拭宝墨生楚怆。"读了黄庭坚的上述诗文，我们怎能相信苏轼死，黄庭坚为之庆幸的谬说呢？

据邵博《邵氏闻见后录》记载，鲁直晚年悬东坡像于室中，每早整冠荐香，肃揖甚敬。有人以"同时声名相上下为问"，黄庭坚离席惊避曰："庭坚望东坡门弟子耳，安敢失其叙哉！"邵博说："今江西君子曰苏黄者，非鲁直本意。"完全正确，尽管在元祐年间就有苏黄并称之说，但黄庭坚本人是一直把苏轼当作老师尊敬，不忘弟子之礼的。

四

苏黄争名，实际上根本不存在，为什么从宋代起，就一直有这种说法呢？原因很复杂，重要原因之一就是苏轼及其门人虽然形成了所谓"元祐体"，但"元祐体"可谓散体，这一大群作家既无统一的理论纲领，也无共同的艺术风格。苏轼曾批评王安石说："文字之衰，未有如今日者也。其源实出于王氏。王氏之文未必不善也，而患在于好使人同己。"（《答张文潜书》）苏轼的特点就在于不求其门人"同己"，而力主要自成一家。他的门生几乎无一例外地深受他的影响，但却找不出一个亦步亦趋、步其后尘的门人。黄庭坚之诗，秦少游之词，其风格都与苏轼迥然不同。黄庭坚也未卷入苏轼同新党和洛党的斗争，当苏轼抨击吕惠卿等"或首开边隙，使兵连祸结；或渔利榷材，为国敛怨；或倡起大狱，以陷害忠良。其为奸恶，未易悉数，而王安石实为之首"（《论周穜擅议配享自劾札子》）时，在群起否定王安石的元祐初年，黄庭坚却发出了"真是真非安在，人间北看成南"（《次韵王荆公题西太一宫壁》）的感慨。“方苏门与程子学术不同，其徒互相攻诋，独涪翁超然其间，无一语党同。……此其天资高明，不淄不磷，岂苏门一时诸人可望哉!”（黄震《黄氏日记》卷六五）苏氏不但不要求门人“同己”，而且门人还可自由批评先生。秦观赞成苏轼诗文“不及子由”的观点（《答傅彬老简》）。陈师道以为东坡词“如教坊雷大使之舞，虽极天下之工，要非本色”；批评苏诗“始学刘禹锡，故多怨刺”，“晚学太白”，“然失于粗”（《后山诗话》）。黄庭坚对苏轼诗文虽终身仰慕，称其“嬉笑怒骂，皆成文章”（《东坡先生赞》），但能爱而知其短，他在《答洪驹父书》中说：“东坡文章妙天下，其短处在好骂，切忽袭其轨也。”了解苏门关系的这一特点，就会觉得他们间的相互批评是正常现象，否则就会给人以争名的口实。

苏轼是一个风趣幽默，喜欢戏谑的人物，爱同老朋友开玩笑。有时玩笑开得过分，甚至伤了和气。王辟之《渑水燕谈录·谈谑》载，“（刘）贡父晚苦风疾，鬓眉皆落，鼻梁且断。一日，与子瞻数人小酌，各引古人语相戏，子瞻戏贡父云：‘大风起兮眉飞扬，安得壮士兮守鼻梁。’座中大噱。贡父恨怅不已。”前引苏轼关于黄庭坚笔下的渔父“太澜浪”，“鲁直乃欲平地起风波”等事，也属戏谑之词。又如，苏轼《龟山》诗有“身行万里半天下，僧卧一庵初白头”句，黄庭坚认为“初白头”当为“初日头”，意谓“此僧负暄于初日耳”。张耒不以为然，黄说：“岂有用‘白’对‘一’乎?”张耒后来问苏轼，苏轼说：“若是黄九要改作‘日头’，也不奈他何!”（张耒《明道杂志》）黄庭坚斤斤于句律，故坚持认为“初白头”当为“初日头”，这大概就是后来所谓黄讥苏诗“不入律”的缘起之一吧！但改为“初日头”，却兴味索然，而入律又是作诗的起码要求，故苏轼说奈何他不得，显然也是开玩笑。再如，曾敏行《独醒杂志》卷三载：“东坡尝与山谷论书，东坡曰：‘鲁直近字虽清劲，而笔势有时太瘦，几如树梢挂蛇。’山谷曰：‘公之字固不敢轻议，然间觉褊浅，亦甚似石压蛤蟆。’二公大笑，以为深中其病。”不知苏黄性格者，又会以为这是在“相互讥诮”，但他们却虚怀若谷，各自“以为深中其病”。

苏轼与其门人之间既多戏谑与批评，为什么仅仅产生了苏黄争名说，而没有产生苏陈、苏秦、苏晁争名说呢？这是因为陈、晁、秦在文坛的地位还不足以与苏轼争名，只有黄庭坚的声名足以附会成苏黄争名说。周行己《寄鲁直学士》云："当今文伯眉阳苏，新词的皪垂明珠，我公江南独继步，名誉籍甚传清都。""江南独继步""传清都"等语，说明黄还未到京任职，这首诗可能作于元丰末年，黄庭坚在苏轼门人中已取得"独继步"的地位。晁补之《题黄鲁直新柑帖》云："元祐末，有苏黄之称。"李公择从孙、名列江西诗派的李彭在《上黄太史鲁直》中甚至说："扈圣当元祐，雄名独擅场。"这个"独"字把苏轼也排斥在外了，仿佛黄庭坚独自成了元祐诗坛的领袖。这虽然不完全符合实际，但至少反映了"元祐体"中宗黄一派即后来的江西诗派的看法。陈师道虽被称为苏门六君子之一，但他却学诗于黄而不学苏："仆于诗初无法，然少好之，老而不厌，数以千计。及一见黄豫章，尽焚其稿而学焉。"（《答秦观书》）另一苏门弟子秦少章亦"句法本黄子"（苏轼《次韵范淳父送秦少章》）。"柳展如，东坡甥也，不问道于东坡，而问道于山谷。"（葛立方《韵语阳秋》卷一二）可见在苏轼的门生亲友中，有一部分人实际是黄庭坚的弟子，在他们的心目中，当然是山谷"最擅场"了。还有一点值得注意，即苏黄互评诗词书画，互相戏谑的记载，虽累见于同时代人的诗话、笔记，但所谓苏黄争名、相互讥诮之说却出现在苏黄死后。这显然与江西诗派的形成有关。在苏黄死后，"师坡者萃于浙右，师谷者萃于江右"，"故后之学者因生分别"（吴坰《五总志》）。特别是在吕本中作《江西宗派图》，称"自古以来语文章之妙"，"唯东坡一人"；"极风雅之变"，"唯山谷一人"（《童蒙诗训》）以后，所谓"自宋兴以来，（黄庭坚）一人而已"（《苕溪渔隐丛话》后集卷三二）的扬黄抑苏之论，逐渐甚嚣尘上。"以世俗之口量前人之心"（李治《敬斋古今注》卷八）者，遂把苏黄间的切磋和戏谑，逐渐附会为相互讥诮和争名了。

（原载江西人民出版社 1989 年版《黄庭坚研究论文集》）

姑溪居士的词论与词作

李之仪，字端叔，号姑溪居士，苏轼门人之一，著有《姑溪居士前集》五十卷、《后集》二十卷，凡七十卷。《四库全书总目·姑溪词提要》云："之仪以尺牍擅名，而其词亦工，小令尤清婉峭蒨，殆不减秦观。"但论秦观词的文章很多，而《姑溪词》却很少有人问津。《宋史·李之仪传》仅一百一十二字，又无行状、墓志传世，有关他的小传既言之不详，又错误时出，故本文想对他的生平事迹、词论、词作略作论述，以就教于方家。

一

关于李之仪的籍贯，《四库全书总目·姑溪居士文集提要》云："之仪字端叔，《宋史》称沧州无棣人，而吴芾作前集序乃曰景城人。考《元丰九域志》，熙宁六年省景城入乐寿，则当为乐寿人。史殆因沧州景城郡横海军节度，治平元年尝由清池徙治无棣，遂误以景城为无棣也。"吴芾《姑溪集序》作于乾道三年丁亥（1167），距李之仪去世仅四十年左右，故《四库全书》编者以吴芾所说"景城（今河北交河东北）人"为是，而以《宋史》所说"沧州无棣（今山东无棣）人"为非。但吴芾所说却与李之仪自己所说及李之仪同时代人所说相矛盾。李之仪《妻胡氏文柔墓志铭》（《姑溪居士文集》卷五〇。下引此书仅注卷次）云："李氏占数沧州无棣，后徙楚州山阳（今江苏淮安），今得卜于太平州当涂县（今安徽当涂）藏云山之致雨峰下。"卷五《李氏归葬记》叙述尤详，谓李氏世葬沧州无棣，从祖父起才居楚州，即卜以葬，父母亦葬楚州，在他贬居当涂以后，才迁先人、先妣之丧于当涂。沈括为李之仪母所作的《长寿县君田氏墓志铭》（《长兴集》卷二九）亦云："夫人姓田氏……得沧州无棣李君讳颀以归。后君仕至太常少卿，而封夫人长寿县君。

始太常之家已去无棣而居楚。”从张耒《送李端叔赴定州序》(《张右史文集》卷五一)可知，李之仪少年时代实居楚州。无论李之仪还是李的同时代人，均未说过他家曾居景城，吴芾之说不知有何根据。

李之仪的生年各书皆不详。其《上宰执手简》(卷二〇)谓“壬午岁”即崇宁元年(1102)，他被召入京，“未儿自以罪去(指贬官当涂)，流落江上十五六年”，信中又说他现年已“六十有八”。自崇宁元年下推十五六年，则此信当作于政和六年(1116)或七年(1117)，上溯六十八年，则当生于庆历七年(1047)或八年(1048)。《寄耀州毕九》(《后集》卷三)云：“我初与子未束发，长我一岁今皆翁。”耀州毕九即毕仲游，陈括《西台毕仲游墓志铭》(《永乐大典》卷二〇二〇五)云：“改秘阁校理、知虢州。未行，改耀州。”毕仲游生于庆历七年，毕长李一岁，证明李之仪当生于庆历八年。《妻胡氏文柔墓志铭》谓胡氏卒于崇宁四年(1105)，“享年五十八”。自崇宁四年上溯五十八年，胡氏亦生于庆历八年。旧时的原配夫人虽不必同年，但年龄不会相差太远，可作为以上推断的佐证。

各书皆谓李之仪为元丰进士，但《东都事略·李之仪传》仅言其“少力学，举进士”，未言在何年。《宋史》本传则说：“登第几三十年，乃从苏轼于定州幕府。”这与李之仪《与赵仲强兄弟手简》(卷二五)所说是一致的：“流落何堪，几三十年，为河间宾客矣。”苏轼知定州在元祐八年(1093)九月。元丰二年、五年、八年都曾举行进士考试，即使李之仪于元丰二年(1079)登第，至元祐八年也才十五年，何来“几三十年”?自元祐八年上溯三十年为嘉祐七年，“几”者，不足是也，则李登第当在治平二年(1065)或四年(1067)，而以治平四年的可能性为大，当时李二十岁。

李之仪《跋沈睿达帖》(卷四一)说：“予官四明(今浙江宁波)，与睿达为僚时，才二十余。”“二十余”，在熙宁年间，这也证明元丰举进士之说不可信。集中有《任河中府万全县令谢太守举启》(卷十三)、《任河中府万全县令转宣德郎谢漕使启》(卷一四)，沈括《长寿县君田氏墓志铭》谓田氏卒于元丰二年七月，“一男子，河中府万全县令、编定删次官之仪”，可见他任万全县(今河北万全)在元丰初。《权知开封府开封县回章丞启》(卷十四)云：

“士论推称，久钦雅望，官途南北，未规清标。方嗟会遇之难，遽有参承之便。”南指官四明，北指为万全县令，参承之便指知开封县，时间当在母丧期满之后。《续资治通鉴长编》卷三四一载，元丰六年十二月，杨景略奏辟李之仪使高丽。李之仪作《折可适墓志铭》（《后集》卷二〇）有“元丰中，之仪在鄜延幕府”。苏轼《次韵答李端叔》（《苏轼诗集》卷二六）云：“已入西羌度沙碛，又从东海看涛山。”可见他在元丰中还曾从军西北，出使高丽。

元祐中，李之仪为枢密院编修官（见《东都事略·李之仪传》），与苏轼兄弟游。苏轼于熙宁末已闻之仪之名，贬官黄州期间已有书信往还（见《苏轼文集》卷四九《答李端叔书》），元祐初才相会于京师。张耒《送李端叔赴定州序》云：“元祐八年，苏先生守定武（今河北定县），士愿行者半朝廷，然皆不敢有请于先生。而苏先生一日言于朝，请以端叔佐幕府。”但时间仅半年，次年四月，苏轼“谪去，宾客皆分散”（卷三八《跋戚氏》）。

绍圣年间，李之仪被命通制原州（今甘肃镇原），再次来到西北边地。他在原州所作的《读东坡诗》（《后集》卷八）云：“边州守御谢沉机，独喜身闲是道师。狱吏难堪非素料，病怀无计复何辞！空惭南郡三家学，赖有东坡一集诗。永日风埃惟惬睡，到头不比在家时。”苏轼死后，他在《观东坡集》（卷五）中追忆说：“今朝又读《东坡集》，记得原州鞠狱时。千首高吟赓欲遍，几多强韵压无遗。”可见他在原州的心情很不愉快，靠读《东坡集》和东坡诗度日。据《续资治通鉴长编》卷四九一载，李之仪于绍圣四年（1097）九月罢原州任。“元符中，监内香药库。御史石豫言其尝从苏轼辟，不可以任京官，诏勒停。”（《宋史》本传）据《续资治通鉴长编》卷五一一载，“诏勒停”在元符二年（1099）六月，这是他第一次贬黜。

元符三年（1100），哲宗去世，徽宗继位，李之仪官许州（今河南许昌），时范纯仁、苏辙亦遇赦北归，居许昌，故苏轼北归途中所作《答李端叔书》（《苏轼文集》卷五二）有“儿侄辈在治下”语。建中靖国元年（1101），范纯仁死，李之仪代草《遗表》，并作《范忠宣公行状》。崇宁元年（1102），奉召入京，被命提举河东常平。但不久即坐为范纯仁代草《遗表》及作《行状》，而被编管太平州，遂居当涂。当涂有姑熟溪，故自号姑溪居士，或姑溪老农。

这是他第二次贬官。

编管当涂的第五年，即大观元年（1107），遇大赦，复废官，李之仪亦在复官之列。大观四年（1110）作《李氏归葬记》，自署“朝奉大夫、管勾成都尉李之仪”。管勾成都尉，疑为管勾成都玉居观之误。复官后，他曾移居金陵（今江苏南京），但很快又回当涂：“之仪得罪居太平州，既许自便，北归道金陵，爱其江山胜丽，遂有卜葬之意。凡距城百里内外，求之殆遍而不可得。邂逅复过太平，得此地为葬，盖当涂县归乡尊宿社藏云山之致雨峰下也。”（《李氏归葬记》）

政和三年（1113），李之仪第三次贬官。《宋会要辑稿》职官六八之二九载，是年“九月二十六日管勾成都府玉局观李之仪除名勒停”，原因是“淮东提刑司勘到之仪与杨姝逾滥，及信凭杨姝男为己子，增岁乞补”。杨姝为当涂歌妓，李之仪的不少诗词皆为她而作。他到当涂第三年，其妻胡氏即病逝，杨姝成了他实际上的妻子，为他生有一男二女。后为郭祥正告发，而被除名勒停。

政和六年（1116）十一月，徽宗祀昊天上帝于圜丘，赦天下，李之仪再次复官，再领成都玉局观。前引《上宰执手简》所谓“流落江上十五六年”，即作于此后不久。李之仪《再领玉局》诗（卷四）有“白玉无瑕晚更真”，“不随凡劣易淄磷”，是对迫害者的回答。

政和六年以后，李之仪的情况就不清楚了。《宋史》本传谓“编管太平，遂居姑熟，久之，徙唐州，终朝请大夫”。这是不可信的。如前所述，李之仪通判唐州在编管太平之前，此时他已年近七十，不可能再到西北边地。《东都事略》和《姑溪集序》的作者均为南宋人，都说他“废锢终身”。编管太平之后，虽经过复官，除名，再复官，但都是闲职。重和元年戊戌（1118），他已七十一岁，所作《祥瑛上人字序》，仍署“姑溪老农”，显然是在当涂终老的。一说他卒年八十余，则当卒于南宋初年。

二

北宋论词之作甚少，夏承焘先生把李清照的《词论》，断为“宋人最早的一篇论词的文字”。其实生年比李清照早三十六年的李之仪已有不少论词文字，如《跋戚氏》（卷三八）、《跋山谷二词》（卷三九）、《跋吴思道小词》、《跋小重山词》、《再跋小重山词》、《跋贺方回词》、《跋凌歊引后》（卷四〇）、《书乐府长短句后》（《后集》卷一五）等等。特别是《跋吴思道小词》，其重要性并不亚于李清照的《词论》，却似乎从未受到李清照《词论》那样的重视。有鉴于此，特全录于下，并把它同李清照的《词论》略作比较：

长短句于遣词中，最为难工，自有一种风格，稍不如格，便觉龃龉。唐人但用诗句，而用和声抑扬以就之，若今之歌《阳关词》是也。至唐末，遂因其声之长短句，而以意填之，始一变以成音律。大抵以《花间集》中所载为宗，然多小阕。至柳耆卿，始铺叙展衍，备足无余，形容盛明，千载如逢当日，较之《花间》所集，韵终不胜，由是知其为难能也。张子野独矫拂而振起之，虽刻意追逐，要是才不足而情有余。良可佳者，晏元献、欧阳文忠、宋景文，则以其余力游戏，凡风流闲雅，超出意表，又非其类也。谛味研究，字字皆有据，而其妙见于卒章，语尽而意不尽，意尽而情不尽，岂平平可得仿佛哉！思道覃思精诣，专以《花间》所集为准，其自得之处，未易咫尺可论。苟辅之以晏、欧阳、宋，而取舍于张、柳，其进也，将不可得而御也。

这里提出了一系列词的理论问题：第一，词“自有一种风格”。这里所说的风格与我们今天所说的风格，含义不尽相同。它既指词的风貌、风韵与诗不同，即李清照所说的“词别是一家”，又指词的格律要求与诗不同，即李清照所说的“诗分平仄，而歌词分五音，又分五声，又分六律，又分清浊轻重”。李之仪所说“稍不如格，便成龃龉”的“格”，即李清照所说的平仄、五音、五声、六律、清浊、轻重，只是他没有展开，不像李清照讲得这样具体罢了。

第二，作词难于作诗，“长短句于遣词中，最为难工”，柳永词“较之《花间》所集，韵终不胜，由是知其为难能也”。李清照的《词论》，没有明确提到这点，但含有这一意思，她几乎对所有词人都不满意就是明证。宋沈义父《乐府指迷》云：“词之作难于诗，盖音律欲其协，不协则成长短之诗；下字欲其雅，不雅则近乎缠令之体；用字不可太露，露则直实，而无深长之味；发意不可太高，高则狂怪而失柔婉之意。思此，则知所以为难。”这是很有名的一段话，进一步阐明了词难于诗的原因，但论点和主要论据，李之仪早就提出了。

第三，阐明了词的形成和演变：“唐人但以诗句，而用和声抑扬以就之，若今之歌《阳关词》是也。至唐末，遂因其声之长短句，而以意填之，始一变以成音律。”唐人是以声就诗，唐末以后，才因声填词，因声之长短定句之长短，而以意填词。《跋凌歊引后》（卷四〇）亦云：“凌歊台表见江左，异时词人墨客，形容藻绘，多发于诗句；而乐府之传，则未闻焉。一日，会稽贺方回登而赋之，借金人捧露盘以寄其声（指贺铸《凌歊·铜人捧露盘引》）。于是昔之形容藻绘者，奄奄如九泉下人矣。至其必待到而后知者，皆因语以会其境，缘声以同其感，亦非深造而自得者，不足以击节。”这里是就一首词说的，但意思与《跋吴思道小词》完全相通。“因语以会其境，缘声以同其感”，就是因声填词以写境抒慨。唐人以声就诗，唐末以后因声填词，这也成了后代词论家的定论，明确提出这一观点的就是李之仪，而李清照的《词论》没有涉及这一问题。

第四，论词以《花间集》为宗，而又主张兼取诸家之长。如果说唐末“大抵以《花间集》中所载为宗”，还只是在客观叙述词史事实，那么，他把柳永词与花间词作比较，认为柳词“韵终不胜”，显然是在以花间词作为标准。《花间集》“多小阕”，《姑溪词》亦多小阕，他显然在小令上下过很大工夫。

吴可字思道，金陵（今江苏南京）人，宣和、政和年间曾官于秘阁，寓京累年，后南归，与李之仪往来甚密，著有《藏海居士集》《藏海诗话》。他的词“覃思精诣，专以《花间》所集为准。”李之仪在《跋吴思道小词》中婉言讽喻道：“苟辅之以晏、欧阳、宋，而取舍于张、柳，其进也，将不可得而御也。”这说明他并不完全赞成“专以《花间》所集为准”，而主张兼取各家之长。这就可以解释他虽推崇《花间集》，但他的《姑溪词》却与《花间集》的浓艳柔靡不同，而以“清婉峭蒨”为特征。李清照的《词论》没有论及花间词，也没有兼取晏、欧、张、柳的意思。

第五，评论诸家词的得失。与李清照的《词论》比较，两人均论及的是柳永、张先、宋祁、晏殊、欧阳修，李之仪论及而李清照未及的是《花间集》、吴可；李清照论及而李之仪未及的是李氏君臣、沈唐、元绛、晁次膺、苏轼、王安石、曾巩、晏几道、贺铸、秦观、黄庭坚（苏、贺、秦、黄词，李之仪在其他文章中曾论及）。由此可见，李清照评及的词人比李之仪广泛得多。柳永，李清照说他“变旧声作新声，出《乐章集》，大得声称于世，虽协音律，而辞语尘下”。李之仪虽认为柳永词的韵味不如《花间集》，但也指出了他的两大特点：“铺叙展衍，备足无余”；“形容盛明，千载如逢当日”。前一点是就柳词的艺术创新而言，后一点是就柳词的内容开拓而言。李清照认为张先、宋祁“虽时时有妙语，而破碎何足名家”；而晏殊、欧阳修与苏轼一样，虽“学际天人”，而词“皆句读不葺之诗尔，又往往不协音律”。李之仪对张先却给予了较高的评价，认为他“才不足”，却“情有余”，在当时的词坛上起了“矫拂而振起之”的作用。而把宋祁与晏殊、欧阳修放在一起，给予了更高的评价。这段评价很值得注意。首先，晏、欧、宋皆朝廷大臣，他们并未致力于词，只不过是以其“余力”“游戏”于词而已。李之仪论文，力主“寓趣”，他曾引欧阳修的话：“笔砚，我辈假以寓其趣”（卷一五《欧阳文忠公别集后序》），他推王羲之的《兰亭序》为书中第一，“然而能致此者，特心手两忘，初未尝经意……直以神遇而不以力致也。自非出于一时乘兴，淋漓醉笑间，亦不复能尔”（卷三八《又跋东坡兰皋园记》）。他最欣赏的创作方式是苏轼作《戚氏》词的方式：“方从容醉笑间，多令官妓随意歌于坐侧，各因其谱，即席赋咏”（卷三八《跋戚氏》）。晏、欧、宋的词也是这样以“余力游戏”而成，是淋漓醉笑间的乘兴之作，是神遇而非力致的寓趣之作。其次，李之仪又说，晏、欧、宋之词“风流闲雅，超出意表，又非其类也”。“非其类”是指与柳永、张先之词不同类。柳永一生潦倒，出入于歌楼舞馆，其词工于铺叙羁旅行役、城市繁华和歌妓生活。张先一生也沉沦下僚，晚年优游江湖，以渔钓为乐，其词清新明丽，善于描写景物，如“柳径无人，堕风絮无影”之类。这与身居高位，风流闲雅，“一曲新词酒一杯”的晏、欧、宋，确实是大异其趣的。复次，黄庭坚论诗主张字字有来历，讲究点铁成金，颇受后人非议。欣赏立马可待、一挥而就的李之仪，不仅主张作诗要“字字要有来处”，甚至主张作词也要“字字皆有据”。谈谈他这方面的论述，也许有助于消除对黄庭坚的误解。他在《杂题跋》（《后集》卷一五）中说：“作诗字字要有来处。……若无来处，即谓乱道可也。王舒王（王安石）解字云：‘诗从言从寺，寺者法度之所在也。’”可见他主张“字字要有来处”就是要讲究“法度”，防止“乱道”。他在《跋荆公所书药方后》（卷四一）中说：“作字为文，初必谨于时，造语须有所出，行笔须有所自，往往涉前人辙迹，则为可喜。久之，语以不蹈袭为工，字则纵横皆中法度。”原来，强调“涉前人辙迹”，只是为了学步，而最终境界则是“语以不蹈袭为工”，纵横自如，皆中法度。他所说晏、欧、宋词“字字皆有据”，也就是说他们的词皆中法度。法度，即跋语开头所说的“格”，“格”之一就是结尾：“其妙见于卒章，语尽而意不尽，意尽而情不尽。”沈义父谓“最紧是末句，须是有一好出场方妙”（《乐府指迷》）；张砥中谓“后结如众流归海，要收得尽，回环通首源流，有尽而不尽之意”（《古今词论》），都是李之仪这一观点的发挥。

特别值得注意的是，这篇堪称词史的《跋吴思道小词》竟无只字论及他最崇拜的苏轼。对苏诗，他是“千首高吟赓欲遍，几多强韵押无遗”。在徽宗禁毁苏文时，他向友人大力推荐苏文：“窃闻平居专以欧阳永叔、王介甫之文，备肘后之索。甚矣，二人之文乃一时之宗也。长江秋霁，千里一道，滔滔滚滚，到海无穷，其如风雷雨雹之骤作，崩腾汹涌之掀击，暂形忽状，出没先后，耸一时之壮气，极天地之变化，则吾东坡老人未可以轻议。虽时所禁，要亦不得而舍。”（卷一六《答人求所为诗文书》）但他对苏词，不仅在这篇跋语中，就是在其他文章中也未作过评论。《跋戚氏》主要赞美苏轼才思敏捷，也未论及苏词的得失。李之仪论词，推崇《花间》，强调词格，强调长短句“自有一种风格”，看来他对苏轼以诗为词是不以为然的。

李清照的《词论》因未曾论及南宋词人，一般认为属于她的前期作品，作于北宋末。李之仪与吴可的交往也主要在北宋末年（卷三六《吴思道藏海斋记》作于政和五年，即1115年）。这一老一少、一男一女，同在北宋末年分别提出了长短句“自有一种风格”“词别是一家”的论点，颇能说明当时词坛的倾向。

三

《姑溪居士前集》《后集》都是诗词文合集，《前集》收词三卷，《后集》收词五首。陈振孙《直斋书录解题》除著录前后集外，还著录有《姑溪词》一卷。可见从南宋起，《姑溪词》就从集中抽出单行。《姑溪词》现存最早刻本为明毛晋汲古阁本，《四库全书》即据此本收入。唐圭璋《全宋词·李之仪词》，据陆贻典校补汲古阁本收入，所收词与前后集中所收词完全相同，共四十五调，九十四首。综观《姑溪词》，具有以下特色：

（一）词多次韵，并录原作。在现存九十四首词中，次韵、和韵、因韵、用某人韵、借某人韵等就多达二十六首，占四分之一强。卷四七所收和陈莹中、贺方回、黄庭坚的词，皆先录原词。《四库全书总目·姑溪词提要》云：“其和陈瓘、贺铸、黄庭坚诸词，皆列原作于前，而己词居后，唱和并载。盖即谢朓集中附载王融诗例，使赠答之情彼此相应，足以见措词运意之故，较他集体例为善。”清吴衡照《莲子居词话》卷一对其缘例讲得更具体，谓“谢集附王融、沈约、虞炎、柳恽诗，杜集附李邕、贾至、严武、高适、韦迢诗。李之仪《姑溪词》和陈瓘、贺铸、黄庭坚等作，并录原词，盖用此例。”唱和并载的好处就在于“赠答之情彼此相应，足以见措词运意之故”。如和黄庭坚的《好事近》，词牌下题《与黄鲁直于当涂花园石洞听杨姝弹履霜操，鲁直有词，因次韵》。题后录鲁直原词：

一弄醒心弦，情在两山斜叠。弹到古人愁处，有真珠承睫。　　使君来去本无心，休泪界红颊。自恨老来憎酒，负十分蕉叶。

然后才是李之仪的次韵：

相见两无言，愁恨又还千叠。别有恼人深处，在懵腾双睫。　　七弦虽妙不须弹，惟愿醉香颊。只愁近来情绪，似风前秋叶。

结合黄、李事迹，并读这两首词，原委就清楚了。崇宁元年（1102），黄庭坚经过长期远谪后，被命知太平州（当涂），到官七日而罢，又数日而去。李之仪因代范纯仁起草《遗表》，亦于崇宁元年编管太平州，两人“近来情绪”都很不好。当涂歌妓杨姝在花园石洞为他们弹《履霜操》，弹得很动情：“弹到古人愁处，有真珠承睫”，“别有恼人深处，在懵腾双睫”。从“使君来去本无心”可知，黄庭坚时已罢任，很可能是为黄饯行而聚。李之仪编管太平州，心情更坏，更愿借歌女消愁：“七弦虽妙不须弹，惟愿醉香颊。”联系两人的遭遇并读这两首词，他们的“近来情绪”均跃然纸上，对其“措词运意之故”会理解得更深刻。

（二）铺叙展衍，长调近柳。长调在《姑溪词》中很少，仅《水龙吟》《满庭芳》《玉蝴蝶》等数阕。其《满庭芳·有碾龙团为供求诗者，作长短句报之》云：

花陌千条，珠帘十里，梦中还是扬州。月斜河汉，曾记醉歌楼。谁赋红绫小研，因飞絮、天与风流。春常在，仙源路隔，空自泛渔舟。　新秋。初雨过，龙团细碾，雪乳浮瓯。问殷勤何处，特地相留。应念长门赋罢，消渴甚、无物堪酬。情无尽，金扉玉牓，何日许重游。

《本事词》卷上谓“姑溪有旧欢寄龙团而乞词，因赋《满庭芳》以答之”。从词的内容看，确实是一首答“旧欢”之作。“春风十里扬州路，卷上珠帘总不如”；“十年一觉扬州梦，赢得青楼薄幸名”，词一开头就隐括杜牧《赠别》《遣怀》诗中的名句，表明自己连梦中都时时记起这位寄龙团的青楼旧人。“月斜”四句，补足“梦中还是扬州”，进一步写当年歌楼醉酒，研绫赋诗的风流盛况。末三句写“仙源路隔”，再也见不到“旧欢”了，“空自泛渔舟”的“空自”二字，抒发了无限的惆怅之情。下阕前六句写“旧欢”寄来龙团，并问他滞留何处，表现了“旧欢”对他的深情、关切。“应念”以下是他的回答，他像司马相如赋罢《长门赋》，消渴疾越来越重，境况越来越糟，竟没有什么值得回报。他唯一希望的是重睹“金扉玉牓”，再游歌楼。而以问句作结，表明他自己也不能主宰自己，“情无尽”，重游也遥遥无期，这就叫“意尽而情不尽”。另一首《满庭芳》写中秋怀“旧欢”，上阕写中秋月明而情怀黯淡：“一到江南，三逢此夜，举头羞见婵娟。黯然怀抱，特地遣谁宽？分外清光泼眼，迷滉漾、无计拘拦。天如洗，星河尽掩，全胜异时看。”下阕是对“佳人”的怀念：“佳人，还忆否，年时此际，相见方难。漫红绫偷寄，孤被添寒。何事佳期再睹，翻怅望、重叠关山。归来呵，休教独自，肠断对团圆。”《玉蝴蝶》上阕写将登黄山而为风雨所阻，下阕写对友人的怀念：“别来几日，信沉鱼鸟，情满关山。”《水龙吟》写中秋夜的歌舞：“玉琯传声，羽衣催舞”，“瑶觞更劝，莺娇燕姹”。总之，《姑溪词》中的长调确如柳永词那样，铺叙展衍，情致缠绵。

（三）清婉峭蒨，短调近秦。冯煦《蒿庵论词》云：“《姑溪词》长调近柳，短调近秦，而均有未至。”这是大体公允的，既指出了李之仪词的创作倾向，又较有分寸地评价了李之仪词的创作成就。《四库全书总目·姑溪词提要》谓其“清婉峭蒨，殆不减秦观”。清婉峭蒨是实，不减秦观的评价似略高，因为他毕竟没有秦观那样多的脍炙人口的名篇。《姑溪词》长调甚少，绝大部分是中调和小令，词的内容也如《花间集》一样，以言情为主。李之仪是一位情种，他在贵州幕府曾爱上营妓董九。苏轼《立春日小集，戏李端叔》（《苏轼诗集》卷三七）末云：“须烦李居士，重说后三三。”顾禧注：“用‘后三三’语，读者往往不知所谓。盖端叔在定武幕中，特悦营妓董九者，故用九数以为戏尔。”前已提及，他刚到当涂，就爱上歌妓杨姝，作《好事近》词表示“惟愿醉香频”。此外还有《清平乐·听杨姝琴》：“殷勤仙友，劝我千钟酒。一曲《履霜》谁与奏，邂逅麻姑妙手”；《浣溪沙·为杨姝作》：“道骨仙风云外侣，烟环雾鬓月边人，何妨沉醉到黄昏”。他对杨姝确实是一往情深，后来为她除名勒停也毫不后悔，正如《本事曲》卷上所说：“想此老亦不能忘情是姬也。”《千秋岁》抒发别情，也是一首较好的言情词：

柔肠寸折，解袂留清血。蓝桥动是经年别。掩门春絮乱，欹枕秋蛩咽。檀篆灭。鸳衾半拥空床月。　　妆镜分来缺。尘污菱花洁。嘶骑远，鸣机歇。密封书锦字，巧绾香囊结。芳信绝。东风半落梅梢雪。

由于经年别，痛断柔肠，满袖都是血泪。从春到秋，通宵不得安眠。醒来也无心打扮，妆镜尘封。更无心做事，自他骑马去后，织机也就停歇。整天为他写信结香囊，却杳无回音。结句“东风半落梅梢雪”，粗看似与全词无关，实际是以梅花凋落感叹春光易逝，年华易老，点明了主旨。沈义父云：“结句需要放开，含有余不尽之意，以景结尾最好。”（《乐府指迷》）此词结句正符合这一要求。从以上所举不难看出，他的词虽以言情为主，他虽推崇《花间集》，但却不像花间词那样浓艳，确实以“清婉峭蒨”为特征，格调较高。他的一些言情词还渗透着仕途失意的身世之感，如《江神子》：

今宵莫惜醉颜红。十分中。且从容。须信欢情，回首似旋风。流落天涯头白也，难得是，再相逢。　　十年南北感征鸿。恨应同。苦重重。休把愁怀，容易便书空。只有琴樽堪寄老，除此外，尽蒿蓬。

欢情易逝，相逢难再，事业无成，只有寄情声酒。又如《减字木兰花》：“几回枕上，那件不曾留梦想？变尽星星，一滴秋霖是一茎。”一滴秋雨，就添一茎星星白发。这些词的情调确实较低沉，但对于一位前三十年为河间幕客，后三十年谪居江湖的人来说，是不足多责的。

（四）写景咏物，神态毕现。《姑溪词》还以景物描写见长，如写残春的《谢池春》：“残寒销尽，疏雨过、清明后。花径敛余红，风沼萦新皱。乳燕穿庭户，飞絮沾襟袖。正佳时，仍晚昼。著人滋味，真个浓如酒”；写夏日的《南乡子》：“绿水满池塘。点水蜻蜓避燕忙。杏子压枝黄半熟，邻墙。风送荷花几阵香。　　角簟衬牙床。汗透鲛绡画影长。点滴芭蕉疏雨过，微凉。画角悠悠送夕阳”；写秋景的《千秋岁》：“露乍冷，寒将报。绿香摧渚芰，黄蜜攒庭草。人未老，蓝桥漫促霜砧捣”；写冬雪的《蓦山溪》：“山不见，水如山，浑在冰壶里”；“晚来寒甚，密雪穿庭户。如在广寒宫，惊满目、瑶林琼树”。以余红、飞絮点残春，以蜻蜓、风荷、芭蕉点夏景，以芰摧、砧捣点秋日，以冰壶、瑶林琼树状雪景，都颇善于把握时令特色。李之仪还有一些咏物词，如咏梅的《早梅芳》：“嫩苞匀点缀，绿萼轻裁剪。隐深心，未许清香散”“天然标韵，不与群花斗深浅。夕阳波似动，曲水风犹懒。最消魂，弄影无人见”；咏橘的《清平乐》：“西江霜后，万点暄晴昼。璀璨寄来光欲溜，正值文君病酒”；咏瑞香花的《雨中花令》：“点缀叶间如绣。开傍小春时候。莫把幽兰容易比，都占尽、人间秀”。他的咏物词很少着意刻画物态，往往轻轻一抹，如以清香隐深心写早梅，以万点璀璨光欲溜形容橘，以点缀叶间如绣喻瑞香花，所咏之物即神态毕现。并非专写景物，而是借景物以加强抒情色彩，这类描写就更多了，如“搅回砀、蛩吟似织，留恨意、月彩如摊。惨无欢。篆烟萦素，空转雕盘”（《玉蝴蝶》）；“水容山态两相饶。草平天一色，风暖燕双高”（《临江仙》）；“风花飞有态，烟絮堕无痕”（《临江仙》）等等。

（五）质朴淡雅，颇似民歌。《姑溪词》的语言以质朴淡雅为特征，看似未经修饰，却表现出很多的情致，如“不见又思量，见了还依旧。为问频相见，何似长相守”（《谢池春》）；“踏月归来人已静，恍疑身在蓬莱顶”（《蝶恋花》）；“多情唯有面前山，不随流水来还去”（《踏莎行》）；“远雁不传家信，空能嘹唳云间”（《朝中措》）。特别值得一提的是他那篇备受称颂的《卜算子》：

我住长江头，君住长江尾。日日思君不见君，共饮长江水。　此水几时休，此恨何时已？只愿君心似我心，定不负相思意。

这完全是一种民歌体，以质朴的语言，往复的句式，抒发出真挚感人的恋情。李调元盛赞道：“直是姑溪古乐府俊语。《花庵》《中兴词选》不列之南渡诸家（按：李之仪应算北宋词人），而各词选亦未有采入者。信遗珠之恨，千古同然。”（《雨村词话》卷二）

毛晋《姑溪词跋》云：“《姑溪词》多次韵、小令，更长于淡语、景语、情语，如‘鸳衾半拥空床月’，又如‘步懒恰寻床，卧看游丝到地长’，又如‘时时浸手心头熨，受尽无人知处凉’，即置之《片玉》《漱玉》集中，莫能伯仲。至若‘我住长江头’云云，直是古乐府俊语矣。”《四库全书总目·姑溪词提要》认为毛晋所举，“不足尽之仪所长，则之仪之佳处，晋亦未能深知之矣”。《姑溪词》佳处，仁者见仁，智者见智，确实举不胜举。但毛晋所说的五点，即多次韵，多小令，长于淡语、景语、情语，确实是对《姑溪词》特色的简明而又准确的概括。

（原载《文学遗产》1991年第2期）

姑溪居士杂考

李之仪，字端叔，号姑溪居士，著有《姑溪居士文集》五十卷，《后集》二十卷，凡七十卷。他是苏轼门人之一，苏轼有“暂借好诗消永夜，每逢佳处辄参禅”（《夜直玉堂，携李之仪端叔诗百余首，读至夜半，书其后》）之句，谓读其诗，使人顿悟。其词亦工，尤长小令，清婉峭蒨，不减秦观。《宋史》卷三四四“本传”谓其“能为文，尤工尺牍，轼谓入刀笔三昧”。这样一位诗、词、文皆佳的苏轼门人，《宋史》仅有一百一十二字的小传，又无行状、墓志传世，以至有关他的籍贯、家世、生卒年、及第年、仕履，大都语焉不详，本文拟略作考述。

一、籍贯考

《四库全书总目》卷一五五《姑溪居士文集提要》云：“之仪字端叔，《宋史》称沧州无棣（今山东无棣）人。而吴芾作前集序乃曰景城（今河北交河东北）人。考《元丰九域志》，熙宁六年省景城入乐寿（今河北献县西南），则当为乐受人。史殆因沧州景城郡横海军节度，治平九年尝由清池徙治无棣，遂误以景城为无棣也。陈氏《书录解题》据所题郡望，称为赵郡人，益失之矣。”

吴芾《姑溪集序》作于乾道三年丁亥（1167），距李之仪去世仅四十年左右，故《四库全书》编者以吴芾所说为是，《宋史》为非。但吴芾所说却与李之仪自己所说相矛盾。李之仪《李氏归葬记》（卷五〇）云：

李氏世葬沧州无棣。自先祖出仕，从于楚州（今江苏淮安），即卜以葬。至先人捐馆舍，以其地不可以从葬，乃卜于州之西南安乐乡兴口里，先妣殁亦举以附。地近河，复以流凿变更，间为河逼，议迁者久之而未果。之仪得罪，居太平州（今安徽当涂），既许自便，北归道金陵，爱其江山胜丽，遂有卜葬之意。凡距城百里内外，求之殆遍而不可得。邂逅复过太平，得此地为葬，盖当涂县归乡尊宿社藏云山之致雨峰下也。

这里说得很清楚，他的祖籍是沧州无棣，从祖父起迁于楚州，从他这一代起迁于当涂。《妻胡氏文柔墓志铭》（卷五〇）亦云："李氏占数沧州无棣，后徙楚州山阳，今得卜于太平州当涂县。"沈括为李之仪的母亲所作的《长寿县君田氏墓志铭》（《长兴集》卷二九）所说也与此一致："夫人姓田氏……得沧州无隶李君讳颀以归。后君仕致太常少卿，而封夫人长寿县君。始太常之家已去无棣而楚居。"李之仪的少年时代就是在楚州度过的，张耒《送李端叔赴定州序》（《张右史集》卷五一）云："某为儿童，从先人于山阳（即楚州，今淮安）学宫，始见端叔为诸生。某虽未有知，意已相亲。"由此可见，《宋史》谓李之仪为沧州无棣人是正确的，之仪自己和同时代人仅说他家迁居楚州，从未说过曾居景城。

二、家世考

李之仪的先世和后代皆不显。据《李氏归葬记》，他的祖父已出仕，但名字无考。父李颀作过太常博士（胡宿《文恭集》卷一五《李颀可太常博士制》）、台州知州（王珪《华阳集》卷一九有《赐知台州李颀救灾奖谕敕书》），仕至太常少卿（见《长寿县君田氏墓志铭》）。李之仪《妻胡氏文柔墓志铭》（卷五〇）曾谓"先人蹭蹬禄仕，敝裘羸马"，可见仕途并不顺利。母田氏，密州诸城人，幼孤，由祖母抚养成人，适李颀。颀死，随之仪出仕四方，元丰二年（1079）七月卒于京师之仪之寓（见《长寿县君田氏墓志铭》）。

之仪之妻胡氏出身名门。胡氏名淑修，字文柔，常州晋陵（今江苏常州）人。祖胡宿，仁宗朝名臣，官至翰林学士、枢密副使。父胡宗质，历官比部员外郎、大理寺丞。母施氏，宣城施元长之女，元长历官两浙提点刑狱，知洪州。可见胡家内外族皆盛。胡氏是一奇女子，显贵之家求亲，她皆辞，而认为李之仪"可托"。之仪贬当涂，蓬荜萧然，她反安慰之仪说："通塞自有其数。苟不偶于今日，则合眼再开，未必无佳处。”六经、诸史、名家文集及佛藏，她无所不读，能作小诗、歌词及禅颂，尤精数学。以至大科学家沈括偶有疑忘，都常向她请教，并感慨道：“得为男子，吾益友也!”她特别崇拜苏轼，谓“子瞻名重一时，读其书，使人有杀身成仁之志”。苏轼贬官岭南，手自制衣以赠，并说：“我一女子，得是等人知，我复何憾!”（见《妻胡氏文柔墓志铭》）苏轼北归时，在《答李端叔书》（《苏轼文集》卷五二）中，详细介绍了侍妾朝云之死，并说：“最荷夫人垂顾，故详及之。”

李之仪的长子未名而卒。次子尧行为通仕郎，江州军事判官，大观三年（1109）卒。一女，似其母，读书过眼辄诵，为文多魏晋间人语，适余杭虞奕。奕字纯臣，元丰八年进士，崇宁中提点河北刑狱，累迁户部侍郎，徙工部。《妻胡氏文柔墓志铭》仅提到这二子（一已死）一女，而同作于大观四年（1110）的《李氏归葬记》则说是二子（皆在）三女。另一子为尧光，“方四岁”，可知生于大观元年（1107），胡氏崇宁四年（1105）去世，显然非胡氏所生。傅增湘在宣统本《姑溪居士文集·李氏归葬记》上批道：“尧光，即杨姝所生也。”这是大体可信的。另有二女，一方二岁，一方满月，亦当为杨姝所生。之仪死后约四十年，吴芾知当涂，访之仪遗稿，“求于其家，而子孙往往散落，无复遗稿，间得之邦人”，可见之仪后代亦不显于时。

三、生卒年考

李之仪生年，史无明文。其《上宰执手简》（卷二〇）为我们提供了线索：

> 壬午岁，闻被召，自颍昌亟来，获见于国门外舟中。蒙问劳甚眷，矜恻相仍。未几自以罪去，流落江上十五六年。方其来时，一妻、一女、子与其妇、一孙，并身而六，相继哭之。念一身独在，晚才有此儿，实相与为命。而交造者知其如是，遂用以快意。果得其实，固非所辞；而系风捕影，巧为讼端，一堕横逆，又复五年。不惟父子生离，而时以官，年六十有八，豫计当叙之年，则已七十，遂当致仕。

“壬午岁”即崇宁元年（1102）。“以罪去”指代范纯仁草《遗表》而编管当涂。“流落江上十五六年”，则此信当作于政和六年（1116）或七年（1117）。“一堕横逆，又复五年”指贬官当涂的第五年，即大观元年（1107）“赦天下”，“复废官”，李之仪亦在被赦之列；“又”者，其前还曾因苏轼荐举而放罢。政和三年（1113）又以杨姝事除名，政和七年复官，再领玉局，“时以官”即指此。故此信作于政和七年，时年六十八岁。自政和七年上推六十八年，李之仪当生于庆历八年（1048）。

《胡氏文柔墓志铭》谓其妻卒于崇宁四年（1105），“享年五十八”。自崇宁四年上推五十八年，胡氏亦生于庆历八年。旧时原配夫人虽不必同年，但年龄不会相差太远，可作为以上推断的佐证。

李之仪《寄耀州毕九》（《后集》卷三）云：“我初与子未束发，长我一岁今皆翁。间关世故忧愁集，悔不相向但盲聋。”耀州毕九即毕仲游，陈括《西台毕仲游墓志铭》（《永乐大典》卷二〇二〇五）云：“改秘阁校理、知虢州。未行，改耀州。”又云：“宣和三年七月二十八日以疾卒于西京，享年七十五。”自宣和三年（1121）上溯七十五年，毕仲游当生于庆历七年（1047）；毕长李之仪一岁，亦证明李生于庆历八年，此可谓确证。

李之仪的卒年已不可详考，但可肯定卒于建炎元年以后，享年八十或八十余。王明清《挥麈后录》卷六：“李端叔之仪，赵郡人，以才学闻于世。……端叔终朝议大夫，年八十而卒。”自庆历八年（1048）生，下推八十年，当卒于此年。

四、及第年考

《四库全书总目·姑溪居士文集提要》、伍绍棠《姑溪居士集跋》、《宋诗纪事》卷二八以及1984年出版的《中国历史大辞典·宋史卷》等皆说李之仪为元丰进士。《东都事略》卷一一六《李之仪传》仅言其“少力学，举进士”，未言何年。而《宋史》本传则说：“登第几三十年，乃从苏轼于定州幕府。”这与李之仪自己的说法是一致的，他在《与赵仲强兄弟手简》（卷二五）中说：“流落何堪，几三十年，为河间宾客矣。”苏轼知定州的时间，史有明文，这就是元祐八年（1093）九月。元丰二年、五年、八年都曾举行进士考试，即使李之仪元丰二年（1079）举进士，至元祐八年也才十五年，何来“几三十年”？自元祐八年上溯三十年为嘉祐七年（1062）。“几”者，不足是也，则李之仪进士及第当在治平二年（1065）或四年（1067），而以治平四年的可能性为大，时年二十岁。

五、仕履考

由于没有较详尽的传记资料传世，李之仪的仕履已不易勾画清楚。他在《跋沈睿达帖》（卷四一）中说：“予官四明，与睿达为僚时，才二十余。”四明，今浙江宁波；“才二十余”，则当在熙宁年间，这也证明元丰举进士之说不可信。张耒《送李端叔赴定州序》讲到他“儿童”时见李之仪于山阳学宫后说：“后几二十年，端叔罢官四明，道楚，其又获见。”张耒并未说他与李之仪为山阳同学，而说自己还是儿童，很可能尚未入学，才五岁左右。张耒生于至和元年（1054），与李之仪初见当在嘉祐三年（1058）前后。下推二十年则为熙宁十年，“几二十年”，则李之仪罢官四明已在熙宁末。

集中有《任河中府万全县令谢太守举启》（卷一三）、《任河中府万全县令转宣德郎谢漕使启》（卷一四），沈括《长寿县君田氏墓志铭》谓田氏卒于元丰二年七月，“一男子，河中府万全县令、编定删次官之仪。”可见他任万全县令（今河北万全）在元丰初。集中又有《权知开封府开封县回章丞启》（卷一四）云：“士论推称，久钦雅望；官途南北，未觌清标。方嗟会遇之难，遽有参承之便。”“官途南北”，南指官四明，北指为万全县令，“参承之便”指知开封县（今河南开封），当在服完母丧之后。他在《折可适墓志铭》（《后集》卷二〇）中说：“元丰中，之仪在鄜延幕府。”《续资治通鉴长编》卷三四一载，元丰六年十二月，杨景略奏辟李之仪使高丽。苏轼《次韵答李端叔》（《苏轼诗集》卷二六）云：“若人如马（援）亦如班（超），笑履壶头出玉关。已入西羌度沙碛，又从东海看涛山。”“出玉关”“入西羌”指他在鄜延幕府；“履壶头”“东海看涛山”指他出使高丽。苏轼《次韵李端叔谢牛戬鸳鸯竹石图》（《苏轼诗集》卷三七）亦云：“闻君谈西戎，废食忘早晚。王师本不陈，贼垒何足鲜。守边在得士，此语要而简。”这也指他曾入鄜延幕府，故能谈如何御西戎。

元祐中李之仪为枢密院编修官（见《东都事略·李之仪传》），与苏轼兄弟游。元丰中苏轼谪居黄州，有《答李端叔书》（《苏轼文集》卷四九），谓：“闻足下名久矣，又于相识处，往往见所作诗文，虽不多，亦足以仿佛其为人矣。寻常不通书问，怠慢之罪，犹可阔略；及足下斩然在疚，亦不能以一字奉慰；舍弟子由至（元丰三年五月苏辙至黄州看望苏轼），先蒙惠书，又复懒不及答，顽顿废礼，一至于此！而足下终不弃绝，递中再辱手书，待遇亦益隆，览之面热汗下也。”可见他们间的书信往来，元丰初就开始了。但元祐元年（1086），苏轼回到朝廷，他们才相遇，《次韵答李端叔》云：“识君小异千人里，慰我长思十载间。西省邻居时邂逅，相逢有味是偷闲。”如果“十载”是实数，那么苏轼在熙宁末就闻李之仪之名了。西省指枢密院，时李之仪任枢密院编修官；苏轼任起居舍人，属东省，故称“邻居”。张耒《送李端叔赴定州序》云：“元祐八年，苏先生守定武（今河北定县），士愿行者半朝廷，然皆不敢有请于先生。而苏先生一日言于朝，请以端叔佐幕府。苏先生之言，本能进退天下士，故用子如此，然其意可知也。”李之仪在定州的具体职务是管勾安抚使司机宜文字，到定州时间比苏轼略晚，苏轼问他：“子近离京，时事如何?”他回答说“必有所更张”，“（高太后）垂帘听政，八年于此，主上（哲宗）未尝可否一事。……其未尝可否者，盖退托而有所待也”。并劝苏轼说：“今日之事已可知，然而君子消息盈虚，与时偕行，盍居易以俟之?”（《后集》卷一五《仇池翁南浮集序》）后来形势的发展，果不出李之仪所料。他们在定州的生活，李之仪在《跋戚氏》（卷三八）中作了生动的记述：

元祐末，东坡老人自礼部尚书，以端明殿学士加翰林侍读学士，为定州安抚使，开府延辟，多取其气类。故之仪以门生从辟，而蜀人孙子发实相与俱，于是海陵滕兴公、温陵曾仲锡为定倅。五人者每辨色会于公厅，领所事竟，按前所约之地，穷日力尽欢而罢。或夜则以晓角动为期，方从容醉笑间，多令官妓随意歌于坐侧，各因其谱，即席赋韵。一日歌者辄于老人坐侧作

《戚氏》，意将索老人之才于仓卒，以验天下之所向慕者。老人笑而领之，邂逅方论穆天子事，颇摘其虚诞，遂资以应之，随声随写，歌竟篇就，才点定五六字耳。坐中随声击节，终席不间他辞，亦不容别进一语。临分曰："足以为中山（即定州）一时盛事，前固莫能比，而后来者未必能继也。"方图刻石以表之，而谪去，宾客皆分散。

苏轼是元祐八年（1093）十月到定州的，次年四月就远谪岭南，在定州仅半年时间。

苏轼谪岭南后，李之仪被命通判原州（今甘肃镇原），再次来到西北边地。他在原州所作的《读东坡诗》（《后集》卷八）中写道：

边州守御谢沉机，独喜身闲是道师。狱吏难堪非素料，病怀无计复何辞！空惭南郡三家学，赖有东坡一集诗。永日风埃惟惬睡，到头不比在家时。

苏轼死后，他又在《观东坡集》（卷五）中回忆说：

今朝又读《东坡集》，记得原州鞠狱时。千首高吟赓欲遍，几多强韵押无遗。固知才气原无敌，独有心期老不欺。路尽九原无路见，冰雪他日看青枝。

从这两首诗不难看出，他在原州的生活与定州形成鲜明对照。他说他既不懂边州守御之策，又不愿天天鞠狱，于是整天睡大觉，读《东坡集》和东坡诗。

绍圣四年（1097）九月，李之仪罢原州任（见《续资治通鉴长编》卷四九一）。元符元年（1098）为监内香药库使，二年（1099）六月，以苏轼曾荐辟，"为奸臣心腹之党"的罪名放罢（同上卷五一一）。《宋史》本传谓"御史石豫言其尝从苏轼辟，不可以任京官，诏勒停"，即指此。这是李之仪第一次贬官。

元符三年（1100），哲宗去世，徽宗即位，想调和新旧两党矛盾，远谪岭南的元祐大臣陆续北归，范纯仁、苏辙回许州（今河南许昌）居住。时李之仪亦被起用，官许州，苏轼北归途中所作的《答李端叔书》（《苏轼文集》卷五二）“儿侄辈在治下”语可证。李之仪同苏辙一起，力促苏轼归许州，苏轼亦已同意：“某本以囊装罄尽，而子由亦久困无余，故欲就食淮浙。已而深念老境知有几日，不可复作多处。又得子由书及见教语尤切至，已决归许下矣。”（同上）但徽宗调和未成，很快又开始迫害元祐臣僚，苏轼又改变了主意。他在《与子由书》中说：“颇闻北方事，有决不可往颍昌近地居者。……今已决计居常州。”建中靖国元年（1101）范纯仁去世，死前口占《遗表》，李之仪整理成文；死后，李之仪又作洋洋一万五千余言的《范中宣公行状》。崇宁元年（1102），李之仪被召入京，《宋史》本传谓“徽宗初，提举河东常平”，即在此时；但很快因“坐为范纯仁《遗表》，作《行状》，编管太平，遂居姑熟”（今安徽当涂）。李之仪《上宰执手简》谓此事在“壬午岁”（原文见前《生卒年考》），壬午即崇宁元年。但《妻胡氏文柔墓志铭》却说：“崇宁二年，余以撰《故宰相范中宣公行状》，逮系御史狱。”黄庭坚于崇宁元年六月到太平州任，七日而罢，又数日而去，时李之仪已在太平，有《好事近·与黄鲁直于当涂花园石洞听杨姝弹〈履霜操〉，鲁直有词，因次韵》可证，故二年当为元年之误。这是李之仪第二次贬官。这次贬官他表现出临危不屈的精神，吴芾《姑溪集序》云：“《范忠宣公遗奏》极于鲠切，诋斥不顾一时。用事者欲置忠宣之子于理（狱吏），端叔慨然自列，谓实出其手。既而公所为《忠宣行状》复出，由是得罪南迁，废锢终身，曾不少悔。其勇于为义如此！”

李之仪在当涂，“第一年丧子妇；第二年病悴，涉春徂夏，劣然脱死；第三年亡妻，子女相继见舍；第四年初则癣疮被体，已而寒疾为苦”。（卷二一《与祝提举无党手简》）到了第五年，即大观元年（1107），遇大赦，复废官，李之仪亦在复官之列，故《上宰执手简》（卷二〇）有“自罪非横，五年于兹”“自堕横逆，又复五年”之语。他在《又谢仲辉启》（卷一五）中说：“自触骇机，上蒙恩贷，迁之善地，假以余生。方逮系之初，骇闻中外；及既行之后，孰不叹嗟？才辞缧绁之艰，遽览溪山之胜。实畴昔愿到而不可得，岂羁累所在而辄见投？……遂使六年之久，不殊三组（组绶）之官。”前说五年，此说六年，乃虚岁、实岁之别，或写信略有先后而已。但这次复官，只给了一个虚衔，并未实际任职。大观四年作《李氏归葬记》，自署“朝奉大夫、管勾成都尉李之仪”。管勾成都尉，疑为管勾成都玉局观之误（理由详后）。他仅短时间移居金陵（今江苏南京），很快又回当涂居住，往来于两处。他在《送郑颖叔入京序》（卷三五）中说：“予得罪，居太平久之。既道归金陵，乐其江山风物而不能去，因家焉。间以事来太平，久之，遂有生游死葬之意。邂逅贵溪郑君颖叔为州学教授，时得一接语，则魁然若不可得而同，渊然若不可得而测。既徙家焉，乃得屡从之游，而予所舍适在天宁寺侧。”

政和三年（1113），李之仪第三次贬官。《宋会要辑稿》职官六八之二九载，“（政和三年）九月二十六日，管勾成都府玉局观李之仪除名勒停”，原因是“淮东提刊司勘到之仪与杨姝媮滥及信凭杨姝所生男为己子，增岁乞补”。杨姝为当涂歌妓，李之仪初到当涂，曾与黄庭坚在当涂花园石洞中听杨姝弹琴，两人皆有《好事近》词，黄称她“弹到古人愁处，有真珠承睫”；李词亦云：“相见两无言，愁恨又还千叠。别有恼人深处，在懵腾双睫。”除这首《好事近》外，李之仪还有《清平乐·听杨姝琴》，称她为“殷勤仙友，劝我千钟酒。一曲《履霜》谁与奏？邂逅麻姑妙手”；《浣溪沙·为杨姝作》，称其“道骨仙风云外侣，烟鬟雾鬓月边人”。宋人以词言情，诗一般不言儿女之情。李之仪却不同，卷一〇有《和张文潜赠杨姝》，《宋诗纪事》卷二八收有两首《与当涂杨姝》，两首均见于集中，只是标题不同而已。一首为卷一〇的《七绝七首》之三，一首为卷九的《偶书》二首之二：

通中玉冷梦偏长，花影笼阶月侵廊。挽断罗巾留不住，觉来犹有去时香。

他对杨姝确实是一往情深的。宋代官吏蓄妓成风，他同杨姝的关系本不应成为“除名勒停”的理由。他到当涂的第三年其妻胡氏病逝，杨姝成了他实际上的妻子。杨姝所生一男二女实际是他的子女，他以杨姝之子为己子，又何罪之有呢？

政和六年（1116）十一月，徽宗祀昊天上帝于圜丘，赦天下。李之仪遇赦复官，再领成都玉局观。前引《上宰执手简》所谓“流落江上十五六年”，“特以一官，年六十有八”，即作于此后不久。《再领玉局，昔东坡翰林作诗送戴蒙，有“玉局他年第几人”之句，后自岭外归，遂领玉局。予复官亦得之。坡今亡矣，慨然有怀》（卷四），当作于此时：

东坡因地宿相亲，玉局终为继戴人。禄仕岂知承末轨，恩光又许袭前尘。青蝇附骥原非缓，白玉无瑕晚更真。泉下有灵应首肯，不随凡劣易淄磷。

这就是他对迫害者的回答，他是白玉无瑕，不为淄磷所污的。“再领玉局”的“再”字表明他于大观中管勾成都玉局观，政和三年除名，现在又再领成都玉局观，前谓《李氏归葬记》所署“管勾成都尉”当为“管勾成都玉局观”之误，本此。

政和七年，李之仪已六十八岁，其后的情况就不清楚了。《宋史》本传谓“编管太平，遂居姑熟，久之，徙唐州，终朝请大夫”。这是不可信的。如前所述，李之仪通判唐州在绍圣年间，在编管太平之前，不可能在六十八岁以后再徙唐州。《东都事略》和《姑溪集序》的作者均为南宋人，都说他“废锢终身”，从李之仪现存诗文集也看不出他编管太平以后还曾担任过实际职务。重和元年戊戌（1118）作《祥瑛上人字序》仍署“姑溪老农”，显然他是在当涂终老的。

六、著述考

李之仪的《姑溪居士文集》五十卷，南宋吴芾编。吴芾（1104—1183），字明可，号湖山居士，仙居（今属浙江）人，绍兴二年进士，官至礼部侍郎，著有《湖山集》。他在《姑溪集序》（《湖山集》卷一〇）中说：“乾道丁亥（1167），假守当涂，因访古来名士。居此邦而卓然有声于世者，惟李太白、郭功父与端叔三人。郡旧有太白、功父集，而端叔独缺然。求于其家，而子孙往往散落，无复遗稿。间得之邦人，类而聚之，命郡士戴罜订正，厘为五十卷，锓版于学。”这说明李之仪生前并未刊刻过自己的文集，而是吴芾所辑，戴翚订正而成。《姑溪居士后集》二十卷，编者不详。晁公武与吴芾大约同时，他所著《郡斋读书志》并未著录《姑溪居士文集》。而较吴芾晚生不足一百年的陈振孙，他所著的《直斋书录解题》不仅著录了《姑溪居士文集》，而且著录了《姑溪居士后集》，可见《后集》的编纂就在《前集》成书后不久。很可能就是戴翚所编，因为他是李之仪的“邦人”，距李时代较近，又订正过《前集》，最具备续编《后集》的条件。可惜《后集》没有序跋传世，无从肯定。

《姑溪居士文集》《后集》多以抄本传世，各图书馆所藏抄本近二十种。今存最早的刻本为光绪元年伍绍棠所刻粤雅堂丛书三编本，他在跋语中说：“按焦竑《国史经籍志》，尚有《姑溪集》五十卷、《后集》二十卷，而《季沧苇书目》乃作《姑溪居士集》一卷，是其流传渐少。此本为余戊辰岁（1868）在厂肆所购，缮写讹谬，几不可读。爰细加校勘，授之梓人，其太脱误者则姑阙之，以俟他日增补云。”其次为宣统三年（1911）金陵督粮道刊本，附有吴尌校勘记。傅增湘曾在此本上详校，是目前最好的本子，现存中国国家图书馆特藏部，一般读者不易见到。民国年间的丛书集成初编本是据粤雅堂本排印，此本最易得，可惜又较原本增加了一些新的错讹。又有题冯敬作的《止斋先生集》十三卷，傅增湘已辨其为《姑溪居士后集》之前十三卷，乃贾人伪书（见《藏园群书经眼录》卷一三）。《姑溪居士文集》和《后集》都是诗、词、文合集，含诗二十四卷、词三卷、文四十卷。宋人已把词抽出单刻，《直斋书录解题》载《姑溪词》一卷，现存最早刻本为明毛晋汲古阁本，《四库本书》所收即此本，谓收词四十调共八十八首。唐圭璋《全宋词·李之仪词》据陆贻典校补汲古阁本《姑溪词》收，收词与《姑溪居士文集》《后集》所收完全相同。

后人又把李之仪所作题跋从集中抽出单刻，题作《姑溪题跋》，所收亦皆见集中。另有《命驾帖》、《神仙帖》（见《宝真斋法书赞》卷一七）、《别纸帖》（《宋人法书》第二册）、《瞻近帖》（《宋人书翰》二集）、《和山谷谢李邦直送裔云龙茶诗跋尾》（《竹坡诗话》）、《全州隐静堂记》（《舆地纪胜》卷六〇）、《范忠宣公行状》（《范忠宣公集》卷一八附）、《欧阳修像赞》（安徽阜阳市郊会老堂石刻)，均不见于集中，可补《姑溪居士文集》《后集》之佚。特别是《范忠宣公行状》，详尽记述了元祐名臣范纯仁的一生，是造成李之仪废锢终生的重要文章之一，而南宋编他的文集时，党禁早除，元祐大臣备受推崇，却失收此文，殊不可解。集中也误收有他人之作，如卷九《立秋日书唐行成扇》“自古逢秋悲寂寥，我言秋日胜春朝。晴空一鹤排云上，便引诗情到碧霄”；卷一一《偶题》之二“洛阳城里见秋风，欲作家书意万重。复恐匆匆说不尽，行人临发又开封”，皆唐人诗，编者失察误收。

（原载《四川大学学报》（哲学社会科学版）1990年第3期）

陈师道师承关系辨

陈师道（1053—1101）字履常，一字无己，号后山，彭城人。苏轼《与李昭玘书》云，自己处世穷困，无一遂者，“独于文人胜士，多获所欲，如黄庭坚鲁直、晁补之无咎、秦观太虚、张耒文潜之流，皆世无知，而轼独先知之”。于是世有“苏门四学士”之说。苏轼《与李方叔书》又云：“顷年于稠人中骤得张、秦、黄、晁及方叔（李廌）、履常。”于是又有“苏门六君子”之说。宋人邵浩《坡门酬唱集引》云：“取两苏公兄唱弟和及门下六君子平日属和两公之诗，摭而录之，曰《苏门酬唱》。”宋人（传为陈亮）还编有《苏门六君子文粹》。两书都把陈师道列入“苏门”。今天更有人称陈师道“出自苏轼门下”，为苏轼“门生”者。虽事出有因，奈何陈师道本人不承认，他认为自己文师曾巩，诗师黄庭坚，而与苏轼只是主客关系，不是“师弟子”关系。

一

苏轼与陈师道的交游前后有四次。第一次是在熙宁末、元丰初苏轼知徐州时，苏轼四十二岁，陈师道二十五岁。时黄河泛滥，苏轼组织徐州军民抗洪有功，受到朝廷嘉奖，遂建黄楼以刻奖谕敕诏，“使其客陈师道以为之铭”，这就是《后山集》卷十七的《黄楼铭》。苏轼在徐州任上，与黄、秦诸人均有唱和，而遍查苏、陈二集，这时却无唱和之作。

第二次是元丰末、元祐初。元丰八年（1085）十二月苏轼以礼部郎中自登州被召还朝，同月迁起居舍人。时陈师道寓居京师陈州门，为苏还朝深感兴奋：“翼翼陈州门，万里迁人道。两泪落成血，著木木立槁。今年苏礼部，马迹犹未扫。昔人死别处，一笑欲绝倒。”前四句悲苏轼昔日之贬，后四句喜苏轼今日之还，欣喜之情，跃然纸上。时苏辙亦以右司谏召还，陈作《赠二苏公》诗，盛赞三苏父子："岷峨之山中巴江……异人间出骇四方。严（君平）王（褒）陈（子昂）李（白）司马（相如）扬（雄），一翁（苏洵）二季（苏轼兄弟）对相望。"谓三苏父子可与上举"异人"相望于千载。元祐二年（1087）四月，苏轼与傅尧俞、孙觉同上《荐布衣陈师道状》，称其"文词高古，度越流辈，安贫守道，若将终身，苟非其人，义不往见。过壮未仕（时陈三十五岁），实为遗才。欲望圣慈，特赐录用，以奖士类。"这里并论陈的文才和人品。从苏轼《与李方叔书》可看出，他尤其看重陈的人品："陈履常居都下逾年，未尝一至贵人之门。章子厚欲一见，终不可得。中丞傅钦之、侍郎孙莘老荐之，轼亦挂名其间。会朝廷多知履常者，故得一官。"章子厚任枢密使时，想荐陈于朝，嘱秦观延致。陈《与少游书》云，他和章有贵贱之嫌，无平生之旧，表示"幸公之他日，功成谢事，幅巾东归，某当御款段，乘下泽，候公于上东门外，未为晚也"。这就是"章子厚欲一见，终不可得"的具体内容。所谓"得一官"，据《续资治通鉴长编》卷二九九载，元祐二年四月，陈被朝廷任命为亳州司户参军、充徐州州学教授。

第三次是在元祐四年（1089）五月，只有几天时间。当时朝廷内部党争激烈，苏轼不安于朝，乞外任，被命为龙图阁学士知杭州。途经宋州，陈师道时任徐州教授，越境来见。孙觉不让他去，他不听。刘安上上弹文，谓"士于知己，不无私恩。既效于官，则有法令。师道擅去官次，凌蔑郡将，循情乱法，莫此为甚"，他也不顾。其《从苏公登后楼》云："倏作三年别，才堪一解颜"；《送苏公知杭州》云："一代不数人，百年能几见？"离京任徐州教授三年，才得一见知己，解颜一笑；像苏轼这样"代不数人"的"异人"，一生能见几次，安能放过这一机会？充满对苏轼的仰慕之情。他不仅到商丘见苏轼，而且一直把苏轼送到宿州（见苏轼《与陈传道书》）。他为此果然付出了代价。他因梁焘推荐，本来已除太学博士，就因这次"擅去官次"，改为颍州教授。但他一点也不后悔，他在《谢再授徐州教授启》中说："昨缘知旧，出守东南。念一代之数人，而百年之几见。间以重江之阻，莫期再岁之逢。使一有于先颠，为两途之后悔。……惟其信之既笃，所以行之不疑。"

第四次是在元祐六年（1091）八月至次年三月苏轼知颍州时，这是苏、陈关系最为密切的半年，两人的唱和诗主要集中在这段时间，分别载于《苏轼诗集》卷三四，《后山诗注》卷三。同与游者还有赵令畤及欧阳修的两子欧阳棐、欧阳辨，凡“四君子”。他们常在一起饮酒赋诗，苏轼不能饮，也舍命陪君子，以换取他们的诗作：“我本畏酒人，临觞未尝诉。平生坐诗穷，得句忍不吐？二欧非无诗，恨子不饮故。强为釂一酌，将非作愁句。”（《叔弼云，履常不饮，故不作诗，劝履常饮》）

以后苏、陈未再见过面，但诗文往还是有的。元祐七年（1092）二月至八月，苏轼自知颍州改知扬州，陈师道作《上苏公书》，强调士要“终始不相负”，认为王安石所用多小人，“势在则欺之以为功，势同则夺之以自利，势去则背之以违害”，“用士当以王公为戒”。同年八月苏轼以兵部尚书兼翰林侍读学士被召还朝，十一月除礼部尚书，次年八月知定州。这一年中，陈师道仍在颍州，作《寄侍读苏尚书》《寄送定州苏尚书》诗，有“一时宾客余枚叟”之句，以枚乘自喻，仍自称“宾客”而非“门生”。两首诗都劝苏轼早退，前首有“解记清波没白鸥”句，后一首有“海道无违具一舟”句，关切之情颇殷。绍圣初，苏轼贬官岭南，陈师道也以“进非科第罢归”。其间，陈有《送吴（子野）先生谒惠州苏副使》诗：

闻名欣识面，异好有同功。我亦渐吾子，人谁恕此公？百年双白鬓，万里一秋风。为说任安在，依然一秃翁。

汉代卫青的势力衰落而霍去病日益显贵，卫青故人多去事去病，辄得美官，只有任安不去。秃翁指无官位者。方回论此诗说：“任安、秃翁事，后山自以不负东坡，自颍教既罢之后，绍圣中不求仕也。”（《瀛奎律髓》卷二四）

从苏、陈交往过程不难看出，他们都十分推崇看重对方。就苏轼看，确有把陈“参诸门弟子间”（《宋史·陈师道传》）的想法。而陈师道却反复强调他不是苏轼的“门弟子”。陈《秦少游字序》云：“熙宁、元丰之间，眉山苏公之守徐，余以民事太守，间见如客。扬（州）秦子过焉，丰醴备乐，如师弟子。”这里说得很清楚，秦观对苏轼是执“师弟子”礼，而自己只是“以民事太守”，他们的关系只是民与父母官、主与客的关系。这里讲的虽是“熙宁、元丰之间”第一次交游时的事，但文章是写于“元祐元年二月一日”，即第二次在京交游时。可见他在元祐初仍然认为自己与苏只是官民关系、主客关系，否则就不必特别提及此事。甚至可以认为，他之所以特别提及此事，正是为了纠正苏轼“顷年于稠人中骤得张、秦、黄、晁及方叔、履常”，把自己与前五人并提的说法。

为什么陈师道如此敬重苏轼，认定他是“一代不数人”的“异人”，却要郑重声明自己同苏轼仅仅是主客关系，而不是“师弟子”关系呢？这是因为在他认识苏轼以前，早就以曾巩为师了。

二

关于陈师道师事曾巩事，陈的门人魏衍（“衍从先生学者七年”）在《彭城陈先生集记》中说：“幼好学，行其所知，慕古作者，不为进取计也。年十六，谒南丰先生曾公巩，曾大器之，遂业于门。”陈师道生于宋仁宗皇祐五年（1053），年十六谒曾巩，当在熙宁元年（1068），时巩五十岁，在京编校史馆书籍。陈鹄《耆旧续闻》卷二记载较详：“陈无己少有誉，曾子固过徐，徐守孙莘老荐无己往见，投贽甚富，子固无一语，无己甚惭，诉于莘老。子固云：‘且读《史记》数年。’子固自明守亳，无己走泗州，间携文谒之，甚欢，曰：‘读《史记》有味乎？’故无己文以子固为师。”曾巩自明守亳在元丰二年七月，而孙觉守徐在元丰五年前后，时序不合。若无“徐守”二字，则与魏衍所记合。“曾子固过徐”，当指熙宁二年曾巩被命通判越州，途经徐州，孙觉荐无己往见。这时陈为十六足岁。陈师道《送邢居实序》云：“吾年如生时，见子曾子于江汉之间，献其说余十万言，高自誉道。子曾子不以为狂，而报书曰：‘持之以厚。’吾之不失其身，子曾子之赐也。”又云：“吾始得生，年十五六，识度气志，已如成人。”可见“吾年如生时”，也就是“年十五六”时。但见曾的地点既不是京城，也不是徐州，而是在“江汉之间”。地点不同，当以陈自述为准；时间大体一致，就是在十六岁前后，即熙宁元年前后。

这与其他宋人所记也大体一致，《东都事略·陈师道传》：“少刻苦问学，以文谒曾巩，巩奇之”；晁公武《郡斋读书志》卷一九：“少以文谒南丰，南丰一见奇之，许其必以文著。”均称“少”，当为十六岁前后。

魏衍《彭城陈先生集记》又云：“元丰四年，神宗皇帝命曾典史事，且谓修史最难，申束切至。曾荐为其属，朝廷以白衣难之。方复请，而以忧去，遂寝。”徐度《却扫编》卷中所记略同：“神宗患本朝国史之繁，尝欲重修《五朝正史》，通为一书，命曾子固专领其事，且诏自择属官。曾以彭城陈师道应诏，朝廷以布衣难之。”秦桧《跋后山集》误《五朝正史》为《英宗实录》，孙觌遂以为无此事，谓曾巩与修《英宗实录》，不久即去，且巩自为吏属，哪有辟官之理？陆游《老学庵笔记》卷七云：“以予考其实，则二公俱实也。南丰元丰中还朝，被命独修《五朝史实》，许辟其属，遂请秀州崇德县令刑恕为之用。选人已非故事，特从其请。而南丰又援经义局辟布衣徐禧例，乞无已（为）检讨，庙堂尤难之。会南丰上《太祖纪叙论》，不合上意，修《五朝史》之意寝缓。未几南丰以忧去，遂已。会之（秦桧）但误以《五朝史》为《英宗实录》耳，至其辟无己事，则实有之，不可谓无也。”陆游辨驳详审，魏衍所记是完全可信的。

曾巩丁忧去职不久，元丰六年就病逝了。陈师道作《曾南丰挽词二首》，其一云：

早弃人间世，真从地下游。丘原无起日，江汉有东流。身世从违里，功名取次休。不应须礼乐，始忤后程仇。

首联著一“真”字，抒发出对曾巩之死不敢相信而又不得不信的心情。颔联写不能起巩于地下，而其声名将如江汉永远东流。《许彦周诗话》谓这两句“近世诗人莫及”。颈联叹其一生并不顺意（从违，偏义词），功名事业就这样轻易了结了。“程仇”指王通门人程元、仇璋，王通得到他们而经益明。尾联是自谦之词，说自己有愧于王通门人，不能使巩之道益明。第二首的尾联也以曾巩门弟子自处：“侯芭才一足，白首《太玄经》。”侯芭，扬雄弟子，习雄《太玄》，扬死，为起坟，守丧三年。这是表示要像侯芭忠于扬雄那样忠于曾巩。

陈师道是坚守“士终始不相负”的，他在见到苏轼八九年前，已受知于曾巩，“遂出于门”了，因此他不愿像秦观对苏轼那样执“师弟子”礼。元祐初当他第二次与苏轼交往时，又加了一层曾巩荐其修史的恩意，而且曾巩过世还不到三年，苏轼又确有视陈为门人之意，故他借作《秦少游字序》，重申他同苏只是主客关系，而非“师弟子”。

《宋史·陈师道传》云：“官颍时（指陈任颍州教授时），苏轼知州事，待之绝席，欲参诸门弟子间，而师道赋诗有‘向来一瓣香，敬为曾南丰’之语，其自守如是。”所引诗句见陈师道《观兖国文忠公家六一堂图书》诗。兖国文忠公指欧阳修。诗的开头写欧阳修“二子”欧阳棐、欧阳辨邀他到家中观书：“出世何用早，我已后此翁。颇识门下士，略已闻其风。中年见二子，已复岁一终。呼我过其庐，所得非所蒙。”欧阳修死于熙宁五年（1072），时陈不足二十岁，没有见过欧阳修。首二句谓既“后此翁”，生得再早也没用了，极言未见修为憾事。“颇识”二句谓同曾巩、苏轼很熟悉，通过他们已略知修。诗的中间部分写观书，诗末特别申明自己的师承关系：“向来一瓣香，敬为曾南丰。世虽嫡孙行，名在恶子中。斯人日已远，千载幸一逢。吾老不可待，草露湿寒蛩。”曾巩为欧阳修的门生，自己是曾巩的门生，故自称行辈属“嫡孙”；“名在恶子中”是自谦之词。任渊《后山诗注》卷三云：“后山以东坡荐得官，作此诗时，东坡为郡守，终无少贬阿附之意，可谓特立之士也；然亦知东坡之大，必能受之也。”

这里还想探讨一下陈师道自注“为曾南丰作”的《妾薄命二首》的主旨和写作时间。原诗如下：

主家十二楼，一身当三千。古来妾薄命，事主不尽年。起舞为主寿，相送南阳阡。忍著主衣裳，为人作春妍？有声当彻天，有泪当彻泉。死者恐无知，妾身长自怜。

叶落风不起，山空花自红。捐世不待老，惠妾无其终。一死尚可忍，百岁何当穷？天地岂不宽，妾身自不容。死者如有知，杀身以相从。向来歌舞地，夜雨鸣寒蛩。

任渊《后山诗注》云：“师死而遂背之，读此诗亦少知愧矣。”此诗确实是作者自明不背曾巩而作。又说：“南丰卒于元丰六年，此篇必是时所作，今以压卷，亦推其本源所自。”讲得十分肯定。但首先令人怀疑的是陈师道已作《曾南丰挽词二首》，为何又作《妾薄命二首》？元丰六年曾巩死时，陈师道仍为布衣，苏轼还在黄州贬所，是谁在要他“忍著主衣裳，为人作春妍”？我认为洪迈《容斋三笔》卷六《张籍、陈无己诗》系此诗于“为颍州教授”时更可信。洪云：

张籍在他镇幕府，郓帅李师古又以书币辟之，籍却而不纳，而作《节妇吟》一章寄之。……陈无己为颍州教授，东坡领郡，而陈无己赋《妾薄命》篇，言“为曾南丰作”。其首章……全用籍意。……“薄命”自况，盖不忍师死而遂背之，忠厚之至也。

此说多为后人所认可，如明人瞿佑《归田诗话》卷中《后山不背南丰》云：“陈后山少为曾南丰所知，东坡爱其才，欲牢笼于门下，不屈，有‘向来一瓣香，敬为曾南丰’之句。又《妾薄命》……亦为南丰作。……推重向慕（苏轼）甚至，特不肯背南丰尔，志节可尚也。”“牢笼”“不屈”等词或许用得不大准确。清人张宗泰《跋归田诗话》反驳道：“后山于东坡非无知己之感，故其向慕亦甚矣。特于南丰受知最先，情谊亦较重，故不欲负其初心耳。而《归田诗话》便谓东坡爱后山之才，欲牢笼于门下，而后山不为之屈。夫牢笼他人门下士，使归而就我，非所以为东坡；而后山之于东坡，至越境送行，虽被劾而不辞，亦何尝不为之屈也？”所言极是。但瞿佑说《观六一堂图书》与《妾薄命》为同一主旨，同作于陈任颍州教授、苏知颍州时，显然是很有见地的。

陈师道谓“向来一瓣香，敬为曾南丰”，不承认同苏轼是“师弟子”关系，除不忍背师外，还因为陈确实是"文师曾巩"，他的文风类似曾巩，而与苏轼文风不同。今人不甚看重陈文，宋人却很看重。黄庭坚《答王子飞书》云，陈"作文深知古人之关键，其论事救首救尾，如常山之蛇，时辈未见其比"。魏衍《彭城陈先生集记》云："先生之文，简重典雅，法度谨严。"朱熹尤喜陈文，谓"陈后山之文有法度，如《黄楼铭》，当时诸公都敛衽"；"馆职策，陈无已底好"；"某旧最爱看陈无己文，他文字也多曲折"；"若散文，则山谷大不及后山。"（《朱子语类》卷一三〇）元人王义山云："世但知后山工于诗，不知后山尤工于文。"（《陈国录庚辰以后诗集序》）明人王文禄作《文脉》，认为"古文之妙者"宋有六人，其一即为陈无己。清人纪昀《后山集抄题记》云："其古文之在当时，殊不擅名。然简严密栗，可参置于昌黎、半山之间，虽师子固，友子瞻，而面目精神迥不相袭，似较其诗为过之。顾此不甚传，则为诸巨公盛名所掩耳。余雅爱其文，谓不在李翱、孙樵下。"以上所说的知关键、有法度、多曲折、简重典雅、法度谨严、简严密栗，都与曾巩文风相类，既可说是得之于曾巩，也可说是他愿以曾巩为师的原因。苏轼为文直抒胸臆，自由驰骋，行于所当行，止于所不可不止，与陈师道的文风是大异其趣的。

三

王偁《东都事略·陈师道传》称其"为文师曾巩，为诗宗黄庭坚"，所据都是陈师道的自白。陈在《答秦观书》中说："仆于诗初无师法，然少好之，老而不厌，数以千计。及一见黄豫章，尽焚其稿而学焉。……仆之诗，豫章之诗也。豫章之学博矣，而得法于杜少陵。"但这封信没有言及"一见黄豫章"的时间。魏衍《彭城先生集记》云："及见豫章黄公庭坚诗，爱不释手，卒从其学，黄亦不让。士或谓先生过之，唯自谓不及也。"所据可能就是陈的《答秦观书》，也未交代"及见"的时间。陈与曾、苏、黄的交游，陈、曾始于熙宁元年，陈、苏始于熙宁十年，唯独陈、黄开始交游的时间说不清楚。方回《刘元辉诗评》云："后山为文早师南丰，不知何年以诗见山谷，听山谷说诗，读山谷所为诗，焚弃旧作，一变而学豫章。"方回在《唐师善月心诗集序》中，作了种种推论，最后还是没有结论："予尝细阅《后山集·城南韦杜村》一诗，此从其父令汧阳，关中所作，最为年少。《赠二苏公》有云'一洗十年新学肠'，即王安石得政之十稔，熙宁十年彭城所作，年二十五。如谢克家、向季仲所增别本，有寓钱塘诸诗，皆后山所自削而不收者，乃元丰四年游吴所作，年二十九。当是时也，其已见豫章欤，其未见豫章焉？二公相遇之年谓在颍昌，前辈亦莫能深考。豫章初为《后山字序》，首明观己无己之义，末言其嫔息窠于外舅，乃元丰七年甲子郭概入蜀时事。是年豫章移官河北德平，岂后山送内而相遇于途耶？不然则是豫章未令太和以前，元丰初，已尝相遇也。"陈师道《答秦观书》有自少好诗，"老而不厌"语，《赠鲁直》诗亦云："相逢不用早，论交宜岁晚"；"陈诗传笔意，愿立弟子行"等句；朱弁《风月堂诗话》卷上也说"无己晚得诗法于鲁直"。可见，陈立黄的"弟子行"中，不可能太早。方回提出的熙宁中、元丰初、元丰四年均失之过早。《城南寓居》(即《城南韦杜村》)，任渊断为元丰七年陈送妻子入蜀，客关中时作；但又存疑，谓"或云熙宁中作"。从诗的情调看，确实像"熙宁中，王氏经学盛行，师道心非其说，遂绝意进取"时作，但这时陈才二十余岁；熙宁末、元丰初，陈才二十五六；元丰四年也才二十九岁，均不当称"老""晚"。方回又把黄庭坚《后山字序》的内容与陈送郭概入蜀、黄官河北德平联系起来，谓可能"相遇于途"。这有可能。但《后山字序》的内容只能证明此序当作于元丰七年后，不一定能证明就一定于此时"相遇于途"。我认为陈、黄初见很有可能就在元丰末、元祐初二人都在京城时。元丰八年七八月黄庭坚以秘书郎被召回京，时陈师道亦寓京城陈州门。遍检黄、陈二集，此前无唱和之作，此后才开始出现。黄庭坚《奉和文潜赠无咎》云："吾友陈师道，独抱门前轨"，"吾闻举逸民，故得天下喜"；《赠陈师道》云："陈侯学诗如学道……得意古人便忘老。"《山谷年谱》系此二诗于元祐元年。黄还有《次韵秦观过陈书院，观鄙句之作》，称陈"唯有文字工，万古抱根柢"；对自己反而蒙陈所赏颇感奇怪："我学少师承，坎井可窥底。何因蒙赏味，相受当牲醴。"《山谷年谱》系此诗于元祐二年，尤能证明陈师道"焚弃旧作一变而学豫章"，就在元丰末、元祐初。若在元丰中甚至熙宁中，陈已对黄诗"爱不释手，卒从其学”，黄就不会如此大惊小怪了。如果以上推测不错，那又可以反过来证明陈师道表示“愿立弟子行”的《赠鲁直》，亦当作于元丰末、元祐初。陈师道《何郎中出示黄公草书四首》作于元符元年，时黄庭坚远谪蜀中，陈罢官居徐州，其中第四首写道：“当年阙里与论诗，晚岁何山断梦思。妙手不为平世用，高怀犹有故人知。”一般说来，初见往往留下的印象最深，这里的“当年阙里与论诗”，显然就是指元丰末、元祐初的京城会聚。如果是在元丰中，甚至熙宁中在别的地方“一见黄豫章，尽焚其稿而学焉”，则此诗不当从“当年阙里”说起。

陈、黄情谊也如陈曾、陈苏情谊一样的深厚。元祐三年任徐州教授的陈师道作《送杨侍禁兼寄颜、黄二公》诗，对黄充满思慕之情：“多问黄居士，终年欠一书。因人候消息，有使报何如。向晚逢杨子，真堪托后车。亲年方赖禄，不惜借吹嘘。”在黄贬官蜀中期间，陈还多次致信于黄，其中一封信对黄在蜀中的境况深表关切，一连提了十三个问题：

迩来起居何如？不至乏缺否？何以自存？有相恤者否？令子能慰意否？风土不甚恶否？平居与谁相从？有可与语否？仕者不相凌否？何以遣日？亦著书否？近有人传《谒金门》词，读之爽然，便如侍语，不知此生能复相从如前日否？朱时发能复相济否？

（《与鲁直书》）

问得越琐细，越见其情真意切。黄对陈也是一样，建中靖国元年（1101）他自蜀中贬所归来，作《病起荆江亭即事十首》，时陈师道初任秘书省正字，秦观已死于藤州，故其一云：“闭门觅句陈无己，对客挥毫秦少游。正字不知温饱未，西风吹泪古藤州。”对陈之穷、秦之死充满关切、哀痛之情。陈在当时是以家贫，终日不炊闻名士林的，这年冬即冻馁而死。

陈善《扪虱新话》下集卷一云：“陈后山学文于曾子巩，学诗于黄鲁直。盖尝有诗云：‘向来一瓣香，敬为曾南丰。’然此香独不为鲁直，何也?”朱弁《风月堂诗话》卷上已回答了这一问题：“陈无己与晁以道（说之）俱学文于曾子固，子固曰：‘二人所得不同，当各自成家，然晁文必以著书名于世。’无已晚得诗法于鲁直。他日二人相与论文，以道曰：‘吾曹不可负曾南丰。’又论诗，无已曰：‘吾此一瓣香，须为山谷道人烧也。’”“向来一瓣香，敬为曾南丰”，是陈后山参观欧阳修藏书室留下的诗句，曾是修的门生，自己是曾的门生，故只言及曾。但在论诗时，他就还有一瓣香，敬为黄豫章了。陈善提出的问题还是有价值的。读《后山集》可明显感觉到，他对黄的情谊绝不亚于曾、苏。但这种情谊主要是对论诗志趣相投者的友情，没有对苏轼那种大名人的仰慕之情（所谓“一代不数人，百年能几见”），更没有对曾巩那种敬师爱师、不肯背师的强烈感情。

如果说陈师道对曾巩持弟子礼主要是因为少受学于曾巩，其次才因为二人文风相近的话，那么陈对黄“愿立弟子行”，情况却相反，主要是因二人诗论、诗风相近，“晚得诗法于鲁直”只是次要原因，因为在陈“未尝学山谷诗”以前，已“字字句句同调”（方回《刘元辉诗评》）。曾巩以文名而不以诗名，陈不学诗于曾巩，这是可以理解的。苏轼的诗名，在熙、丰之际远远高于黄庭坚；在元丰、元祐之际，虽苏黄齐名，但黄亦略逊于苏；黄的诗名超过苏，那是在他们死后的两宋之际。陈在当时愿立黄的“弟子行”，而不愿立苏的“弟子行”，就只能用诗歌理论和风格近黄而不近苏来解释。陈对苏诗是不甚满意的，《后山诗话》云：“苏诗始学刘禹锡，故多怨刺，学不可不慎也。晚学太白，至其得意则似之矣，然失于粗，以其得之易也。”苏轼对陈诗也不甚满意：“鲁直酷爱无已诗，而东坡亦不深许。”（葛立方《韵语阳秋》卷二）在陈师道愿立黄的“弟子行”时，陈黄之诗已齐名，甚至有人更喜陈诗。陈《答秦观书》就说：“谈者谓仆之诗过于豫章。”黄庭坚也对“何因蒙赏味”深感困惑，因为他对惠洪说过，“今之诗人”“无出陈师道无已”者。为什么陈“过于豫章”还要学豫章？黄的解释是：“豫章以为譬之弈焉：弟子高师一着，仅能及之，争先则后矣。”（陈《答秦观书》引）这就是说高师一着而仍向师学，这是正常现象，是陈虚心求进的表现。刘克庄却认为这正是陈自信自负的表现：“后山树立甚高，其议论不以一字假人，然自言其诗师豫章公。或曰黄、陈齐名，何师之有？余曰：射较一箭，弈角一着，惟诗亦然。后山去豫章地位未远，故能师之；若同时秦、晁诸人，则不能为此言矣。此惟深于诗者知之。文师南丰，诗师豫章，二师皆极天下之本色，故后山诗文高妙一世。”（《后村诗话》卷二）以上解释都不无道理，但更根本的原因还是他们气味相投，二人的诗歌理论和创作倾向都较接近。只是这个问题，古今论者已多，已为世公认，没有必要再费笔墨了。

（原载《文学遗产》1993 年第 3 期）

苏轼与毛滂

毛滂是苏轼重要门人之一，在“敌手一时无复在，赏音他日更难期”（苏辙《读旧诗》）的北宋末年文坛，他可算诗文词俱佳的璀璨之星。前人对其为人虽多有微词，但对他的文学成就却推崇备至：“平情而论，其诗有风发泉涌之致，颇为豪放不羁；文亦大气盘礴，汪洋恣肆，与李廌（苏门六君子之一）足以对垒。在北宋之末，要足以自成一家。”“其词则情韵特胜，陈振孙谓滂他词虽工，终无及苏轼所赏一首（指《惜分飞》）者，亦随人作计之见，非笃论也。”（《四库全书总目》卷一五五、一九八）对这样一位重要文人，却很少有人论及。周笃文《毛东堂行实考略》（《文学评论》1984 年第 2 期）对其生平事迹及其与苏轼、蔡京和王安石的关系作了较详的“考索”。但因“史乘无传，殊不易考”，故周文确实尚有“遗漏”。本文不拟全面论述毛滂，仅就苏轼与毛滂之交游略作补充。

一

要弄清苏轼与毛滂之交游，首先应弄清苏轼兄弟与毛滂父辈之交游。周文说，滂“父或祖之行状均不可考”。其实，毛氏为衢州（今浙江衢州）巨富。其父行实还大略可考。元丰三年（1080）苏轼以谤讪新政的罪名贬官黄州，苏辙坐贬筠州（今江西高安），时筠州知州就是毛滂之父毛国镇（维瞻）。苏辙与之相得甚欢，短短一二年内，他与毛的唱和诗竟达二十九篇七十首之多。从苏辙诗文可知：第一，毛氏确为衢州“书香望族”：“公家昔盛时，阡陌连三衢。仓廪济寒饿，婚嫁营羁孤。”（《送毛君致仕还乡》）第二，毛国镇守高安也在元丰三年：“高安太守朝请大夫毛公，与资政殿大学士、太子少保赵公，里人也。公始以老归故乡（据苏轼《赵清献公神道碑》，赵抃于“元丰二年二月加太子少保致仕，时年七十二矣”)，大夫适方家居，与公出入相从，为山林之游，朝夕无间。……元丰三年，大夫来守高安，簿书期会，非其意也。”(《太子少保赵公诗石记》) 苏辙于是年六月到筠，毛已在任，可见他仅比苏辙早到数月。第三，毛国镇为政宽简：“治剧从容缓策衔，铃轩无事日清谈。……我来邂逅逢宽政，忘却漂流身在南”(《次韵毛国镇、赵景仁唱和三首》)；“政宽境内棠荫合，讼去庭中草色新。……岁终谁为公书考，岂止江西第一人。”(《次韵毛君经旬不用鞭扑》) 第四，毛国镇好饮酒，喜赋诗：“高吟看落笔，剧饮惊倒壶”(《送毛君致仕还乡》)；“公诗精绝非伦拟，自古骚人尽在南”(《再和三首》)；“才力有余嫌事少，风情无限觉诗多”(《次韵毛君感事书怀》)。关于他们的唱和，苏辙写道：“江国骚人不耐秋，夜吟清句晓相投”(《次韵毛君见赠》)——这是说晚上写好诗，第二天早晨相互投送；“青苔红叶骚人事，时见诗筒去又来”(《次韵毛君山房即事十首》)——可见投诗非常频繁。苏辙已经写得够多了，有时因酒务繁忙，未能即时和诗，毛国镇就派人催促，有《次韵毛君见督和诗》可证：“新诗落纸一城传，顾我和诗岂足编？他日杜陵诗集里，韦迢略见两三篇。”这里以杜甫比毛国镇，以韦迢自况。但历史的发展却刚刚相反，毛的“以诗自名”，我们倒是从《栾城集》中得知的，而毛的诗篇却传世甚少，《宋诗纪事》仅录其《筠州山房》一篇。第五，毛既陶情诗酒，他对仕宦实际是不感兴趣的，他居官似隐，萧然有世外之姿：“谁言太守宅，自是野人家”(《次韵毛君山房遣兴》)；“东晋仙人借旧山，定应天意许公闲。郡人欲问使君处，笑指峰峦紫翠间”(《次韵毛君山房即事十首》)；“一官疏散自疑仙，三考应成醉日千”(《再和十首》)；“厌居华屋住东庵，真味全胜食荠甘。多病维摩长隐几，无心弥勒便同龛。”(《和毛君新葺穗庵、船斋》) 正因他“厌居华屋”，元丰三年他才从“家居”到任，元丰五年就告老还乡了。《次韵毛君求归未报》云：“白发忧民带减围，频闻慷慨赋将归。……此心素定谁能劝，只有丁宁诏莫违。”《送毛君致仕还乡》云：“忽闻叩天阍，言旋故山庐。朋友不及谋，亲戚亦惊呼。”而他一旦获准致仕，真如脱离樊笼：“鱼纵江潭真窟宅，鹤飞松岭倍精神。”(《次韵毛君留别》) 第六，苏辙虽以罪人身份谪居筠州，毛国镇待他却非常友好，或同观修城：“肩舆飞盖许追陪”（《次韵筠守毛维瞻司封观修城三首》）；或同夜饮：“不动歌声人已醉，旋闻诗句夜初长”（《过毛国镇夜饮》）；重阳一起登高赏菊：“山脚侵城尽是台，登高处处喜崔巍”（《次韵毛君九日》）；端午同观竞渡：“史君欲听捞人讴，一夜江波拍岸流。……角胜争先非老事，凭栏寓目思悠悠。”（《竞渡》）苏辙对毛君的友谊是十分感激的：“南迁尚有君知我，人事何须更预谋”（《次韵毛君见赠》）；他对这位相见恨晚的长者的致仕是很惋惜的：“时听渊明咏归去，犹应为我故迟淹。”（《次韵毛君偶成》）读苏辙以上诗文，虽不能说对毛滂之父已有全面了解，但对其为人已可谓呼之欲出。

由于苏辙的关系，苏轼在贬官黄州期间也同毛国镇有书信往还，今存《东坡集》中尚有《与毛维瞻书》一篇。在毛国镇致仕时，苏轼还曾应毛之求，书《归去来兮辞》以遗之：“毛国镇从予求书，且曰：‘当于林下展玩。’故书陶潜《归去来》以遗之。然国镇岂林下人也哉？譬如今之纨扇，多画寒林雪竹，当世所难得者，正使在庙堂上之上尤可观也矣！”从末句可知，苏轼还寄希望于毛重新出仕，并升之于“庙堂之上”。至于苏轼同衢州毛氏其他人的交往，那就更早了。熙宁七年（1074）秋苏轼通判杭州时曾与於潜令毛国华交游，有《梅圣俞诗集中有毛长官者，今於潜令国华也。圣俞没十五年而君犹为令，捕蝗至其邑，作诗戏之》，又有《与毛令、方尉游西菩寺二首》。旧题王十朋《苏诗分类集注》引丁镇叔曰：“於潜县令毛国华，字君实，衢州毛尚书之孙也。”王文诰《苏诗编注集成》云：“其后子由谪筠，毛国镇为守。……以王注考之，似与国华皆兄弟行，故其名相类。”我认为王文诰的推断是可信的。元祐七年（1092）苏轼知扬州，有《到官病倦，未尝会客，毛正仲惠茶，乃以端午小集石塔，戏作一诗为谢》。王注云：“正仲名渐，衢之江山人也。”毛渐，《宋史》有传，亦称其为“衢州江山人”。看来他与毛滂亦为“兄弟行”。由此可见，苏轼兄弟同衢州毛氏之交往既久且广，从熙宁年间起，直至去世均有交往。

研究苏轼与毛滂的关系，还应研究苏、赵、毛三家的关系。毛、赵两家，诚如周笃文先生所说，既是同里，又是姻亲。但周文还有两点可商榷。一是毛滂亡妻并非“赵抃之女”，而是赵抃之孙女。四库全书珍本初集所收《东堂集·赵氏夫人墓志铭》云："清献公（抃）生於潜令岽，娶时氏，封西安县君，生夫人。於潜有令闻，早死，公（抃）以夫人归于我。"周文所引不知是抄录有误，还是所据版本不同。时赵抃已年过七十，当以孙女妻滂为是。二是以毛滂之妻为赵氏，否定毛"为临川王氏婿"还不够有力，因赵"十八岁为毛氏妇，后十年而死"，可见毛氏丧偶还不足三十岁。据周文推算，毛滂"年在六十以上"，焉知后三十年未续娶？这不是本文所要讨论的，只不过是顺便质疑而已。苏、赵两家的交游则比苏、毛两家还早。据苏轼《赵清献公神道碑》，赵抃一生曾三次出仕成都，第一次在宋仁宗嘉祐初年，"移充梓州路转运使，未几移益。……以右司谏召（还朝）"就是在这时，赵抃曾向朝廷推荐苏洵，苏洵因此得为试校书郎。《续资治通鉴》卷五九嘉祐五年八月条载："以眉州进士苏洵为试校书郎。……本路转运使赵抃荐其行义，（欧阳）修又言洵既不肯就试，乞除一官，故有是命。"《嘉祐集》中有《谢右司谏启》，就是苏洵为谢赵抃荐举而作。也就是在赵抃为成都府路转运使时，苏轼兄弟拜见了赵抃，从此成为忘年之交。苏辙《太子少保赵公诗石记》所说"辙者少年始见公于成都，中见公于京师"即指此。毛、赵两家是戚里，苏、毛、赵三家又是世交，所谓苏轼知杭州，闻歌妓唱毛滂词，叹"郡僚有词人不及知，某之罪也"，"翌日折柬追还"云云，自然属子虚乌有了。

二

关于苏轼与毛滂直接交往的起始时间，到目前为止至少有三种说法。一是始于苏轼知杭时，实乃小说家言，已如上述，不再论列。二是始于"元祐初期东坡居翰苑时"，楼敬思的《书毛滂〈惜分飞〉词后》持此说，周笃文先生重申之；三是始于元丰年间苏轼贬官黄州时，见王文诰《苏诗编注集成》卷三一《次韵毛滂法曹感雨》诗注。

早在苏轼出知杭州以前，还在京担任翰林学士期间，苏轼同毛滂已经面见，这是毫无疑问的。这不仅有《东堂集》中的《上苏内翰书》《再答苏子瞻书》和《出都寄二苏》诗可证，而且还有《东坡集》中的《答毛滂书》可证。元祐二年（1087）六月，苏轼奉诏为赵抃撰《神道碑》，同年冬毛滂由二浙历淮泗至于京师，以长笺及诗文一轴求苏轼荐举。毛滂《出都寄二苏》云：“滂去年冬去田里而西，历春度夏，出关已秋。”苏轼是元祐四年（1089）夏离京赴杭州任的，毛滂此诗显然作于元祐三年（1088）秋，而入京则在元祐二年冬。由于苏、赵、毛三家的旧谊，更由于毛滂诗文“闲暇自得，清美可口”，苏轼曾“保举（毛滂）堪充文章典丽可备著述科”。但苏轼当时受着新旧两党的夹击，自己已经不安于朝，因此他在《答毛滂书》中说，他的荐举未必能起作用：

世间唯名实不可欺。文章如金玉，各有定价。先后进相汲引，因其言以信于世则有之矣。至其品目高下，盖付之众口，决非一夫所能抑扬。……轼岂能为之轻重哉！非独轼如此，虽向之前辈亦不过如此也。而况外物之进退，此在造物者，非轼事。辱见贶之重，不敢不尽。

这是苏轼论及文艺批评的极其重要的文字，至少阐明了以下几个问题：（一）文章的成败决定于“实”，决定于本身有无价值，而不决定于“名”，不决定于人们的抑扬褒贬。（二）人们的褒贬也有作用，但应“付之众口，决非一夫所能抑扬”。（三）“一夫”之抑扬也有作用，可因先进之推奖而取信于世，但起决定作用的是“实”，是“众口”。苏轼对“名”与“实”、“一夫”与“众口”在文艺批评中的作用的估计是十分辩证的。苏轼这样说，一面在说明“外物之进退”即得官与否，不足以定其诗文之高低；一面亦在暗示毛滂，他的“保举”未必能“为之轻重”。毛滂毕竟还年轻，加之初到京城，并不深知朝廷内部的斗争，因此，他在《再答苏子瞻书》中说：“先生教曰‘品目高下，盖付之众口’，某窃惑之。”但现实很快就使得他清醒了。他并未被留在金马门“备著述”，而是要他去担任饶州法曹掾。他在《水调歌头·拟饶州法曹掾作》中，满腹牢骚地写道：

金马空故事，方朔漫多端。三千牍在，玉殿何日赐清闲？难恋长安钟漏，谁借青云咳唾，拂袖且东还。笑杀长缨使，复转出秦关。　吾道在，虽不遇，面何惭！洛阳年少，高论难与绛侯谈。富贵暂饶先手，晞尽草头秋露，掩鼻出东山。且饱鲸鱼脍，风月过江南。

在这首词中，他以东方朔、终军、贾谊、张翰自况，而把阻碍他取得玉殿清闲职务的人斥为绛侯。他还有一篇《与饶州太守辞免权幕官启》，称“顾绵力不堪于长坂，姑欲避其盐车”，看来他准备不赴饶州任，而要“拂袖且东还”。但后来他还是赴任了，《东堂集》中有《饶州州学进士题名记》，作于“元祐五年春”；又有《上饶州安太守论朱逮狱书》，与太守争论“朱逮杀人”是否“当论死”，中谓“今而后不敢复哓哓求效愚计矣”，说明他同太守的关系颇不融洽。

三

苏轼是否于元丰年间贬官黄州时就见过毛滂呢？当时很可能他已知道毛滂其人，但面见还没有直接证据。苏辙在筠州除与滂父有大量唱和诗外，还有一首《送毛滂斋郎》：

先志承颜善养亲，束装骑马试为臣。
酒肠天与浑无敌，诗律家传便出人。
拥鼻高吟方自得，折腰奔走便劳神。
归来一笑须勤取，花发陈吴二月春。

首联说明毛滂在筠州侍亲，而这次出仕显然是初仕，故云“试为臣”。颔联为我们活灵活现地画出了毛滂为人，诗酒皆可与乃父媲美。颈联出句承“养亲”和以诗酒自娱，出句承“试为臣”，言出仕之后就不可能清闲自得了。故尾联劝其早归，勿恋官职。青年毛滂已“诗律出人”，苏轼既与其父有书信来往，而苏辙又直接与毛滂接触过，苏轼当时即使未直接见过毛滂，想亦略知其人。

《东坡集》中有一首《次韵毛滂法曹感雨》诗，从诗题称毛滂为“法曹”

可知，此诗作于毛滂任饶州法曹时。冯应榴《苏文忠公诗合注》云：“此诗原唱，集（指《东堂集》）中失载。”由于王文诰没有见到毛滂原唱，他把苏轼次韵诗完全讲走样了。毛滂原唱，今存《东堂集》虽失载，但并未失传。《湖州府志》卷四录有毛滂两诗，其一为《响应祷雨寄苏东坡》，即为“此诗原唱”。为补《东堂集》之佚，更为了准确理解苏轼的次韵诗，毛滂原唱虽长，仍照录于下：

雪意未肯休，垂垂阁云端。
余暖蒸衣裘，势作堕指寒。
曛黄阴雨来，俄忽急雨霪。
空阶答檐语，跳珠上阑干。
世尊俨无说，冻坐谁为欢。
萧条僧舍影，癡兀依蒲团。
相照怜短檠，坐恐膏油干。
劳生竟何如，岁月如走丸。
七星在长剑，细事何足弹。
尚想丘园人，惭颊时一丹。
徘徊经屠门，饱意只自谩。
顾惟淬牛力，庶足厌一餐。
不然学农圃，趁此筋力完。
年丰得饱饭，日晏眠茅莞。
咄嗟万里空，俯仰百岁殚。
行止信流坎，所遇随足安。
勋名片纸薄，天地如瓢箪。
《离骚》信相逢，浊酒聊自宽。
谁与谈此心，夜气方漫漫。
绝墙过饥鼠，翻倒争余残。

此诗首写“响应祷雨”，给人以阴森昏黄、寒气袭人之感；次写夜宿僧寺，萧条冷落，彻夜不眠；再写思绪万千，如此做官，何不归家；末以夜气漫漫，饥鼠横行，无人与谈作结，全诗充满了孤独、凄凉的气氛，调子十分低沉。针对毛诗的过分凄冷，苏轼次韵诗一开头就写道：“江南佳公子，遗我锦绣端。揽之温如春，公子焉得寒?”“锦绣端”指滂诗，意谓你有锦绣般的诗篇，我读了已感到温暖如春，你更应为自己有这样的诗才而感到温暖，区区仕途不遇哪会使你寒冷？接着苏轼进一步宽慰道：“兴雨自有时，肤寸便濛霮。”——眼下的不遇是暂时的，甘雨总有降临的时候。正确的态度应该是加强自身修养：“敛藏以自润，斗牛何足干”；“迨子闲暇时，种子田中丹。”如果过急地干时进取，“但恐千仞雀，匆匆虚发弹”，“一朝涉世故，空腹容欺谩”。苏轼说准了，从后来“滂为曾布所赏”和“倾心事”蔡卞来看，他不是“虚发弹”，至少也是被“欺谩”了。苏轼似乎早已感到毛滂有些饥不择食的味道，故苦心诫之。苏轼次韵诗的后一部分又以自己当年在黄州如何安贫处穷劝诫毛滂：

我顷在东坡，秋菊为夕餐。
永愧坡间人，布褐为我完。
雪堂初覆瓦，上簟下无莞。
时时亦设客，每醉筒辄殚。
一笑便倾倒，五年得轻安。
公子岂我徒，衣钵传一箪。
定非郊与岛，笔势江河宽。
悲吟古寺中，穿帷雪漫漫。
他年记此味，芋火对懒残。

王文诰在《苏诗编注集成》卷三一中说：“中间‘我顷在东坡’一段，明言筠、黄通好。其中有子由在，故云‘公子岂我徒，衣钵传一箪’也。滂先已见公于黄，故又有‘一笑便倾倒’句，而此段自述东坡贫困状，与坐拥旌节气概，今昔不同，正以滂向预‘设客’“筒殚’之列，而因滂亲见以发之也。”这里有个问题：这段诗真能证明苏、毛“筠、黄通好”，“滂先已见公于黄”吗？难道真是“正以滂向预‘设客’‘筒殚’之列，而因滂亲见以发之”吗？苏轼在这里讲“我顷在东坡”的目的何在？我认为，苏轼之所以提到“我顷在东坡”，主要在以自己的安贫勉励毛滂。《诗经·小雅·斯干》云：“下莞上簟，乃安斯寝。”而苏轼在秋菊为餐，布褐不完，雪堂上无簟、下无莞的艰难境遇中仍能“安斯寝”，时时设客醉酒，开怀大笑。苏轼可能因毛滂“亲见”，故以此劝勉他；即使毛滂没有“亲见”，从行文看，也可以此劝勉他。以此证明“滂先已见公于黄”，虽不能说完全无此可能，但至少是无力的，更没有讲清苏轼这段诗的主旨。所谓“公子岂我徒”，乃谓毛滂非我辈人，没有我当年那么倒霉；所谓“衣钵传一箪”，既指其“诗律家传便出人”，亦指其家“阡陌连三衢”，远没有苏轼在黄州时那么艰难。这两句是紧扣上文说的，与“其中有子由在，故云‘公子岂我徒，衣钵传一箪’”何涉？处境既非不堪忍受，而又如此啼饥号寒，故苏轼才希望他“定非郊与岛，笔势江河宽”。嬾残为唐僧人。李泌读书衡岳寺中，见嬾残所为，知非凡人，中夜往谒。阇残发火取芋啗泌，曰：“慎勿多言，领取十年宰相。”（事见《高僧传》）李泌后来果然位至宰相。苏诗的最后四句即以李泌比毛滂，谓你眼前虽风雪漫漫，悲吟于古寺之中，但他年的前途却是无量的，也是宽慰之词。毛滂原唱的发现是很有意义的，除可补《东堂集》之佚外，还可看出苏轼对后学的谆谆告诫。

四

以后毛滂也一直与苏轼兄弟保持着联系。元祐六年（1091）二月苏轼任尚书右丞，毛滂有《贺苏右丞启》；同年三月苏轼自杭州召还，再任翰林学士，滂有《贺苏内翰启》。苏轼贬官岭南，毛滂还不断寄诗文奇茗与苏轼，不少作于苏轼贬官岭南期间。其一云：“公素人来，得书累幅。既闻起居之详，又获新诗篇及公素寄示《双石堂记》。”公素即孙公素，苏轼贬官惠州时，孙公素任衢州守，“发厅事前古冢，得双石，因以为堂名”（毛滂《水调歌头·

登衢州双石堂呈孙八太守公素》)，毛滂为作《双石堂记》，自署“绍圣三年(1096)二月二十五日”作，苏轼此信亦当作于是年。一信云：“某寓居粗遣，本带一幼子(苏过)来，今者长子(苏迈)又授韶州仁化令，冬中当挈家来至此。某又已买得数亩地在白鹤峰上，古白鹤观基也。已令斫木陶瓦，作屋二十间，今冬成。”苏轼在白鹤峰买地筑屋亦在绍圣三年，此信当作于是年冬初。又一信云：“新居在大江上，风云百变，足娱老人也。有一书斋名思无邪。”苏轼是绍圣四年(1097)二月迁入白鹤峰新居的，同年四月再谪海南，此信当作于是年二至四月之间。其六云：“寄示奇茗极精而丰，南来未始得也。”再一信云：“《秋兴》之作追陪骚人矣，不肖何足以窥其粗?”《秋兴》指毛滂的《拟秋兴赋》。以上两信亦作于远谪岭南时。

(原载《文学评论》1985年第3期)

论苏门后四学士

一

韩淲云："廖正一明略、李格非文叔、李禧膺仲、董荣武子，时号后四学士。明略有《竹林集》，文叔有《济北集》，膺仲、武子文集未之见也。"（《涧泉日记》卷上）我对这一记载一向颇为怀疑。宋人有关苏门四学士或六君子的记载很多，为什么关于苏门后四学士的记载仅见于此呢？李格非为李清照之父，宋人记载也很多，为什么只有此书说他属于苏门后四学士呢？李禧，《宋史》无传，仅存诗一首："晚来无事理扁舟，唤起骚人漫浪愁。过眼飞鸿三两字，淡烟寒日荻花秋。"（孙绍远《声画集》卷八）董荣，《宋史》亦无传，未留下任何作品。晁补之云："东平董耘武子，年少，以孝闻。"（《鸡肋集》卷三一《永感堂记》）此董耘是否即后四学士之董荣，也很难肯定。至于李禧、董荣与苏轼的关系，也没有什么资料。苏轼门人除四学士、六君子外还很多，比李禧、董荣更有名者很多，其中不少还有集传世。谓李格非、廖正一属苏门后四学士还可理解，为什么会把李禧、董荣这样不见诸经传的人物与李、廖一起列入苏门后四学士呢？

但韩淲为南宋著名文人，所记不可轻易否定。韩淲（1159—1224），字仲止，号涧泉，元吉子。以父荫入仕，任主簿，为平江府属官，又尝官贵池。庆元六年（1200）药局官满，还家。嘉泰元年（1201）秋，入吴。未几辞官归隐上饶，家居二十年，嘉定十七年（1224）卒。淲幼承家学，清高绝俗，人品学问，皆有根柢，著有《涧泉集》《涧泉诗余》《涧泉日记》。四库馆臣谓其《涧泉日记》，"议论率皆精审"（《四库全书总目》卷一二一），在宋人说部中堪称卓杰，所记当可信。故本文仍对苏门后四学士略作论述，以期引起学界重视，收集更多的相关资料。

二

廖正一，《宋史》无传，但《东都事略》卷一一六有传。他字明略，号竹林居士，安州（今湖北安隆）人。元丰二年（1079）进士（嘉靖《延平府志》卷一七）。元祐初，召试馆职，苏轼得其对策，大奇之。为秘书省正字。六年，除馆阁校理（徐松《宋会要辑稿》职官一八之一二）。在他为杭州通判时，孔武仲曾举以自代，称其“志操清洁，文学优深。向者玉堂对策，耸动众观。臣在馆阁，久与之处，见其所守，始终不移。乞以代臣，以允公议”（《宗伯集》卷九《举自代》）。晁补之在《跋廖明略能赋堂记后》中，亦谓“余同年生廖明略，学问博古，志操如雪霜”（《鸡肋集》卷三三）。绍圣二年，知常州（《咸淳重修毗陵志》卷八）。入元祐党籍，贬监玉山税，卒。著有《竹林集》三卷（《郡斋读书志》卷一九），《宋史》卷二〇八《艺文志》七又称其集为《廖正一集》八卷。

叶梦得《廖明略竹林集序》云：“明略尝言：‘吾深服左氏，而乐道范晔之秀正温绎。晔尝自叙其书，以为‘但多公家之言，而少事外远致’，吾所恨亦云。丘明不可及也，异时有置吾于晔伯仲之间，吾尚无愧。往有评吾文似尹师鲁者，吾虽不学师鲁，然意善其言。’是时余见明略文固多，知其所自道不诬也。明略自为举子时，即不沿袭场屋一语。再举而取进士，其所试，杰然已若可以名世者，至今为学者推重。盖其用志深苦，而思致精悫，渊源所从来者远矣。每一出语，辄有区域町畦，未有卒然而作者。至于出入经传，驱驾前言，左掐右摘，比次回曲，他人咀嚼梼杌终不能安者，明略绳约隐括，如以利刀摧朽木，尺箠呵群羊，无不如意。故其曲奥简洁，音节遒峻，精新焕发，使人读之，不觉矍然增气。惜其早困，不得尽用所长。始，元祐初，天下所推文章，黄、张、晁、秦号四学士，明略同直三馆，轩轾诸公间，无所贬屈，欲自成一家。然其流落不偶，略相似云。”（《文献通考》卷二三七）叶梦得（1077—1148）字少蕴，其家有石林园，故号石林居士，苏州吴县（今江苏苏州）人。绍圣四年进士，官翰林学士兼侍读、户部尚书、尚书左丞、知福州兼福建安抚使。他是晁氏外甥，又尝从晁补之、张耒诸人学，在诗文创作与评论方面均有较大成就。著述甚富，有《石林总集》百卷，今仅存《建康集》八卷、《石林奏议》十五卷。此序明确以廖正一与黄、张、晁、秦四学士相比较，如果当时已流行苏门后四学士的提法，廖正一属后四学士，这里理应提及，但却没有。廖论文特别推崇左丘明与范晔，自认为“丘明不可及”，而可与范晔相伯仲。叶梦得认可其自评（“自道不诬”），称其文“用志深苦”，“思致精悫”，“出入经传，驱驾前言”，“无不如意”，“曲奥简洁，音节遒峻，精新焕发”。

叶梦得与廖正一同时而略晚，他所见“明略文固多”，可惜今天已大多失传了。《全宋文》卷二五三〇仅收其《代范德孺谢户部表》一篇，据《皇朝文鉴》卷七一收录。《皇朝文鉴》是吕祖谦编的著名北宋选本，能入此选，足以代表吕祖谦对他的看重。王銍云：“廖友明略作四六，最为高奇。”（《四六话》卷上）这篇《代范德孺谢户部表》正是一篇四六文，表一开头就点明了“谢户部”的主旨：“边部终更，王庭当觐。亟承天宠，遽置地官。静以省躬，忸乎就列。”接着叙前绩：“早遇盛时，荐膺烦使。馈粮千里，尝绝漠以知难；勤戍六年，属镌羌之未谕。”对升任户部颇感意外（“误被选抡”）：“众谓荣观，臣知非据。”最后表示，既被任命，就当尽职：“当勤早夜之思，庶有毫铢之补。”全文典雅温润，从容不迫。王銍《四六话》卷上还举了廖正一的其他四六名句：“明略《贺安厚卿启》曰：‘远离门墙，遁迹江湖之外；窥望麾葆，荣光河洛之间。’又《贺张丞相启》云：‘中台之光，下饰万物；前著之画，外制四夷。进有德而朝廷尊，用真儒而天下服。’又云：‘日月亭午，信无邪阴；山川出云，亟有时雨。’又谢厚卿答书之启云：‘寂寞江滨，若戎车之陷淖；栖迟岩邑，信塞马之依风。晔然晨光，照此蔀屋。’”这些四六名句确实不愧王銍“高奇”之誉。

《全宋诗》卷一〇六九收廖诗七首。张邦基云：“重和戊戌（1118）冬，予道由汝昌之汝坟驿，壁间得廖正一明略手题三诗。其一云：‘阿怜二十颇有余，秀眉丰颊冰琼肤。无端欲作商人妇，更枉方寻海畔夫。’其二云：‘阿梅笄岁得同欢，懊恼情深解梦兰。莺语轻清花里话，柳条弱嫩掌中看。’其三云：‘淮源距襄阳，亭候逾十舍。征鞭背乡帏，云雨虚四夜。双艳尽倾城，一姝偏擅价。独怒蕙心轻，误许商人妇。’初不晓其意，是年至唐州外氏家，因举是诗，邦人任喻义可云：‘顷年明略与郡之二营妓往来，情好甚笃，其一小字怜怜，其一名梅。时怜怜将为大贾所纳，明略既去，道过汝坟作诗，盖有所感也。怜怜竟随贾去，‘方寻海畔夫’，用海上有逐臭之夫事，讥之也。”（《墨庄漫录》卷六）据任所说，廖之三诗都是言情诗，是为“二营妓”而作。第一首为怜怜嫁作商人妇而作，第二首写名字叫梅的营妓，第三首合写二人：“双艳尽倾城”。又着重发泄对怜怜的不满：“一姝偏擅价”，“误许商人妇”。三诗没有多少深意，表明他少年时代也是一位风流才了。

其《和补之梅花》：“薰兰芳草久睽离，偶泄春光此一枝。自许轻盈羞粉白，何人闲丽得邻窥。寒欺薄酒魂消夜，月入重帘梦破时。幸有暗香襟袖暖，江南归信不应迟。”（方回《瀛奎律髓汇评》卷二〇）前四句咏梅花，后四句写思妇，冯班认为“腹联好”，因为“寒欺薄酒”一联写出了思妇以酒消愁而仍夜不能寐的相思之苦。

廖正一亦能词，惜其词已失传。《全宋词》据《乐府雅词拾遗》卷上收其《瑶池宴令》一首，然据赵令畤所载，此词应为苏轼作：“东坡云：琴曲有《瑶池燕》，其词不协而声亦怨咽，变其词作《闺怨》寄陈寄常云：‘此曲奇妙，勿妄与人。’云：‘飞花成阵，春心困。寸寸，别肠多少愁闷。无人问，偷啼自揾，残妆粉。　　抱瑶琴、寻出新韵。玉纤趁，《南风》来解幽愠。低云鬟，眉峰敛晕，娇和恨。’”（《侯鲭录》卷三）赵令畤为苏轼同僚，元祐六年，苏轼知颍州，赵签书颍州节度判官公事，常与游从唱和，所记当有据，此词应为苏轼词。

在所谓“后四学士”中，恐怕以廖正一与苏轼的关系最为密切，只有他享受了苏门四学士的待遇：“元祐中，苏轼在翰苑试馆职之士，得正一对策，奇之。除秘书省正字。轼门人黄、秦、张、晁，世谓之四学士，每过轼，轼必取密云龙瀹以饮之。正一诣轼谢，轼亦取密云龙以待正一。由是，正一之名亚于四人者。”（《东都事略》卷一一六《廖正一传》）密云龙是极为甘馨的茶。同一内容，杨慎记载得更为有趣，谓家人误廖正一为四学士：“宋廖正一字明略，晚登苏东坡之门，公大奇之。时黄、秦、晁、张号苏门四学士，东坡待之厚。每来必令侍妾朝云取密云龙，家人以此知之。一日又命取密云龙，家人谓是四学士，窥之，乃廖明略也。”东坡《行香子》云：“绮席才终，欢意犹浓。酒阑时、高兴无穷。共夸君赐，初折臣封。看分香饼，黄金缕，密云龙。　　斗赢一水，功敌千钟。觉凉生、两腋清风。暂留红袖，少却纱笼。放笙歌散，庭馆静，略从容。”（《词品》卷三）这是苏轼一首著名的咏茶词，上阕写宴席散后共饮密云龙，“共夸君赐，初折臣封”是说此茶乃哲宗所赐：“（哲宗）密语（中使）曰：‘赐与苏轼，不得令人知。’遂出所赐，乃茶一斤，封题皆御笔。”（王巩《随手杂录》）下阕写密云龙为茶中极品，饮后“觉凉生、两腋清风”。

三

李格非字文叔，山东章丘市明水镇人，女词人李清照之父。幼时聪敏警俊，刻意于经学，著《礼记说》数十万言。熙宁九年（1076）进士及第，调冀州司户参军。试学官，为郓州教授。元祐元年（1086）为太学录，转太学博士。四年（1089），官太学正，六年（1091）格非官太学博士。绍圣间立局编元祐时章奏，任为检讨，不就，出通判广信军。绍圣二年（1095）召为校书郎，迁著作佐郎。建中靖国元年（1101），为礼部员外郎、提点京东刑狱。崇宁元年（1102），入元祐党籍。五年（1106），叙复，与监岳庙差遣。卒，年六十一。

廖正一与苏轼交往是在苏轼于元祐年回朝后，李格非与苏轼交往始于何时?《宋史》本传云：“入补太学录，再转博士，以文章受知于苏轼。”从行文看，似乎也在元祐年间，因为李格非在太学任职是在元祐年间。但《苏轼文集》中有贬谪黄州时作的《与文叔先辈》二首（《苏轼文集》卷五六），校点者谓“文叔乃李格非之字，此二首或是与格非者”。语气虽不肯定，但可能性极大。格非为山东人，熙宁九年进士及第，而苏轼于熙宁七年至九年曾知密州（今山东诸城），这位应试士子造访苏轼的可能性极大。这是推测之词，尚无确证。

李格非南迁是在崇宁元年至五年（1101—1106）期间，时苏轼已去世（1101）。在苏轼南迁期间，二人仍有书信往来。苏轼《与孙志康》（同上）

云："李文叔书已领。会见无期，千万节哀自重。诸儿子为学颇长进，迨自吴兴寄诗来，文采甚可观。此等辱交游最旧，故辄以奉闻，然不敢令拜状，无益，徒烦报答也。某所答书，乞勿示人，切祝！切祝！"孙志康即孙勰，宁都（今属江西）人。他元祐三年才进士及第，但在熙宁年间苏轼通判杭州时就成为苏轼门人了。苏轼幼子苏过《孙志康墓铭》云："熙宁初，先君通守钱塘，孙君介夫使其子志康贽所业以见，愿留授经于门下，时年未弱冠也。先君嘉之，使与余长兄游。既卒业归，自是走四方，为文章士。元祐间，先君知礼部贡举，志康以荐书来京师，先君得其程文于黜籍中，擢置第六人，廷试复居第六，天下然后知取之者严，而得之者固自可必也。"（《斜川集校注》卷五）此信有"迨（苏轼次子苏迨）自吴兴寄诗来"，显然作于苏轼谪居岭南时。信中又有"会见无期，千万节哀自重"语，指孙勰之父孙立节（介夫）之死，死于苏轼谪居海南的元符三年（1100）。苏轼《与孙志康》另一书云："不意变故，尊丈节推，遽捐馆舍，士友悲恸，有识叹惋，奈何！奈何！……某以窜逐海上，莫由赴吊，临纸哽噎，言莫能谕。"苏轼《刚说》亦云："建中靖国之初，吾归自海南，见故人，问存没，追论平生所见刚者，或不幸死矣。若孙君介夫讳立节者，真可谓刚者也。"（《苏轼文集》卷一〇）可见苏轼《与孙志康》作于苏轼自海南北归前，此时李格非与苏轼仍有书信往来（"李文叔书已领"）。

崇宁元年（1102）七月，李格非"以党籍罢"后的情况如何？陈祖美《李清照评传》说："至于格非最后受到何种惩治，结局如何，史无明载。根据当时的情况分析，大致有三种可能：一是鉴于李格非在元祐年间职位较低，更没有像苏轼等人那样欲置章惇、吕惠卿于死地，因而得罪较轻，当不至于受到更严酷的追究。二是当时的权势人物赵挺之，虽有借机报复苏轼弟兄及黄庭坚等多次压抑、中伤自己的可能，但李格非毕竟是他赵挺之依从其爱子的意愿而选中的亲家，当不至于投井下石，相反，还可能暗中为之斡旋，予以援手，使之得以从轻发落。三是鉴于上述韩琦、韩忠彦对清照父、祖的荐拔，此时韩忠彦虽然受到曾布的掣肘，但毕竟身居相位，对李格非的蒙冤，不会坐视不救。凡此种种，李格非当没有受到远谪或编管的处分。"这一推测与所载李格非的《初至象郡》《绝句》诗的内容不符（刘克庄《后村诗话》续集卷三）。象郡，古郡名，秦置，辖今广西西部、广东西南部、贵州南部。《初至象郡》凡四首，第一首明确讲“吾迁桂岭外”。第二首写得最好，希望谪迁之地能成为洙泗之邦：“去日有近远，寒暑乃不同。手捉而喙饮，嗜欲南北通。是邦亦洙泗，人可牛与弓。良知尽虚市，妙质老耕农。彼时张曲江，此时余襄公。二子稍颖脱，一洗凡马空。斯文隔裔土，后生昧华风。闽中要常衮，剑外须文翁。”张曲江指张九龄（678—740），唐代诗人，唐玄宗时宰相，韶州曲江（今广东韶关）人。余襄公指宋人余靖（1000—1064），也是韶州曲江人，官至工部尚书。著有《武溪集》，文章长于应变，诗亦简练有法度。李格非连举两位韶州曲江人，很可能他的贬谪之地就是韶州或其附近。常衮，唐代宗时宰相，为福建观察使时，尝设乡校以教闽人。文翁，汉景帝时蜀郡守，曾在蜀兴学，使蜀中文化比于齐鲁。后两句是说，韶州虽出现过张九龄、余靖这样的杰出人物，但是现在“后生昧华风”，很需要有常衮、文翁这样的人物来此兴学。第三首写“秦扁不南游，医方略岚嶂”，象郡巫风盛行，希望有秦扁这样的人来为人民治病。第四首写谪居的闲适生活：“居近城南楼，步月时散策。小市早收灯，空山晚吹笛。儿呼翁可归，恐我意惨戚。从来坚道念，老去倦形役。天其卒相予，休以南荒谪。宴坐及此时，聊观鼻端白。”此首的“休以南荒谪”也证明他是谪居于南荒之地。其《绝句》二首也有“若无万里还家梦，便是三湘退院僧”句，也显然作于南迁时。李格非“以党籍罢”前，没有“迁桂岭外”“南荒谪”之事，此事只能发生在“以党籍罢”之后。可见李格非并未因为赵挺之的关系受到什么优待，他同样受到了“远谪或编管的处分”。如果仅仅是“以党籍罢”，而非远谪，李清照献赵挺之的救父诗就不会发出“炙手可热心可寒”那样的愤慨之语及“何况人间父子情”那样的悲天跄地的哀鸣。

四

李格非存诗极少，除《初至象郡》四首、《绝句》二首外，就只有《过临淄》《试院》《驾幸太学倡和》三首及残句两则。其中《过临淄》充满古今盛衰、物是人非之感，较有诗味："击鼓吹竽七百年，临淄城阙尚依然。如今只有耕耘者，曾得当时九府钱。"（同上）九府是古代掌管钱币的机构，九府钱即国库钱币。临淄虽然城阙依然，但当年击鼓吹竽的繁华场面已看不到了，只有耕田的农夫"曾得当时九府钱"。王士禛称此诗"颇可诵"（《带经堂诗话》卷二一）。

李格非现存作品以散文成就最高。《全宋文》卷二七九二收其文十一篇，数量不多，但各体文章都有。在文论方面，他有一篇《论文章之横》，谓"孟子之言道，如项羽之用兵，直行曲施，逆见错出，皆当大败而举世莫能当者，何其横也。左丘明之于辞令亦甚横。自汉后千年，唯韩退之之于文、李太白之于诗，亦皆横者。近得眉山《筼筜谷记》《经藏记》，又今世横文章也。夫其横乃其自得，而离俗绝畦径间者，故众人不得不疑，则人之行道文章，政恐人不疑耳。"（《墨庄漫录》卷六）他所谓的"横"是指"离俗绝畦径"，就是"如项羽之用兵，直行曲施，逆见错出，皆当大败而举世莫能当"，并举孟子、左丘明、韩愈、李白、苏轼的诗文作为的"横"的代表。可见他所谓"横"，类似我们所说的豪放，而李格非的散文也正可用一"横"字为总评。

他有一篇《书战国策后》，也表现了他对"横"，对文辞的看重。他说："《战国策》所载，大抵皆纵横捭阖、谲诳相轻倾夺之说也。其事浅陋不足道，然而人读之则必向其说之工而忘其事之陋者，文辞之胜移之而已。"他认为《战国策》所载之事"浅陋不足道"，但由于"文辞之胜"，人们往往"向其说之工而忘其事之陋"。他称赞《战国策》对那些难以说清楚的"微妙难知之情"，"不过一二言语，未必及而意已隐然见乎其中"。他说，夏商周"文物大备"，幽、厉以后，周道"大坏"，但文章仍值得推崇："然其文章所从来既远，故根本虽伐而气焰未易遽熄也。……此庄周、屈原、孙武、韩非、商鞅与夫（张）仪、（苏）秦之徒，所以虽不深祖吾圣人之道，而所著书文辞骎骎乎上薄六经而下绝来世者。"（《战国策校注》附）他的这一观点显然深受三苏文论的影响。苏洵公开承认自己对纵横家的爱好。战国纵横家朝秦暮楚，苏洵是不赞成的；但他很欣赏他们的雄辩之术。他说："龙逄、比干，吾取其心，不取其术；苏秦、张仪，吾取其术，不取其心。"（《谏论上》）后世也几乎公认苏洵散文深受战国诸子，特别是纵横家的影响。茅坤说："苏文公崛起蜀徼，其学本申韩，而其行文杂出于荀卿、孟轲及《战国策》诸家。"（《唐宋八大家文钞》卷一一一）苏轼走得更远，他不但公开赞美"不能尽通于圣人"的战国诸子散文，甚至公然嘲弄只知鹦鹉学舌，重复孔、孟之道的"世之儒者"（卷八《策总叙》）。战国散文，包括纵横家的说辞，往往感情充沛，气势磅礴，纵横恣肆，酣畅淋漓，滔滔不绝，笔带锋芒，妙喻连篇，形象生动，富有鼓动性，具有雄辩的说服力。苏洵特别是苏轼的文章也具有这种特点。

三苏论文多就文论文，很少有同时代人的道学气。李格非论文也具有同一特点。他的《左马班范韩之才论》云：

司马迁之视左丘明，如丽倡黠妇，长歌缓舞，间以谐笑，倾盖立至，亦可喜矣。然而不如绝代之女，方且却铅黛、曳缟纻、施帷幄，徘徊微吟于高堂之上，使淫夫穴隙而见之，虽失气疾归不食以死，而终不敢意其一启齿而笑也。

班固之视马迁，如韩、魏之壮马，短鬛大腹，服千钧之重，以策随之，日夜不休，则亦无所不至矣；而曾不如騕褭之马，方且脱骧逸驾，骄嘶顾影，俄而纵辔一骋，千里即至也。

范晔之视班固，如勤师劳政，手胝薄版，口倦呼叱，毫举缕诘，自以为工，不可复加，而仅足为治；曾不如武健之吏，不动声色，提一二纲目，群吏为之趋走，而境内晏然也。

韩愈之视范晔，如千室之邑、百家之聚，有儒生崛起于蓬荜之下，《诗》《书》传记，锵锵常欲鸣于齿颊间，忽遇夫奕世公卿不学无术之子弟，乘高车从虎士而至，虽顾其左右，偃蹇侮笑，无少敬其主之容，虽鄙恶而体已下之矣。

（《墨庄漫录》卷六）

在此文中，李格非以形象的比喻比较了左丘明与司马迁、司马迁与班固、班固与范晔、范晔与韩愈文的不同特点，左、马相较，司马迁如"丽倡黠妇”，而左丘明如不肯一笑的“绝代之女”；马、班相较，司马迁是“纵辔一骋，千里即至”的“骎褭之马”，而班固是服重不休的“韩、魏之壮马”；班、范相较，班固“不动声色”而“境内晏如”，范晔则“勤师劳政”，“仅足为治”；范、韩相较，韩愈如“儒生崛起于蓬荜之下”，而范晔则是“奕世公卿不学无术之子弟”。不论李格非的比喻是否洽切，评论是否公正，但不得不承认他的写法是非常别致的。他在《题韩致尧十一帖》中，称赞唐末以前的简牍“事尽则言止”（《珊瑚网》卷二），他的文章也具有这种简洁的特色。

李格非的论说文还有一篇驳论《破墨癖说》也很有特色。世人多吹嘘南唐李廷珪墨，李格非说：“余用薛安、潘谷墨三十余年，皆如吾意，不觉少有不足，不知所谓廷珪墨者，用之当何如也?”然后逐条反驳了吹嘘李廷珪墨的各种论据。一是“吾墨坚可以割”，作者反驳说：“余割当以刀不以墨也。”二是“吾墨可以置水中，再宿不腐”，作者反驳说：“然吾贮水当以盆盎不用墨也。”三是“吾墨皆百余年不败”，作者反驳说：“此尤不足贵，余墨当用二三年者，何苦用百年墨哉!”四是“吾墨黑”，作者反驳说：“天下固未有白墨。”最后作者感慨道：“夫碔砆之所以不可以为玉，鱼目之所以不可以为珠者，以其用之才异也。今墨之用在书，苟有用于书与凡墨无异，则亦凡墨而已焉，乌在所宝者？嗟乎！非徒墨也，世之人不考其实用而眩于虚名者多矣。此天下寒弱祸败之所由兆也，吾安可以不辨于墨。”（《宋稗类钞》卷三二）反对“不考其实用而眩于虚名”，这就是全文主旨。

李格非的记叙文也写得不错，《隐士廉复墓碑序》是一篇有序无铭的墓碑，为我们生动刻画了廉复这样一位隐士形象。廉复与李格非“同里”，卒于元丰七年（1084），时已八九十岁，生于宋真宗咸平三年（1000）前后。少时曾“负书应举”，而“年未四十”就“尽束其生平所读书，置屋栋间，而独抱夫《易》以老焉”。作者一连提了三个问题，是因为“憎世而丑俗欤”，还是“爱其身以有待欤”，或是“得丧轻重已判于胸中欤”？这种写法比直叙更易引人深思。接着写其三事：“筑室结庐，植竹数千、木数百……他人毕力莫能及”；“种田百亩，活十余口，年岁无不给”；年“八九十，而见其犹有童颜”。以至人们疑他“筑室植木有术”，“必能化黄金”，“必能饵丹”，甚至向他“求其术”，引出他的一段议论：“是安得术？吾于筑室植木也，知不以彼之成坏易吾之诚；于家也，知不以彼之盈虚夺吾之常理；于身也，知不以思虑撄拂吾之胸中。如是耳，安得术？虽然，若有问治天下国家者，吾亦将以是语之。”（《济南金石志》卷三）这既是养生之道，也是治国之术，表明这位隐者绝非常人。

李格非文以《洛阳名园记》为最有名，而“洛阳之盛衰也，天下治乱之候也”；“园囿之兴废者，洛阳盛衰之候也”之语尤享盛名。其《书洛阳名园记后》云：

洛阳处天下之中，挟殽渑之阻，当秦陇之襟喉而赵魏之走集，盖四方必争之地也。天下常无事则已，有事则洛阳必先受兵。余故尝曰：洛阳之盛衰也，天下治乱之候也。

方唐正（贞）观、开元之间，公卿贵戚开馆列第于东都者，号千有余邸，及其乱离，继以五季之酷，其池塘竹树，兵车蹂蹴，废而为丘墟；高亭大榭，烟火焚燎，化而为灰烬，与唐共灭而俱亡者，无余处矣。余故曰：园囿之兴废者，洛阳盛衰之候也。

且天下之治乱候于洛阳之盛衰而知，洛阳之盛衰候于园囿之兴废而得，则《名园记》之作，余岂徒然哉！呜呼，公卿大夫方进于朝，放乎一己之私以自为，而忘天下之治忽，欲退享此得乎？唐之末路是矣。

（《皇朝文鉴》卷一三一）

历代对此文都评价很高，邵博云：“予得李格非文叔《洛阳名园记》，读之至流涕。文叔出东坡之门，其文亦可观，如论‘天下之治乱，候于洛阳之盛衰；洛阳之盛衰，候于园囿之兴废’，其知言哉！”（《邵氏闻见后录》卷一四）张琰《洛阳名园记序》云：“文叔方洛阳盛时，脚迹目力心思所及，亦远见高览，知今日之祸。……呜呼！可谓知言哉！”（《洛阳名园记》卷首，宝颜堂秘笈本）楼钥云：“斯文之作，为洛阳，非为园囿；为天下，非为洛阳。文字不过二百字，而其中赅括无限盛衰治乱之变，意有含蓄，事存鉴戒，读之令人感叹。”（《崇古文诀》卷三二）小题出大论，“意有含蓄，事存鉴戒”，这就是此文备受推崇的原因。

刘克庄称李格非“文高雅条畅，有义味，在晁（补之）、秦（观）之上，诗稍不逮。”（《带经堂诗话》卷二一）谓李格非的诗不逮文是对的，但谓其文在晁、秦之上则未必。“尹少稷称李格非之文，自太史公之后，一人而已”（《涧泉日记》卷上），更是言过其实。

（原载上海人民出版社 2006 年版《宋代文学与文化》）

苏洵交游考

近三十年前，我和已经过世的金成礼先生共同为《嘉祐集》作注，又自撰《苏洵评传》《苏洵年谱》，曾对苏洵交游作过一些考证。限于笺注、评传、年谱的体例，对苏洵交游的论述较为分散，且不充分，现不避重复，再作补述。当时对某些与苏洵有交往的人未能考出，如《道卜居意赠陈景回》诗中的陈景回就说“未详其人”，对其姓名、籍贯、家世一无所知。现在却考证出陈景回即陈庸，景回是其字，眉州青衣（今四川名山北）人。他竟是与三苏父子交往甚深并赫赫有名的陈公弼（字希亮）之侄。又如《答张子立见寄》，原亦“未详其人”，今考证出张子立乃张宗诲之子，名相张齐贤之孙。苏洵有些交游，当时只作了一些推断，有些推测显误，如《次韵和缙叔游仲容西园》（《嘉祐集》卷一六）有“相公犹有遗书在”句，疑仲容为欧阳修子奕，而欧阳修去世在苏洵之后，不当谓“遗书”。有些推断，如《上田待制》疑即田京，《途次长安上都曹傅谏议》疑即傅求，至今仍无确证。有些当时不知其人，至今仍不知其人，如《题仙都山鹿》叙中的李长官，《王荆州画像赞》中的王荆州等，此类皆付阙如。

一、苏洵与石扬休

石扬休（995—1057）字昌言，眉州眉山（今属四川）人。景祐五年（1038），中进士甲科，授同州观察推官。代还，迁秘书省著作佐郎、知开封府中牟县。召为秘阁校理，监裁造院，以太常博士为开封府推官。转尚书祠部员外郎，为三司度支、盐铁二判官。出知宿州。召还，为三司度支判官，修起居注。以刑部员外郎知制诰，判太常寺，兼判三班院。迁工部郎中，以嘉祐二年（1057）卒于汴梁，年六十三。扬休平居淡泊，喜聚图书，其诗恬淡高雅，释文莹称其诗“最得唐人风格”[①]。著有《南郊野录》六卷、《燕申编》二卷、《角上丛编》五卷、《西斋文集》十卷，诗及杂文、制诏千余篇，今已佚。事迹见《名臣碑传琬琰之集》中集卷一六、范镇《石工部扬休墓志铭》、《宋史》卷二九九本传。

苏、程（苏洵妻族）、石三姓是眉山的三大家族。石扬休比苏洵长二十五岁，是看着苏洵长大的。苏洵《送石昌言使北引》（《嘉祐集》卷一五）历述了他们的交游：“昌言举进士时，吾始数岁，未学也。忆与群儿戏先府君（苏序）侧，昌言从旁取枣栗啖我，家居相近，又以亲戚故，甚狎。昌言举进士，日有名。吾后渐长，亦稍知读书，学句读、属对、声律，未成而废。昌言闻吾废学，虽不言，察其意甚恨。后十余年，昌言及第第四人，守官四方，不相闻。吾以壮大，乃能感悔，摧折复学。又数年，游京师，见昌言长安，相与劳苦如平生欢，出文十数首，昌言甚喜称善。吾晚学无师，虽日为文，中甚自惭，及闻昌言说，乃颇自喜。今十余年，又来京师，而昌言官两制，乃为天子出使万里外强悍不屈之虏庭，建大旆，从骑数百，送车千乘，出都门，意气慨然。”旧时，一般七岁入学。其时，苏洵“始数岁，未学”，故大约在大中祥符六年（1013）苏洵五岁前后。石昌言乃石扬言之兄弟，苏洵幼姊适石扬言，故苏、石两家是“亲戚”。欧阳修《苏君墓志铭》（《欧阳修集》卷三五）谓洵“年二十七始大发愤，谢其素所往来少年，闭户读书为文辞。岁余，举进士再不中。”“再”字表明，此前苏洵曾举进士。旧时学“成”与否，指是否进士及第。“未成而废”即指举进士未及第而废学。苏洵于天圣四年（1026）十八岁初举进士，而石昌言于宝元元年（1038）进士及第，由苏洵学“未成而废”到石昌言进士及第为十三年，与“后十余年”合。苏洵《上欧阳内翰第一书》（《嘉祐集》卷一二）言庆历新政及其失败时说：“洵时在京师，亲见其事。”“见昌言长安”，大约在庆历五年（1045）新政失败，苏洵三十七岁自京返蜀途经长安时。“今十余年，又来京师”，指嘉祐元年（1056）送二子入京应试，《送石昌言使北引》正写于此时。苏轼《跋送石昌言引》（《苏轼

① 《湘山野录》下，中华书局唐宋史料笔记丛刊本。

文集》卷六六）云：“嘉祐元年九月十九日先君送石昌言北使文一首，其字则轼年二十一时所书与昌言本也。”次年石扬休卒于京师，而洵妻程氏卒于乡，苏洵便携新及第的苏轼兄弟匆匆返眉山了。

二、苏洵与史经臣

苏轼《史经臣兄弟》（《苏轼文集》卷七二）云：“史经臣字彦辅，眉山人，与先君同举制策，有名蜀中，世所共知。沆（字）子凝者，其弟也。沆才气过人而薄于德。彦辅才不减沆而笃于节义，博辩能文，不仕，年六十卒，无子。先君为治丧，立其同宗子为后，今为农夫，无闻于人。沆亦无子，哀哉！”

苏洵《祭史彦辅文》（《嘉祐集》卷一五）先叹其不幸而死，短寿、贫贱、无子：“呜呼彦辅，胡为而然，胡负于天？谁不寿考，而于彦辅，独啬其年？谁不富贵（此处似脱一句），使终贱寒？谁无子孙，诜诜戢戢，满眼蚳蝝？于天何伤，独爱一孺，使殒其传？幨幨其帷，其下惟谁，有童未冠。彦辅从子，带绖而哭，稽颡来前。天高茫茫，恸哭不闻，谁知此冤？”然后以“辍哭长思”领起，详尽记述了他与史经臣的交游：

第一，结交于宝元：“念初结交，康定、宝元。子以气豪，纵横放肆，隼击鹏骞。奇文怪论，卓若无敌，悚怛旁观。忆子大醉，中夜过我，狂歌叫欢。予不喜酒，正襟危坐，终夕无言。他人窃惊，宜若不合，胡为甚欢？嗟人何知，吾与彦辅，契心忘颜。”“康定宝元”乃“宝元康定”之倒文，以便押韵。苏洵与史经臣结交始于宝元年间（1038—1039）。

第二，庆历五年（1045）苏洵三十七岁时，因与史彦辅同举制策入京：“飞腾云霄，无有远迩，我后子先。挤排涧谷，无有险易，我溺子援。破窗孤灯，冷灰冻席，与子无眠。旅游王城，饮食寤寐，相恃以安。”王城，周公所建，平王东迁，都于王城。故址在今洛阳王城公园一带。此处指京城。

第三，这次应试，二人皆落选，分别南游，共同返川：“庆历丁亥，诏策告罢，予将西辕。慨然有怀，吾亲老矣，甘旨未完。往从南公，奔走乞假，遂至于虔。子时亦来，止于临江，系马解鞍。爱弟子凝，仓卒就狱，举家惊喧。及秋八月，予将北归，亦既具船。有书晨至，开视惊叫，遂丁大艰。故乡万里，泣血行役，敢其生还？中途逢子，握手相慰，曰无自残。旅宿魂惊，中夜起行，长江大山。前呼后应，告我无恐，相从入关。”庆历丁亥即庆历七年（1047），诏策告罢即指制科落选。苏洵本想西归返川（“予将西辕”），而后来却南游（“往从南公”）虔州（“遂至于虔”），而史经臣亦去临江（今江西清江）探望其弟史沆。而史沆因事就狱（原因不详），苏洵亦单丁大艰（其父苏序去世）。两人中途相逢，共同返川（“相从入关”）。

第四，苏洵父子返川后，史彦辅长期卧病，又因“爱弟子凝”之死，病情加重。嘉祐元年，苏洵携苏轼兄弟入京应试，史彦辅仍勉强起来为苏洵送行：“归来几何，子以病废，手足若挛。我嘉子心，壮若铁石，益固而坚。嗔目大呼，屋瓦为落，闻者竦肩。子凝之丧，大临呕血，伤心破肝。我游京师，强起来饯，相顾留连。”

第五，嘉祐二年（1057）苏轼兄弟双双进士及第，因程夫人病逝返川，不久史沆亦卒。时苏洵亦病，只好写下这篇祭文派苏轼往奠：“我还自东，二子丧母，归怀辛酸。子病告革，奔走往问，医云已难。问以后事，口不能言，悲来塞咽。……呜呼彦辅，天实丧之，予哭寝门。白发斑斑，疾病来加，卧不能奔。哭书此文，命轼往奠，以慰斯魂。”

第六，史彦辅死后，苏洵为安排其后事做了很多事。一是为其收拾遗稿：“遗文坠稿，为子收拾，以葺以编。我如不朽，千载之后，子名长存。”苏洵说对了，史经臣一生的大体经历之所以还为我们今天所知道，就是因为苏洵成了“不朽”的历史人物。可惜的是，史经臣的诗文似已只字无存。二是史经臣无子，苏洵“立其同宗子为后”。三是写信给吴照邻，托其照顾史沆遗孤，详下苏洵《与吴殿院书》。

三、苏洵与吴中复

吴中复（1011—1078）字仲庶，兴国军（治今湖北阳新）人。举进士，为泗州昭信尉。改秘书省著作佐郎，知嘉州犍为县。通判潭州。孙抃素不识中复，举为监察御史里行，迁殿中侍御史里行。通判虔州，未至，知池州。

复还台职，授殿中侍御史，改右司谏兼主管国子监，同知谏院，为侍御史知杂事兼都水监。除三司户部副使。历知潭州、瀛州、江宁府、成德军、成都府、永兴军、荆南等州府。元丰元年十二月卒，年六十八。中复为人乐易简约，好周人之急。能诗文，其《冀国夫人任氏碑记》[①] 云："夫人微时，以四月十九日见一僧坠污渠，为濯其衣，百花满潭，因名曰'百花潭'。"此文虽为残简，却为我们留下了成都百花潭得名由来的珍贵史料。事迹见宋杜大珪《名臣碑传琬琰之集》下卷五五《吴给事中复传》、《东都事略》卷七五、《宋史》卷三二二本传。

吴中复曾知嘉州犍为县，苏洵《送吴待制中复知潭州二首》（《嘉祐集》卷一六）有"十年曾作犍为令，四脉尝闻愍俗诗"语，即使这时苏、吴尚未见面，但苏已知其人，闻其诗。其《上文丞相书》（《嘉祐集》卷一一）亦言吴中复在犍为严于治吏："往年吴中复在犍为，一月而发二吏。中复去职，而吏之以罪免者，旷岁无有也。"

嘉祐初，苏洵送二子在京应试期间，曾与吴中复相见，其《与吴殿院书》（《嘉祐集》卷一三）："京师会遇，殊未及从容，属家有变，故仓遽西走，遂不得奉别，怏怅不可胜言也。向每见君侯，谈论辄尽欢。而在京师逾年，相见至少，诚恐宪官职重，是以不敢数数自通，然亦老懒不出之故。及今相去数千里，求复一见，不可得也。"

史经臣死后，曾与吴中复商议照顾史沆之女事，《与吴殿院书》又云："曩曾议及故友史沆，骨肉沦落荆楚间，慨然太息，有收恤之心。沆有兄经臣者，虽卧病，而志气卓然，以豪杰称乡里。使得摄尺寸之柄，当不卤莽。常以为沆死而有经臣者在，或万一能有所雪。今不幸亦已死矣。追思沆平生，孤直不遇，而经臣亦以刚见废，又皆以无后死。当其生时，举世莫不仇疾，惟君侯一人独为哀闵。而数年间兄弟相继沦丧，使仁人之心不克少施。呜呼！岂其命之穷薄至于此耶？经臣死，家无一人，后事所嘱，办于朋友。今其家遗孤，骨肉存者，独沆有弱女在襄州耳。君侯尚可以庇之，使无失所否？"

---

① 《方舆胜览》卷五一，影宋本。

苏洵《送吴待制中复知潭州二首》（《嘉祐集》卷一六）云："十年曾作犍为令，四脉尝闻愍俗诗。共叹才高堪御史，果能忠谏致戎麾。会稽特欲荣公子，冯翊犹将试望之。船系河堤无几日，南公应已怪来迟。"又云："台省留身凡几岁，江湖得郡喜今行。卧听晓鼓朝眠稳，行入淮流乡味生。细雨满村莼菜长，高风吹旆彩船狞。到家应有壶觞劳，倚赖比邻不畏卿。"王文诰《苏诗总案》卷一系此诗于皇祐三年（1051）。吴中复既曾"通判潭州"，又曾"知潭州"。但苏洵诗题明明是送吴"知潭州"，而不是送吴通判潭州，系皇祐三年显然不妥。据《北宋经抚年表》，吴中复以天章阁待制知潭州在嘉祐七年，时苏洵在京，《送吴待制中复知潭州》即作于此时，它不是皇祐三年为送犍为令吴中复通判潭州而作，而是嘉祐七年为送天章阁待制（所谓"吴待制"）吴中复知潭州而作。诗中所谓"十年曾作犍为令"，是说十年前吴曾做犍为令，而不是如某些人所解释的尝做犍为令十年。宋代官吏调动频仍，绝不可能让吴在犍为连任四任。所谓"共叹才高堪御史，果能忠谏致戎麾"，正指孙抃于皇祐五年荐吴为监察御史里行，而吴亦未辜负孙之推荐。若此诗作于皇祐三年，苏洵怎能预知两年后发生的事呢？所谓"台省留身凡几岁"，即指吴从皇祐五年起至嘉祐七年止，皆在朝廷任职。所谓"行入淮流乡味生"，系想象吴中复赴任途中境况。此句颇重要，若是皇祐三年从四川犍为送吴通判潭州，吴决不会途经淮流；只有嘉祐七年从京城送吴知潭州，吴才可能途经淮流、途经家乡。若按《苏诗总案》系年，从诗题到内容皆无法解释。

四、苏洵与陆绾

苏洵有《送陆权叔提举茶税》（《嘉祐集》卷一六）。陆绾字权叔，常熟（今属江苏）人。本名绛，字伯厚。宝元元年（1038）进士及第。庆历中知扬子、雍丘二县，提举江淮茶税，充淮南路制置发运司运盐公事。终朝奉郎、尚书职方郎中。卒赠中散大夫。著有《春秋新解》二十卷。《宋史》无传，事迹略见《吴郡志》卷二八、《重修琴川志》卷八、乾隆《江南通志》卷一一九。《江南通志》卷一六五称其"工歌诗，苏洵尝赠诗美其笃学好文，于诸经有造诣"。所指即苏洵此诗：

君家本江湖，南行即乡里。
税茶虽冗繁，渐喜官资美。
嗟君本笃学，寤寐好文字。
往年在巴蜀，忆见《春秋》始。
名家乱如发，棼错费寻理。
今来未五岁，《新传》满盈几。
又言欲治《易》，杂说书万纸。
君心不可测，日夜涌如水。
何年重相逢，只益使余畏。
但恐茶事多，乱子《易》中意。
茶、《易》两无妨，知君足才思。

"往年在巴蜀"表明，苏洵在蜀中已与陆绾相知。从语气看，此诗当作于京城。绾于庆历中提举江淮茶税，苏洵于庆历五年（1045）与史经臣同举制策入京，七年离京，此诗或作于此时。"今来未五岁"，他们在蜀相交当在庆历初。"忆见《春秋》始"，"《新传》满盈几"，指陆绾所著《春秋新解》三十卷。

五、苏洵与彭州僧保聪

庆历五年（1045）苏洵结识彭州僧保聪于京师。其《彭州圆觉禅院记》（《嘉祐集》卷一五）云："予在京师，彭州僧保聪来求识予甚勤。及至蜀，闻其自京师归，布衣蔬食，以为其徒先。凡若干年，而所居圆觉院大治。一日为予道其先师平润事，与其院之所以得名者，请予为记。"苏洵四十八岁时入京，直至去世，仅妻死曾返川居住两年多。从"凡若干年"一语可知，苏洵结识彭州僧保聪，应为庆历五年在京时。韩琦《志石盖记》[①] 亦可为之佐证："琦始谋奉考妣归葬相州，不敢远祖茔而忘故里也。得释保聪善地理学，遣侄公彦同往视焉。不旬日得地于安阳县新安村之水治为吉。……以庆历五年二

① 《安阳集》卷四六，四库全书本。

月二十二日掩圹，诸茔各有铭志。”时间同在庆历五年，苏洵、韩琦所说的保聪当为同一人。

六、苏洵与颜太初

庆历五年（1045）苏洵在京时，曾与颜太初交游，前引苏轼《凫绎先生文集叙》曾记载。颜太初字醇之，彭城（今江苏徐州）人，所居在凫绎两山之间，号凫绎处士。颜渊四十七世孙。第进士，为莒县尉，补阆中主簿。蔡齐与孔道辅荐之，召试中书，改临晋主簿。移应天府户曹参军、南京国子监说书，卒。有集十卷、《淳曜联英》二十卷，又著有《洙南子》。事见《宋史》卷四四二《颜太初传》。其子颜复字长道，官至中书舍人兼国子监祭酒。复子颜岐，建炎中为门下侍郎。

七、苏洵与任孜、任伋

任孜字遵圣，眉山人，以学问气节推重乡里。名与苏洵埒，累官至光禄寺丞，东坡称为大任。其弟任伋（1018—1081）字师中，庆历间进士及第，曾作边吏，出入烽火。后历知清江、新息，通判黄州、知泸州，东坡谓之小任。二人皆知名于蜀，三苏父子与他们的关系都很密切。

庆历五年（1045），任伋知清江（今属江西），苏洵有《送任师中任清江》诗（《嘉祐集》卷一六）：“吾老尚喜事，羡君方少年。……君今始得县，翱翔大江干。大江多风波，渺然欲翻天。浩荡吞九野，开阖壮士肝。人生患不出，局束守一廛。未常见大物，不识天地宽。今君吾乡秀，固已见西川。去年作边吏，出入烽火间。儒冠杂武弁，屈与毡裘言。又当适南土（指清江），大浪泛目前。”

嘉祐三年（1058），任孜、任伋兄弟来书称美苏洵，苏洵作《答二任》（《嘉祐集》卷一六）诗以谢，有郁郁不得志之感：“昨者入京洛，文章被人夸（指嘉祐元年名震京师事）。故旧未肯信，闻之笑呀呀。独有两任子，知我有足嘉。远游苦相念，长篇寄芬葩。道我未亦尔，子得无增加？贫穷已衰老，短发垂鬖鬖。重禄无意取，思治山中畬（刀耕火种之田）。往岁苦栽竹，细密如蒹葭。庭前三小山，本为水中楂。当前凿方池，寒泉照谽谺。玩此可竟日，胡为踏朝衙?”从“昨者入京洛”二句，可知此诗作于嘉祐元年苏洵名动京师返川之后。“重禄无意取”二句表露了未取得重禄的无可奈何的心情。“庭前三小山”指苏洵眉山家中所蓄木山三峰。王文诰《苏诗总案》卷二系此诗于嘉祐六年还京后，误。时苏洵才到京师一年多，不得云“往岁苦栽竹”；已任试秘书省校书郎，不得云“闲居”。且诗中所讲“庭前三小峰”，与《木假山记》所讲“予家有三峰”同，皆眉山老家所藏木山。

嘉祐四年（1059）冬，三苏父子南行赴京，途经泸州江安县，任孜时为平泉（今四川简阳市西南）令，相约来见，苏轼有《泊南牛口，期任遵圣长官，到晚不及见，复来》（卷一）诗：“江上有微径，深榛烟雨埋。崎岖欲取别，不见又重来。下马未及语，固已慰长怀。江湖涉浩渺，安得与之偕?”

其后苏轼还有《送任伋通判黄州兼寄其兄孜》（卷六）、《答任师中次韵》（卷八）、《答任师中、家汉公》（卷一五）、《过新息留示乡人任师中》（卷二〇）等诗。其《送任伋通判黄州兼寄其兄孜》（卷二三）[①] 诗，后一首前半为送任伋：“吾州之豪任公子，少年盛壮日千里。无媒自进谁识之，有才不用今老矣。别来十年学不厌，读破万卷诗愈美。黄州小郡隔溪谷，茅屋数家依竹苇。知命无忧子何病，见贤不荐谁当耻?”后半为寄任孜：“平泉老令更可悲，六十青衫贫欲死。桐乡遗老至今泣，颍川大姓谁能棰?因君寄声问消息，莫对黄鹞矜爪觜。”“桐乡”二句以汉朱邑为桐乡吏，为民所爱，以赵广汉为颍川太守敢诛大姓喻任孜，而以“兼寄”结。

苏辙也有《送任师中通判黄州》[②]，元丰四年（1081）十二月又有《黄州师中庵记》（《栾城集》卷二四）：“师中姓任氏，讳伋，世家眉山，吾先君子之友人也，故余知其为人。尝通守齐安（即黄州），去而其人思之不忘，故齐安之人知其为吏。师中平生好读书，通达大义，而不治章句。性任侠喜事，故其为吏通而不流，猛而不暴，所至吏民畏而安之，不能欺也。始为新息令，知其民之爱，买田而居，新息之人亦曰：‘此吾故君也。’相与事之不替。及

---

① 以上均为《苏轼诗集》卷次，中华书局1982年版。

② 《栾城集》卷三，上海古籍出版社1987年版。

来齐安，常游于定惠院，既去，郡人名其亭曰任公。其后余兄子瞻以谴迁齐安，人知其与师中善也，复于任公亭之西为师中庵，曰：‘师中必来访子，将馆于是。’明年三月，师中没于遂州，郡人闻之，相与哭于定惠者凡百余人，饭僧于亭而祭师中于庵，盖师中之去于是十余年矣。夫吏之于民，有取而无予，有罚而无恩，去而民忘之，不知所怨，盖已为善吏矣。而师中独能使民思之于十年之后，哭之皆失声，此岂徒然者哉?”

任孜之子任伯雨（1047—1119），字德翁，元丰五年进士及第，调施州清江主簿，知雍丘县。召为大宗正丞。建中靖国元年，擢左正言，出知虢州，崇宁初列奸党，削籍编管通州，徙昌化。宣和初卒，年七十三。著有《春秋绎圣新传》十二卷、《戆草》二卷、《乘桴集》三卷。能诗文，直言敢谏。其《述怀》[1]诗历述他因谏被贬的经过和感慨：“哀哉爱君心，不能当众嫉。投湘为独醒，得罪因怀璧。”《东都事略》卷一〇〇、《宋史》卷三四五有传。

八、苏洵与讷禅师、景福顺长老

苏洵《忆山送人》（《嘉祐集》卷一六）记其庆历七年（1047）因举制策失利而南游吴越云：“又闻吴越中，山明水澄鲜。百金买骏马，往意不自存。投身入庐岳，首挹瀑布源。飞下二千尺，强烈不可干。余润散为雨，遍作山中寒。次入二林寺，遂获高僧言。问以绝胜境，道我同跻攀。逾月不倦厌，岩谷行欲殚。”

关于苏洵游庐山二林寺所见高僧，元丰七年四月苏轼游庐山，有一首长题诗，即《圆通禅院，先君旧游也，四月二十日晚至，宿焉。明日先君忌日也，乃手写宝积献盖颂佛一偈，以赠长老仙公。仙公抚掌笑曰：“昨夜梦宝盖飞下，着处辄出火，岂此祥乎?”乃作是诗。院有蜀僧宣，逮事讷长老，识先君云》（《苏轼诗集》卷二三）。

关于讷长老，苏辙贬官监筠州盐酒税时，曾作《赠景福顺长老二首》（《栾城集》卷一一），其序云：“辙幼侍先君，闻尝游庐山，过圆通（寺），见

---

① 《宋文鉴》卷二〇，四库全书本。

讷禅师，留连久之。元丰五年以谴居高安，景福顺公不远百里，惠然来访，自言昔从讷于圆通，逮与先君游。岁月迁谢，今三十六年矣。二公皆吾里人。讷之化去已十一年，而顺公年七十四，神完气定，聪明了达，对之怅然。”自元丰五年（1082）上溯三十六年即为庆历七年（1047）。

九、苏洵与钟棐、钟棨兄弟的交游

苏洵《忆山送人》继记庐山之游后复云：“下山复南迈，不知已南虔。五岭望可见，欲往苦不难。便拟去登玩，因得窥群蛮。此意竟不偿，归抱愁煎煎。到家不再出，一顿俄十年。”虔指今江西虔州。苏洵在虔州结识了钟棐、钟棨兄弟。苏轼《钟子翼哀辞》（《苏轼文集》卷六三）引云：“轼年十二，先君宫师归自江南，曰：‘吾南游至虔，有隐君子钟君与其弟棨从吾游。同登马祖岩，入天竺观，观乐天墨迹。吾不饮酒，君尝置醴焉。’方是时，先君未为时所知，旅游万里，舍者常争席，而君独知敬异之。其后五十有五年，轼自海南还，过赣上，访先君遗迹。而故老皆无在者，君之没盖三十有一年矣。见其子志仁、志行、志远，相持而泣。念无以致其哀者，乃追作此词。君讳棐，字子翼，博学笃行，为江南之秀。欧阳永叔、尹师鲁、余安道、曾子固皆知之，然卒不遇以殁。”

十、苏洵与田况

田况（1005—1063）字符钧，其先京兆人，后徙信都（今河北冀州）。天圣八年（1030）进士，又举贤良方正策第一。曾知成都府，充蜀、梓、利、夔路兵马钤辖。官至枢密副使，又以检校太傅充枢密使。况卓荦有大志，宽厚明敏，有文武材。在蜀尚和易，去苛细，奖进儒素，禁戢奸暴，以德化人，人不忍欺。好读书，其为文章，得纸笔立成，而闳博辨丽称天下。尝著《好名》《朋党》二论，有奏议三十卷[①]，又有《金岩集》二卷[②]，已佚。事迹见王安石《田公墓志铭》，《宋史》卷二九二《田况传》。

---

① 《东都事略》卷七〇。

② 《郡斋读书志》卷一九。

苏洵首见田况在皇祐初，苏洵《上田枢密书》（《嘉祐集》卷一一）云："曩者见执事于益州，当时之文，浅狭可笑。饥寒穷困乱其心，而声律记闻又从而破坏其体，不足观也矣。"仁宗皇祐二年十一月"召知益州田况权御史中丞。……况在蜀逾二年，拊循教诲，非有甚恶，不使东迁，蜀人尤爱之，以继张咏"①。而《上田枢密书》则作于嘉祐元年（1056）携二子入京应试时："数年来退居山野，自分永弃，与世俗日疏阔，得以大肆其力于文章。诗人之优柔，骚人之精深，孟、韩之温淳，迁、固之雄刚，孙、吴之简切，投之所向，无不如意。常以为董生得圣人之经，其失也流而为迂；晁错得圣人之权，其失也流而为诈；有二子之才而不流者，其惟贾生（谊）乎！惜乎今之世，愚未见其人也。作策二道，曰《审势》《审敌》，作书十篇曰《权书》。洵有山田一顷，非凶岁可以无饥。力耕而节用，亦足以自老。不肖之身不足惜，而天之所与者不忍弃，且不敢亵也。执事之名满天下，天下之士用与不用在执事，故敢以所谓《策》二道、《权书》十篇者为献。平生之文，远不可多致，有《洪范论》《史论》七篇，近以献内翰欧阳公。度执事与之朝夕相从而议天下之事，则斯文也其亦庶乎得陈于前矣。若夫其言之可用与其身之可贵与否者，执事事也，执事责也，于洵何有哉！"可见这是一封求荐信，与同时所作的《上欧阳内翰第一书》等内容相近。

十一、苏洵与张俞

张俞（生卒年不详）字少愚，又字才叔②，号白云居士，益州郫县（今属四川）人。屡试进士不第。宝元初，上书论边事。庆历元年（1041），以使者举荐，除试秘书省校书郎，不就③。隐居青城山白云溪，朝廷屡召不起，杜门著书以卒。著有《白云集》三十卷④，已佚。事迹见《东都事略》卷一一八、《宋史》卷四五八《隐逸传》。

苏轼《题张白云诗后》（《苏轼文集》卷六八）说："张俞（字）少愚，西

---

① 《续资治通鉴长编》卷一六九，中华书局1979年标点本。

② 刘斧《青琐高议》前集卷六，上海古籍出版社1983年版。

③ 《续资治通鉴长编》卷一三三。

④ 《郡斋读书志》卷一九。《宋史·艺文志》七作《张俞集》二十六卷。

蜀隐君子也。与予先君游，居岷山下白云溪，自号白云居士。本有经世志，特以自重难合，故老死草野。”苏轼没有明确交代苏洵同张俞游居岷山白云溪的具体时间。但《宋史·张俞传》提供了重要线索：“文彦博治蜀，为置青城山白云溪杜光庭故居以处之。”文彦博治蜀在庆历四年至庆历七年（1044—1047）期间，因此，苏洵同张俞游居青城山白云溪当在庆历四年之后。而庆历五年至七年苏洵均游学在外，不在四川。因此，苏洵同张俞游居青城山白云溪当在庆历七年返川服父丧期满之后。了解苏洵同张俞的交游，对了解苏洵政治、军事思想的形成很有意义。宝元年间，元昊反叛，宋王朝同西夏的战争爆发。张俞上书，陈攻取十策，主张联合契丹，使辽、夏相攻，以完中国之势。朝廷壮其言，以他为校书郎，凡六诏皆不起。苏洵同这样的人游居青城山白云溪，显然同他研讨过对西夏作战失败以及庆历新政失败的教训。苏洵的《几策》《衡论》《权书》，正作于与张俞游居白云溪之后不久，是为总结同辽和西夏战争及庆历新政失败的教训而作，很可能也同张俞讨论过这个问题。

十二、苏洵与张方平

张方平（1007—1091）字安道，晚号乐全居士，应天宋城（今河南商丘）人。景祐元年（1034），举茂才异等，授校书郎，知昆山县。官至户部尚书、参知政事[①]。元祐六年十二月卒，年八十五，特赠司空，谥“文定”。方平为人慷慨有气节，工制诰，辞语典雅精巧。奏疏议论，分析事理，辨明原委，皆切中利弊。诗歌清新流丽，如《过沛题歌风台》诗云：“落魄刘郎作帝归，樽前一曲《大风》辞。才如信、越犹俎醢，安用思他猛士为!”刘邦当上皇帝，荣归故里时，作《大风歌》，有“安得猛士兮守四方”句。张方平讥其连韩信、彭越这样为你打天下的大将都一一杀了，还用得着什么“猛士”！费衮称其以大议论发之于诗，见他人所未见，为咏史佳作[②]。其他如《题华清宫》《题中阳里高祖庙》《归雁》诸诗，亦为时人称赏。著有《乐全先生文集》四

---

① 徐自明《宋宰辅编年录》卷七，四库全书本。

② 《梁溪漫志》卷上，上海古籍出版社 1985 年版。

十卷、附录一卷。事迹见苏轼《张文定公墓志铭》[①]、《宋史》卷三一八本传。

三苏父子皆为张方平所提携。至和元年（1054）十一月，张方平镇蜀，访知苏洵其人。张方平《文安先生（苏洵）墓表》[②] 云："仁宗皇祐中（至和元年即皇祐六年），仆领益部，念蜀异日常有高贤奇士，今独乏人耶？或曰：'勿谓蜀无人。有人焉，眉州处士苏洵其人也。'请问苏君之为人，曰：'苏君隐居以求其志，行义以达其道。然非为亢者也，为乎蕴而未施，行而未成，我不求诸人而人莫我知者。故四十余年不仕。公不礼士，士莫至。公有思见之意，宜来。'"

至和二年（1055），苏洵撰《谢张文定公书》[③]："王公贵人可以富贵人者，肩相摩于上；始进之士其求富贵之者，踵相接于下。而洵未尝一动其心焉，不敢不自爱其身故也。贫之不如富，贱之不如贵，在野之不如在朝，食菜之不如食肉，洵亦知之矣。里中大夫皆谓洵曰：'张公，我知其为人。今其来，必将有所举，宜莫若子；将求其所以为依，宜莫如公。'洵笑曰：'我则愿出张公之门矣，张公许我出其门下哉？'居数月，或告洵曰：'张公举子。'闻之愀然自贺曰：'吾知勉矣！吾尝怪柳子厚、刘梦得、吕化光数子，以彼之才游天下，何容其身辱如此！恐焉惧其操履之不固，以蹑数子之踪。今张公举我，吾知勉矣。'"

接着苏洵谒张方平于成都，张方平《文安先生墓表》云："久之，苏君果至。即之，穆如也。听其言，知其博物洽闻矣。既而得其所著《权书》《衡论》。阅之，如大山之云出于山，忽布无方，倏散无余；如大川之滔滔，东至于海源也。因谓苏君：'左丘明《国语》，司马迁善叙事，贾谊之明王道，君兼之矣。'"

嘉祐元年（1056）正月，苏洵撰《张益州画像记》（《嘉祐集》卷一五），方平尝为洵言："吾以齐鲁待蜀人，而蜀人亦自以齐鲁之人待其身。若夫肆意于法律之外，以威劫其民，吾不忍为也。"苏洵感慨道："呜呼！爱蜀人之深，

---

① 《东坡后集》卷一七。

② 《乐全先生文集》卷三九，四库全书本。

③ 宋扈仲荣等《成都文类》卷二一，四库全书本。

待蜀人之厚，自公而前，吾未始见也。”

张方平劝苏洵进京并致书欧阳修，张方平《文安先生墓表》云：“‘远方不足成君名，盍游京师乎？’因以书先之于欧阳永叔。”叶梦得《避暑录话》卷下云：“张安道与欧文忠素不相能。……嘉祐初，安道守成都，文忠为翰林。苏明允父子自眉州走成都，将求知安道。安道曰：‘吾何足以为重，其欧阳永叔乎？’不以其隙为嫌也。乃为作书办装，使人送之京师谒文忠。文忠得明允父子所著书，亦不以安道荐之非其类，大喜曰：‘后来文章当在此。’即极力推誉，天下于是高此两人。”

苏洵决定送二子入京试。其《上张侍郎第一书》（《嘉祐集》卷一二）：“洵有二子轼、辙，龆龀授经，不知他习，进趋跪拜，仪状甚野，而独于文字中有可观者。始学声律，既成，以为不足尽力于其间。读孟、韩文，一见以为可作，引笔书纸，日数千言，坌然溢出，若有所相。年少狂勇，未尝更变，以为天子之爵禄可以攫取。闻京师多贤士大夫，欲往从之游，因以举进士。洵今年几五十，以懒钝废于世，誓将绝进取之意。惟此二子，不忍使之复为湮沦弃置之人。今年三月，将与之入京师。”

三月，苏洵父子三人于成都辞别张方平，张方平《文安先生墓表》云：“初，君将游京师，过益州与仆别，且见其二子轼、辙及其文卷。曰：‘二子将以从乡举，可哉？’仆披其卷，曰：‘从乡举，乘骐骥而驰闾巷也。六科所以擢英俊，今二子从此选，犹不足骋其逸力尔。’”苏轼《乐全先生文集叙》（卷一〇）云：“轼年二十，以诸生见公成都，公一见待以国士。”其《张文定公墓志铭》（《苏轼文集》卷一四）亦云：“（方平）晚与轼先大夫游，论古今治乱及一时人物，皆不谋而同。轼与弟辙，以是皆得出入门下。”苏辙《追和张公安道赠别绝句并引》[①] 云：“予年十八，与兄子瞻东游京师。是时张公安道守成都，一见以国士相许，自尔遂结忘年之契。”

苏洵在京谋官未遂，虽然名震京师，却未得到任何官职。嘉祐元年（1056）冬，张方平从成都离任归京，苏洵又作《上张侍郎第二书》（《嘉祐

① 《栾城第三集》卷一。

集》卷一二），求张荐举。信的开头，先借“平生亲旧”之口说：“子（苏洵）欲有求，无事他人，须张益州来乃济。”次写“自思”：“公之所与我者，盖为不浅”，是会推荐自己的；“天子虚席而待公，其言宜无不听用”，是能推荐自己的；自己“且未甚老，而犹足以有为”，是不会辜负张的推荐的。这两层是喻之以理，从各个角度说明只有张方平才能使自己“有为”，问题就在于张方平推荐自己，肯不肯“至于再，至于三，俟得其请而后已”了。信的最后又动之以情，写“雪后苦风，晨至郑州，唇黑面裂，僮仆无人色”，以迎候张方平的苦况，而以“明公所谓洁廉而有文，可以比汉之司马子长者，盖穷困如此，岂不为之动心，而待其多言耶”作结。此信的最后一段写得情真意切，凄楚悲凉而又含蓄委婉，虽说无需待其“多言”，但意思已表达得很充分。这既说明了苏洵处境之艰难，也说明了他与张的关系已到了无话不可说的程度。

苏洵卒，张方平为撰《文安先生墓表》，称“朝野之士为诔者百三十有三人”。

十三、苏洵与雷简夫

雷简夫，字太简，同州合阳（今陕西合阳）人。初隐居不仕，康定中枢密使杜衍荐为校书郎、签书秦州观察判官，迁知坊州，徙简州，用张方平荐知雅州。后以招抚辰州酋豪彭仕羲功，擢三司盐铁判官，以疾出知虢、同二州，累迁尚书职方员外郎卒。《宋史》卷二七八《雷德骧传》有附传。

至和二年（1055），雷简夫知雅州（今四川雅安）期间，苏洵曾去雅州访雷简夫。苏洵《忆山送人》诗云：“晚闻庐山郡，太守雷君贤。往求与识面，复见山岳蟠。”这里所说的“雷君”即雷简夫，“庐山郡”为芦山郡之误，芦山郡即雅州。《四川通志》卷二《雅安府》云：“唐武德元年复置雅州，开元三年置都督府。天宝初改芦山郡，乾元初复曰雅州，属剑南道。五代属蜀，置永平军节度使。宋仍曰雅州芦山郡，属成都路。”王文诰《苏诗总案》未考庐山郡乃芦山郡之误，把庐山郡误认为是江西九江，认为苏洵同雷简夫之交是在庆历七年（1047）游九江时。其实，苏洵访雷简夫于庐（芦）山郡同访雷简夫于雅州是一回事，在至和二年（1055）去成都访张方平之后不久。甚至可能是从张方平处得知雷简夫的为人后，才去雅州访雷简夫的，因为雷简夫知雅州也是“用张方平荐”。

雷简夫见到苏洵并读了他的文章后，可说对苏洵敬佩得五体投地。他给张方平、韩琦、欧阳修写信[①]，称苏洵为“真良史才也，岂惟西南之秀，乃天下之奇才耳”。他听苏洵说，张方平已荐苏洵为成都学官，但没有结果。他觉得这一职务太低了，他说：“窃计明公引洵之意，不只一学官，洵望明公之意，亦不只一学官。”因为在雷简夫看来，苏洵才堪王佐，“用之则为帝王师，不用则幽谷一叟耳”，区区学官岂能尽展苏洵之才！他要张方平再次向朝廷推荐苏洵，“至于再，至于三，俟得其请而后已”。雷简夫是一位热心人，当他得知苏洵要进京后，又写信向韩琦、欧阳修推荐苏洵，韩琦很敬重尹洙（师鲁），他对韩琦说：“师鲁不再生，孰与洵抗耶?”他向欧阳修说：“起洵于贫贱之中，简夫不能也，然责之亦不在简夫也；若知洵不以告于人，则简夫为有罪矣。……执事职在翰林，以文章忠义为天下师，洵之穷达宜在执事。向者，洵与执事不相闻，则天下不以是责执事；今也，简夫之书既达于前，而洵又将东见执事于京师，今而后天下将以洵累执事矣!”这简直是在将欧阳修的军，是他“俟得其请而后已”的思想的集中表现。

嘉祐三年（1058）十月，苏洵得雷简夫书，闻将召试舍人院。十一月五日召命下，苏洵称病不赴试。十二月一日上书仁宗，又致书雷简夫、梅尧臣。其《答雷太简书》（《嘉祐集》卷一三）云：“太简足下：前月辱书，承谕朝廷将有诏命，且教以东行应诏。旋属郡有符，亦以此见遣。承命自笑，恐不足以当，遂以病辞，不果行，计太简亦已知之。仆已老矣，固非求仕者，亦非固不求仕者。自以闲居田野之中，鱼稻蔬笋之资，足以养生自乐，俯仰世俗之间，窃观当世之太平。其文章议论，亦可以自足于一世。何苦乃以衰病之身，委曲以就有司之权衡，以自取轻笑哉！然此可为太简道，不可与流俗人言也。向者《权书》《衡论》《几策》，皆仆闲居之所为。其间虽多言今世之事，亦不自求出之于世，乃欧阳永叔以为可进而进之。苟朝廷以为其言之可

① 均见邵博《邵氏闻见后录》卷一五。

信，则何所事试？苟不信其平居之所云，而其一日仓卒之言，又何足信耶？恐复不信，只以为笑。久居闲处，终岁幸无事。昨为州郡所发遣，徒益不乐耳。”

《东莱标注老泉先生文集》卷一一载有苏洵《与雷太简纳拜书》，可见苏洵曾与雷简夫结拜为兄弟：“赵郡苏某袖书再拜知郡殿丞之前。……某与执事道则师友，情则兄弟，伛偻跪拜，抗拜于两楹之间，而何以为亲？愿与执事结师友之欢，隆兄弟之情。谨再拜庑下，执事其听之，勿辞。”

雷卒，苏洵又为撰墓志铭，志文已佚，铭文尚存。赵德麟云：“老苏作《雷太简墓铭》云：‘鸣呼太简，不显祖考。不有不承，隐居南山。德积声施，为取于人。不献不求，既获不庸。有功不多，孔铭孔悲。’此大语，有三代文章骨气，为文之法也。”①

十四、苏洵与吴照邻

至和二年（1055）苏洵《送吴侯职方赴阙引》（《嘉祐集》卷一五）云：“吴侯有名于世三十年，而犹于此为远官。今其东归，其不碌碌为此官也哉！”元丰七年（1084）四月十四日，苏轼《跋先君送吴职方引》（《苏轼文集》卷六九）云：“先伯父（苏涣）及第吴公榜中，而轼与其子子上再世为同年，契故深矣。始先君家居，人罕知之者。公携其文至京师，欧阳文忠公始见而知之。公与文忠交盖久，故文忠谪夷陵时，赠公诗有‘落笔妙天下’之语。轼自黄迁于汝，舟过慈湖，子上昆仲出此文相示，乃泣而书之。”苏涣与吴照邻于天圣二年（1024）同科及第，至至和二年（1055）为三十一年，苏洵言“吴侯有名于世三十年”乃言其整数。

苏洵《忆山送人》（《嘉祐集》卷一六）亦为送吴照邻而作：“吴君颍川秀，六载为蜀官。簿书苦为累，天鹤囚笼樊。岷山青城县，峨眉亦南犍。黎雅又可到，不见宜悒然。有如烹脂牛，过眼不得餐。始谓泛峡去，此约今又愆。只有东北山，依然送归轩。他山已不见，此可着意看。”“始谓泛峡去，

① 《侯鲭录》卷一，上海古籍出版社2012年版。

此约今又愆"，可见苏洵曾与吴照邻相约出峡。后苏洵未能同行。吴照邻赴阙，携苏洵文致欧阳修，即苏轼所说的"始先君家居，人罕知之者。公携其文至京师，欧阳文忠公始见而知之"，即在此时。

吴照邻与时人多有唱和，苏轼所谓"故文忠谪夷陵时，赠公诗有'落笔妙天下'之语"，指欧阳修《送前巫山宰吴殿丞（字照邻）》（《欧阳修集》卷一一）："俊域当年仰下风，天涯今日一樽同。高文落笔妙天下，清论挥犀服坐中。江上挂帆明月峡，云间谒帝紫微宫。山城寂寞少嘉客，喜见琼枝慰病翁。"欧阳修还有《送吴照邻还江南》（《欧阳修集》卷五三）："霜前江水磨碧铜，岸背菱叶翘青虫。吴郎鬓丝生几缕，不羞月上扶桑东。羞见清波照人景，去时黑发吹春风。五年归来妇应喜，从此不问西飞鸿。"此诗亦作梅尧臣诗，题作《送吴照邻都官还江南》[①]，《宋艺圃集》卷九亦作欧诗，《御选宋诗》卷二六作梅诗，不知孰是。

梅尧臣有《送吴照邻都官通判成都》："君家妇何贤，舍舟具车毂。五年梦在梁，三年行向蜀。迢递今日同，辛勤昔时独。看花久莫留，买锦慰不足。归来儿女大，婚嫁应相续。"梅尧丞又有《吴殿丞代州通判》："举才不避世，必也知其长。王官诚济济，岂得佐边疆？代郡实雄要，昔已选帅良。功名乃欲取，叱驭登太行。"

十五、苏洵与陈公美

陈公美是眉山人，曾与苏洵结拜为兄弟，友谊甚深。苏洵《答陈公美》（《嘉祐集》卷一六）云："念昔居乡里，游处了无猜。饮食不相舍，谈笑久所陪。拜君以为兄，分蜜谁能开。齿发俱未老，未至衰与颓。我子在襁褓，君犹无婴孩。"据"我子在襁褓"句，可能在宝元二年（1039），时苏洵三十一岁，苏轼三岁，苏辙一岁。后陈公美外出为吏，多年不见："君后独舍去，为吏天一涯。我又厌奔走，远引不复来。岁月杳难恃，区区老吾侪。况从与君别，多事岁若排。心力不能救，衰病侵骨骸。二子皆已冠，如吾苦无才。君

---

① 《宛陵集》卷一五，四库全书本。

亦已有嗣，眉目秀且佳。人事知几变，会合终不谐。”“我又厌奔走，远引不复来”即《忆山送人》所说的“到家不再出，一顿俄十年”，从庆历七年服父丧返川到嘉祐元年送二子入京应试整整十年（1047—1056）未再出游。从宝元二年苏、陈离别，到嘉祐元年再次相见，已远远超过十年，诗一开头所说的“十载不得偕”是言其整数。嘉祐元年，苏轼二十一岁，苏辙十八岁，所谓“二子皆已冠”亦言其整数。末言这次入京的原因：“昨者本不出，豪杰苦见咍。郁郁自不乐，谁为子悲哀？翻然感其说，东走陵巅崖。”豪杰指张文平、雷简夫等；咍，感叹；“郁郁自不乐，谁为子悲哀”则为感叹的内容，谁会同情我的郁郁不得志？“翻然感其说，东走陵巅崖”则写他决心再次入京。但只写到“东走陵巅崖”，未写到京情况。此诗显然作于经阆中，出褒斜谷，发横渠镇，入凤翔驿，过长安，出关中的入京途中，陈公美当时在何处为官已不可考。

苏洵《又答陈公美三首》（《嘉祐集》卷一六）是进一步为自己赴京谋官辩护。其一云：“仲尼鲁司寇，官职亦已优。从祭肉不及，戴冕奔诸侯。当时不之知，为肉诚可羞。君子意有在，众人但愆尤。置之待后世，皎皎无足忧。”孔子年五十六，由大司寇行摄相事。齐人闻而惧，于是选国中女子好者八十人，皆衣文衣而舞康乐，遗鲁君。鲁君往观终日，怠于政事，子路主张离鲁，孔子曰：“鲁今且郊，如致膰（祭肉）乎大夫，则吾犹可以止。”[①] 桓子卒受齐女乐，三日不听政，郊礼又不致膰俎于大夫，孔子于是离鲁。这是以孔子迟迟不肯离鲁，不是恋官位，而是意有所在，以说明自己愿意出仕之因。

其二云：“仲尼为群婢，一走十四年。荀卿老不出，五十干诸田（指齐）。顾彼二夫子，岂其陷狂颠？出处固无定，不失称圣贤。彼亦诚自信，谁能恤多言。”《史记》卷七四《荀卿列传》载：“荀卿，赵人，年五十始来游学于齐。……齐襄王时，而荀卿最为老师。齐尚修列大夫之缺，而荀卿三为祭酒焉。”这是以荀子年五十，而三为齐国祭酒，仍“不失称圣贤”来为自己“东走陵巅崖”辩护。

---

① 《史记》卷四七《孔子世家》，中华书局1959年版。

其三云："公孙昔放逐，牧羊沧海滨。勉强听乡里，垂老西游秦。自固未为壮，徒为久辛勤。君子岂必隐，孔孟皆旅人。"《史记》卷一一二《平津侯主父列传》载，公孙弘家贫，牧豕海上，年四十余乃学《春秋》、杂说。建元元年，弘年六十，征以贤良为博士，使匈奴。还报，不合上意，上怒以为不能，弘乃病免归。元光五年有诏征文学，菑川国复推荐公孙弘。弘让谢国人曰："臣已尝西应命，以不能罢归，愿更推选国人。"国人固推弘，弘至太常，太常令所征儒士各对策，百余人，弘第居下。策奏，天子擢弘对为第一，召入见。状貌甚丽，拜为博士。后官至丞相。这是以公孙弘年六十仍应征来为自己辩护。

十六、苏洵与杜叔元

苏洵《与杜叔元简》[①]·"洵顿首，前辱临顾，未由诣谢。承惠教，只增愧悚。晴暖，尊体佳胜。旦夕走，前次人还，且此布谢。不宣。洵再拜君懿郎中阁下。"另行："钱已如数领讫，何用忙也?"简后有苏轼跋语："此先子手书也，廛泣而藏之。轼。"

关于杜叔元，《东坡志林》卷六有较详细的记载："杜叔元字君懿，为人文雅，学李建中书，作诗亦有可观。蓄一砚，云家世相传，是许敬宗砚。始亦不甚信之，其后官于杭州，渔人于浙江中网得一铜匣，其中有铸成许敬宗字砚，有两足，正方。而匣亦有容足处，不差毫毛，始知是真敬宗物。君懿与吾先君善，先君欲求其砚而不可。君懿既死，其子沂以砚遗余，求作墓铭。余平生不作此文，乃归其砚，不为作。沂乃以遗孙觉莘老而得志文，余过高邮，莘老出砚示余曰：'敬宗在，正好棒杀，何以其砚为。余以为憎而知其善，虽其人且不可废，况其砚乎！乃问莘老求而得砚，端溪紫石也。而滑润如玉，杀墨如风，其磨墨处微洼，真四百余年物也。匣今在唐諲处，终当合之。"同时人亦多称其才，梅尧臣《送襄邑知县杜君懿太博》云："无惭浚仪政，才比陆云多。"而《送杜君懿屯田通判宣州》尤称其书法："京兆外郎称

---

① 《晚香常苏帖》。

善书，当时相与集江都。日书藤纸争持去，长钩细画如珊瑚。”刘敞《公是集》卷七也有《广陵蒋生死十四年矣，尸犹温，其妻与其女闭门守之，未尝与邻里通水火。或者疑其有道，而杜君懿实之，盖尝有自远来者，以书一封畀其家，视之蒋生迹也。故俗以为仙，因作五言赠君懿》：“仙翁弃妻子，往为壶中客。玉棺竟未掩，人世已成昔。白云无回期，三径灭余迹。犹传有青鸟，往往寄消息。”

十七、苏洵与欧阳修

嘉祐元年（1056），苏洵《上欧阳内翰第一书》（《嘉祐集》卷 ·二）云：“近所为《洪范论》《史论》凡七篇，执事观其如何？嘻，区区而自言，不知者又将以为自誉以求人之知己也，惟执事思其十年之心如是之不偶然也而察之。”欧阳修对其文十分满意，苏辙《颍滨遗老传》上云：“欧阳文忠公以文章独步当世，见先生（苏洵）而叹曰：‘予阅文士多矣，独喜尹师鲁（洙）、石守道（介），然意常有所未足。今见君之文，予意足矣。’”此前，欧阳修已从吴照邻处得知苏洵，遂荐苏洵于朝，其《荐布衣苏洵状》（《欧阳修集》卷一一二）：“眉州布衣苏洵履行淳固，性识明达，亦尝一举有司，不中遂退而力学。其论议精于物理而善识变权，文章不为空言而期于有用。其所撰《权书》《衡书》《机策》二十篇，辞辨闳伟，博于古而宜于今，实有用之言，非特能文之士也。其人文行久为乡闾所称，而守道安贫，不营仕进。苟无引荐，则遂弃于圣时。其所撰书二十篇谨随状上进。伏望圣慈下两制看详。如有可采，乞赐甄录。谨具状以闻，伏候敕旨。”苏轼兄弟又于次年同科进士及第，苏洵父子遂名动京师。欧阳修《苏君墓志铭》云：“当至和、嘉祐之间，与其二子轼、辙偕至京师，翰林学士欧阳修得其所著书献诸朝，既出，而公卿士大夫争传之。其二子举进士皆在高等，亦以文学称于世。眉山在西南数千里外，一日父子隐然名动京师，而苏氏之文章遂擅天下。……自来京师，一时后生学者皆尊其贤，学其文，以为师法。”

嘉祐二年（1057）四月，苏洵之妻程氏卒于家，苏洵父子仓卒返川，甚至来不及与欧阳修告别。苏洵《上欧阳内翰第三书》（《嘉祐集》卷一二）云：

"昨出京仓惶，遂不得一别。去后数日，始知悔恨。盖一时间变出不意，遂扰乱如此。……今已到家月余，幸且存活。洵道途奔波，老病侵陵，成一翁矣。……洵离家时，无壮子弟守舍，归来屋庐倒坏，篱落破漏，如逃亡人家。……洵老矣，恐不能复东；阁下当时赐音问，以慰孤耿。"

封建专制王朝一向办事拖沓，欧阳修上《荐布衣苏洵状》两年多后的嘉祐四年（1059）六月，朝廷才召苏洵入京试舍人院，苏洵《上欧阳内翰第四书》（《嘉祐集》卷一二）对此深表不满："洵久不奉书，非敢有懈，以为用公之奏而得召，恐有私谢之嫌。今者洵既不行，而朝廷又欲必致之。恐听者不察，以为匹夫而要君命，苟以为高而求名，亦且得罪于门下，是故略陈其一二，以晓左右。……始公进其文，自丙申之秋，至戊戌之冬，凡七百余日而得召。朝廷之事，其节目期限如此之繁且久也。使洵今日治行，数月而至京师，旅食于都市以待命；而数月间得试于所谓舍人院者，然后使诸公传考其文，亦一二年；幸而以为不谬，可以及等而奏之，从中下相府，相与拟议，又须年载间，而后可以庶几有望于一官。如此，洵固已老而不能为矣！人皆曰：'求仕将以行道。'若此者，果可以行道乎？……是故其来迟迟而未甚乐也。王命且再下，洵若固辞，必将以为沽名而有所希望。今岁之秋，轼、辙已服阕（服母程夫人丧已满），亦不可不与之俱东。恐内翰怪其久而不来，是以略陈其意。"

因苏洵拒绝赴试，嘉祐五年八月，才特任苏洵为试秘书省校书郎。欧阳修《苏君墓志铭》："召试紫微阁，辞不至，遂除试秘书省校书郎。"苏洵撰《上欧阳内翰第五书》（《嘉祐集》卷一二）谢欧阳修："内翰侍郎执事：洵以无用之才，久为天下之弃民，行年五十，未尝见役于世。执事独以为可收而论之于天子。再召之试，而洵亦再辞。独执事之意叮宁而不肯已。朝廷虽知其不肖，不足以辱士大夫之列，而重违执事之意，譬之巫医卜祝特捐一官以乞之。自顾无分毫之功，有益于世，而王命至门，不知辞让，不畏简书朋友之讥，而苟以为荣，此所以深愧于执事，久而不至于门也。……今洵已有名于吏部，执事其将以道取之耶，则洵也犹得以宾客见。不然，其将与奔走之吏同趋于下风，此洵所以深自怜也。"未食人禄，可以平交王侯，受其尊重；

已食人禄，就难免受人驱使了，故深感可怜。宋王朝以重文著称，苏洵被雷简夫誉为“王佐才”“帝王师”，实际上他也是以此自许的。虽然他三年前就已名动京师，成了朝廷大员的座上客，现在，却以一九品小官就把他打发了，确实有点像对待“巫医卜祝”一样，“特捐一官以乞之”。他在《上韩丞相（琦）书》中说：“去岁蒙朝廷授洵试校书郎，亦非敢少之也。使朝廷过听，而洵侥幸，不过得一京官。终不能如汉唐之际所以待处士者，则京官之与试衔，又何足分多少于其间，而必为彼不为此耶?”在汉唐，布衣可因一言而位至卿相；宋朝官吏最滥最冗，但真正有才华的人却很难破格提拔。

嘉祐五年十一月，欧阳修为枢密副使，苏洵有《贺欧阳枢密启》云：“自闻此命，欣贺实深。益因物议之所归，以慰民心之大望。……洵受恩至深，为喜宜倍。尝谓未死之际，无由知王道之大行；不意临老之年，犹及见君子之得位。”

嘉祐六年（1061）七月，以苏洵为霸州文安县主簿，编纂礼书。苏洵撰成《谥法》三卷，欧阳修《与苏编礼》（《欧阳修集》卷一五〇）云：“前所借《谥法》三卷，值公私多事，近方遍得披阅。文字更不待愚陋称述。第新法增损，今别为一书，则无不可矣。成一家之言，吾侪喜若己出耳。《谥录》卷帙既多，只欲借稿本。”《宋史·艺文志》著录有苏洵《皇祐谥法》三卷，《皇祐谥录》二十卷。

治平三年（1066）春，苏洵病。欧阳修十分关切，多次致书问候。其《与苏编礼》云：“初闻风气不和，谓小小尔。昨日贤郎学士见过，始知尚未康平。旦夕来体中何似？更冀调慎药石。”又：“孙兆药多凉，古方难用于今，更且参以他方为善也。”又：“数日来尊候必更痊安。单药得效，应且专服。千万精审，无求速功。不欲频去咨问，恐烦倦也。亦不须答简，或贤郎批数字可也。”

四月二十五日，苏洵卒于京师。欧阳修为撰《苏君墓志铭》，又撰《苏明允挽歌》（《欧阳修集》卷一四）：

布衣驰誉入京都，丹旐俄惊返旧闾。

诸老谁能先贾谊，君王犹未识相如。
三年弟子行丧礼，千辆乡人会葬车。
我独空斋挂尘榻，遗编时阅子云书。

首联写苏洵以布衣而名震京师并惊其早死，灵柩返川。颔联以贾谊、司马相如喻苏洵，谓其才超“诸老”，却官卑位低，未得皇帝接见。这两句颇值得咀嚼玩味。贾谊，西汉洛阳人，少年得志，年二十，汉文帝召以为博士，“每词令议下，诸老先生不能言，贾生尽为之对，人人各如其意所欲出，诸生于是乃以为能不及也。孝文帝悦之，超迁，一岁中至太中大夫。……天子议以贾生任公卿之位，绛（周勃）、灌（灌婴）、东阳侯（张相如）、冯敬之属尽害之，乃短贾生曰：‘洛阳之人，年少初学，专欲擅权，纷乱诸事。’于是天子后亦疏之，不用其议，乃以贾生为长沙王太傅。”① 贾谊是因为受到大臣们的抑制，才未得重用，郁郁早死的，苏洵与此类似；更有甚者，贾谊最初总还得到过重用，苏洵却一直未被重用。这两句诗含有对朝廷，特别是对富弼、韩琦等重臣的不满。颈联是想象苏轼兄弟居丧，乡人会葬的情景。尾联感叹苏洵死后，再无知音，只有时时翻阅他的遗文而已。“我独空斋挂尘榻”，是以东汉陈蕃自喻，而以徐穉喻苏洵。陈蕃为豫章太守，不喜接待宾客，只接待郡中名士徐穉，为他特设一榻，穉去就把榻挂起来。这句是说，苏洵一死，他也只好把榻挂起来，任其生尘了。全诗以贾谊、司马相如、扬子云喻苏洵之才，又以陈蕃挂榻的典故写自己对苏洵的特殊敬重。

十八、苏洵与梅尧臣

梅尧臣（1002—1060）字圣俞，宣州宣城（今属安徽）人。宣城古名宛陵，故又称宛陵先生。早以诗名，而屡试不第，天圣末，以叔父梅询荫，补河南主簿。钱惟演留守西京，与之酬唱，欧阳修、尹洙等人为其诗友。皇祐三年（1051），召试学士院，赐同进士出身，改太常博士。嘉祐二年（1057）

① 《史记》卷八四《屈原贾生列传》。

贡举，他向欧阳修推荐苏轼兄弟之文。五年四月卒，年五十九。《直斋书录解题》卷一七著录其《宛陵集》六十卷，谢景初编次；《外集》十卷，宋绩臣编次。今人朱东润有《梅尧臣集编年校注》。事迹见欧阳修《梅圣俞墓志铭》（《欧阳修集》卷三三）、《宋史》卷四四三本传。

苏辙《亡兄子瞻端明墓志铭》[①] 云："嘉祐二年，欧阳文忠公考试礼部进士，疾时文之诡异，思有以救之。梅圣俞时与其事，得公《论刑赏》以示文忠。文忠惊喜以为异人，欲以冠多士，疑曾子固所为。子固，文忠门下士也，乃置公第二。复以《春秋》对义居第一，殿试中乙科。以书谢诸公，文忠见之，以书语圣俞曰：'老夫当避此人放出一头地。'"苏轼《书圣俞赠欧阳阅诗后》（卷六八）："先君与圣俞游，时予与子由年甚少，圣俞极称之。"

三苏父子因程夫人逝世返川后，苏洵曾作《木假山记》，以树木遭际之不幸自况。梅圣俞《苏明允木山》云："空山枯楠大蔽牛，霹雳夜落鱼凫洲。鱼凫水射千秋蠹，肌烂随沙荡漾流。唯存坚固蛟龙锼，形如三山中雄酋。左右两峰相扶翊，尊奉君长无慢尤。苏夫子见之惊且异，买于溪叟凭貂裘。因嗟大不为栋梁，又叹残不为薪槱。雨浸藓涩得石瘦，宜与夫子归隐丘。"木假山大不为栋梁，残不为薪槱，确实宜与苏洵归隐丘，梅诗点明了苏洵《木假山记》的主旨。苏轼《木山并叙》（《苏轼诗集》卷三〇）："吾先君子尝蓄木山三峰，且为之记与诗。诗人梅二丈圣俞见而赋之，今三十年矣。"按：苏轼此诗作于元祐三年（1088），逆数三十年则为嘉祐三年（1058）。

嘉祐三年（1058）十月，朝廷对欧阳修推荐苏洵有了反应，诏洵入京应试。苏洵在《与梅圣俞书》（《嘉祐集》卷一三）中，对科举制度更进行了空前激烈的指责："仆岂欲试者？惟其平生不能区区附和有司之尺度，是以至此穷困。今乃以五十衰病之身，奔走万里以就试，不亦为山林之士所轻笑哉！自思少年尝举茂才，中夜起坐，裹饭携饼，待晓东华门外，逐队而入，屈膝就席，俯首据案。其后每思至此，即为寒心。今齿日益老，尚安能使达官贵人复弄其文墨，以穷其所不知耶？"这封信深刻地揭露了科举制度摧残人才，

---

① 《栾城后集》卷二二。

淋漓尽致地发泄了他对科举制度的不满，特别是从“中夜起坐”至“俯首据案”数句，非常形象地描述了应试士子的可怜。早在九百年多前的北宋中叶，对科举制度就认识得这样深刻，确实难能可贵。

嘉祐四年（1059），梅尧臣有《题老人泉寄苏明允》①，劝苏洵入京：“泉上有老人，隐见不可常。苏子居其间，饮水乐未央。渊中必有鱼，与子同徜徉。渊中苟无鱼，子特玩沧浪。日月不知老，家有雏凤凰。百鸟戢羽翼，不敢言文章。去为仲尼叹，出为盛时祥。方今天子圣，无滞彼泉旁。”大意是说，老人泉无鱼可钓；家中二雏（指苏轼兄弟）压过百鸟，是“去为仲尼叹，出为盛时祥”的凤凰，更不应该让其老于泉旁；更何况“方今天子圣”，故劝洵“无滞彼泉旁”。次年四月，梅尧臣就去世了。

十九、苏洵与韩琦

韩琦（1008—1075）字稚圭，相州安阳（今属河南）人。天圣五年（1027），以甲科第二名进士及第。与范仲淹久在兵间，名重一时，时称“韩范”。庆历三年，与范仲淹同召为枢密副使，推行庆历新政。嘉祐元年为枢密使。三年，为同中书门下平章事。英宗即位，加门下侍郎，兼兵部尚书，进卫国公，再封魏国公。王安石用事，琦亟言青苗法不便。熙宁八年卒，年六十八，谥“忠献”。著有《安阳集》五十卷。琦早负盛名，历相三朝，立二帝，安社稷，与富弼齐名，世称“富韩”。生平不以文辞名世，而《四库全书总目》卷一五二称其“词气典重，敷陈剀切，有垂绅正笏之风”。诗歌亦不事雕琢，直抒胸臆，自然高雅，情致婉转。亦能词，吴处厚《青箱杂记》卷八云：“余观近世所谓正人端士者，亦皆有艳丽之词。……韩魏公晚年镇北都，一日病起。作《点绛唇》小词曰：‘病起厌厌，画堂花谢添憔悴。乱红飘砌，滴尽胭脂泪。　　惆怅前春，谁向花前醉。愁无际，武陵回睇，人远波空翠。’”

苏洵与韩琦的交往始于嘉祐元年，以所著《权书》及雷简夫上韩琦书谒

---

①《宛陵集》卷二九。

见韩琦，有《上韩枢密书》（《嘉祐集》卷一一）："今之所患，大臣好名而惧谤。好名则多树私恩，惧谤则执法不坚。是以天子之兵豪纵至此，而莫之或制也。……伏惟太尉思天下所以长久之道，而无幸一时之名；尽至公之心，而无恤三军之多言。夫天子推深仁以结其心，太尉厉威武以振其堕。彼其思天子之深仁，则畏而不至于怨；思太尉之威武，则爱而不至于骄。君臣之体顺，而畏爱之道立，非太尉吾谁望耶？"

韩琦礼其人而不用其人，嘉祐六年苏洵有《上韩丞相书》，对韩不能重用自己表示不满："洵年老无聊，家产破坏，欲从相公乞一官职。非敢望如朝廷所以待贤俊，使之志得道行者，但差胜于今，粗可以养生遗老者耳。……洵久为布衣，无官长拘辖，自觉筋骨疏强，不堪为州县趋走拜伏小吏。相公若别除一官，而幸与之，愿得尽力。就使无补，亦必不至于恣睢漫漶，以伤害王民也。今朝廷糊名以取人，保任以得官，苟应格者，虽屠沽不得不与。何者？虽欲爱惜而无由也。今洵幸为诸公所知，似不甚浅，而相公尤为有意。至于一官，则反复迟疑不决者累岁。嗟夫，岂天下之官以洵故冗邪？"不平之意，溢于言表。

嘉祐八年（1063）三月，仁宗去世，皇子赵曙继位，是为英宗。韩琦为山陵使，厚葬仁宗。苏洵《上韩昭文论山陵书》（《嘉祐集》卷一三）中力主薄葬："洵以为当今之议，莫若薄葬……上以遂先帝恭俭之诚，下以纾百姓目前之急，内以解华元不臣之讥，而万世之后以固山陵不拔之安。"华元是春秋时宋国人，他厚葬宋文公，被人指责为生则纵其惑，死又益其侈，是弃君于恶的行为。苏洵以华元比韩琦，大大刺痛了韩琦，张方平《文安先生墓表》说："先生以书谏琦，且再三，至引华元不臣以责之，琦为变色。然顾大义，为稍损其过甚者。"这说明韩琦虽为之"变色"，但因苏洵讲得有理，还是部分接受了他的意见。

英宗治平二年（1065）重阳节，苏洵应邀参加了韩琦的家宴，回来后写了一首《九日和韩魏公》。

苏洵卒，韩琦有《苏员外挽词二首》（卷四五）：

对未延宣室，文尝荐《子虚》。
书方就绵蕝，奠已致生刍。
故国悲云栈，英游负石渠。
名儒升用晚，厚愧莫先予。

族本西州望，来为上国光。
文章追典诰，议论极皇王。
美德惊埋玉，瑰材痛坏梁。
时名谁可嗣，父子尽贤良。

张方平《文安先生墓表》云："及先生殁，韩亦颇自咎恨，以诗哭之曰：知贤而不早用，愧莫先于余者也。"即指韩琦《苏员外挽词》第一首末二句。苏轼《祭魏国韩令公文》（卷二八）云："昔我先子，殁于东京。公为二语，以祖其行。文追典诰，论极皇王。公言一出，孰敢改评?"即指第二首的三、四句。

二十、苏洵与富弼

富弼（1004—1083）字彦国，河南（今河南洛阳）人。天圣八年（1030）中茂才异等科。庆历中擢枢密副使，兼翰林院侍读学士，知审官院，与杜衍、范仲淹等同主庆历新政。至和二年（1055）六月，拜同中书门下平章事，集贤殿大学士。英宗即位，拜枢密使、同中书门下平章事。神宗熙宁二年（1069），复拜左仆射、门下侍郎、同平章事。因与王安石新政不合，出判河南府，改判亳州。四年，以阻碍实施青苗法受责，判汝州。上章请老，以韩国公致仕。元丰六年卒，年八十，赠太尉、郑国公，谥"文忠"。富弼喜读书，"文章辨而不华，质而不俚"①。诗如其文，平易自然，无堆砌生造之弊。著有《青社赈济录》一卷、《奉使别录》一卷、《富文忠公集》二十七卷、《富

① 《郡斋读书志》卷一九。

文忠公札子》十六卷[①]，已佚。其著述今存诗集《富郑公集》一卷，收入《两宋名贤小集》。事迹见韩维《富文忠公墓志铭》[②]、范纯仁《富郑公行状》[③]、《宋史》卷三一三本传。

苏洵谒见富弼，是经欧阳修引荐的。欧阳修《与富郑公彦国书》（卷一四四）云："有蜀人苏洵者，文学之士也。自云奔走德望，思一见而无所求。然洵远人，以谓某能取信于公者，求为先容。既不可却，亦不忍欺，辄以冒闻。可否进退，则在公命也。"

苏洵《上富丞相书》（《嘉祐集》卷一一）的主旨，一是批评其无所作为："相公阁下：往年天子震怒，出逐宰相，选用旧臣堪属以天下者，使在相府，与天下更始。而阁下之位实在第三。方是之时，天下咸喜相庆，以为阁下惟不为宰相也，故默默在此。方今困而后起，起而复为宰相，而又值乎此时也，不为而何为？且吾君之意，待之如此其厚也，不为而何以副吾望？故咸曰后有下令而异于他日者，必吾富公也。朝夕而待之，跂首而望之，望望然而不获见也，戚戚然而疑。呜呼！其弗获闻也，其必远也，进而及于京师，亦无闻焉。"二是求见："伏惟阁下以不世出之才，立于天子之下，百官之上，此其深谋远虑，必有所处；而天下之人，犹未获见。洵，西蜀之人也，窃有志于今世，愿一见于堂上。伏惟阁下深知之，无忽。"

富弼对苏洵比较激进的革新主张不感兴趣，对其尖锐的批评更不喜欢。叶梦得云[④]："欧阳文忠公初荐苏明允，便欲朝廷不次用之。时富公、韩公当国，虽韩公亦以为当然，独富公持之不可，曰：'姑少待之。'故止得试衔初等官。明允不甚满意，再除，方得编修《因革礼》。前辈慎重名器如此。元祐间，富绍庭（弼子）欲从子瞻求为《富公神道碑》，久之不敢发。其后不得已而言，一请而诺，人亦以此多子瞻也。"从这段记载可以看出，对"不次用"苏洵，韩琦也是"以为当然"的，只因富弼反对才未成功；富弼也并非反对重用苏洵，只是想"少待之"，谁也没有料到苏洵五十八岁就去世了，终成

① 《直斋书录解题》卷五、七、一七、二二。
② 《南阳集》卷二九。
③ 《范忠宣集》卷一七。
④ 《石林燕语》卷五，四库全书本。

憾事。

二十一、苏洵与文彦博

文彦博（1006—1097）字宽夫，汾州介休（今属山西）人。天圣五年（1027）进士，庆历四年至庆历七年（1044—1047）知益州。七年，召拜枢密副使，改参知政事[①]。八年，拜同中书门下平章事、集贤殿大学士。罢知许州，改知永兴军。至和二年（1055），复为同中书门下平章事、昭文馆大学士。嘉祐三年（1058），出判河南府，封潞国公。治平二年（1065），自淮南节度使入为枢密使。与王安石政见不合，力求外任。熙宁六年（1073），出判河阳，徙大名府。元丰中请老，以太师致仕，闲居洛阳。绍圣四年卒，年九十二。彦博事仁宗、英宗、神宗、哲宗四朝，出将入相五十年，退居洛阳后，与富弼、司马光等置酒赋诗为乐，谓之洛阳耆英会。喜为文辞，诗学西昆体，有晚唐风韵，其妙处不减温、李[②]。为文不事雕琢，通达晓畅，切于时用，叶梦得《文潞公略集序》以为“未尝有意于为文，而因事辄操笔立成，简质重厚，经纬错出”[③]。著有《文潞公集》四十卷。事迹见《文忠烈公彦博传》[④]、《宋史》卷三一三本传。

苏洵与文彦博的关系正式开始于嘉祐元年（1056），但间接关系早在庆历四年至庆历七年（1044—1047）文彦博知益州时就开始了。文守成都，誉文同所贽文字以示府学，学者一时称慕之[⑤]，而苏、文为世家。文彦博治蜀期间，曾以青城山白云溪杜光庭故居安置张俞，而苏洵曾与张俞游。嘉祐元年苏洵入京后，有《上文丞相书》（《嘉祐集》卷一一），主张进贤黜不肖：“古者之制，略于始而精于终，使贤者易进，而不肖者易犯。夫易犯故易退，易进故贤者众；众贤进而不肖者易退，夫何患官冗？……天下之吏犯法者甚众。从其犯而黜之，十年之后将分职之不给。此其权在御史、转运，而御史、转

① 《宋宰辅编年录》卷五。
② 王士禛《池北偶谈》卷一四，四库全书本。
③ 马端临《文献通考》卷二三四，中华书局1986年版。
④ 《名臣碑传琬琰集》下卷一三。
⑤ 家诚之《石室先生年谱》。

运之权实在相公，顾甚易为也。今四方之士会于京师，口语籍籍，莫不为此。然皆莫肯一言于其上，诚以为近于私我也。洵，西蜀之人，方不见用于当世，幸又不复以科举为意，是以肆言于其间而可以无嫌。”

二十二、苏洵与韩绛

苏洵《上韩舍人书》（《嘉祐集》卷一二）云：“洵自惟闲人，于国家无丝毫之责，得以优游终岁，咏歌先王之道以自乐。时或作为文章，亦不求人知。以为天下方事事，而王公大人岂暇见我哉！是以逾年在京师，而其平生所愿见如君侯者，未尝一至其门。有来告洵以所欲见之之意，洵不敢不见。然不知君侯见之而何也？天子求治如此之急，君侯为两制大臣，岂欲见一闲布衣与之论闲事耶？此洵所以不敢遽见也。自闲居十年，人事荒废，渐不喜承迎将逢，拜伏拳跽。王公大人苟能无以此求之，使得从容坐隅，时出其所学，或亦有足观者。今君侯辱先求之，此其必有以异乎时俗者也。”苏洵此书自称“闲人”，而嘉祐五年入京不久已为试校书郎，不得称“闲人”，故当作于嘉祐初；“逾年在京师”语表明，当作于嘉祐二年春，因四月已返蜀。“今君侯辱先求之”，此时“两制大臣”已主动求见苏洵，足见当时苏洵影响之大。

韩舍人指韩绛，绛（1012—1088）字子华，开封雍丘（今河南杞县）人。庆历二年（1042）进士。历官知制诰、翰林学士，熙宁三年参知政事、同中书门下平章事。元祐三年卒，年七十七，赠太傅，谥“献肃”。著有《韩绛文集》五十卷、《内外制集》十三卷、《奏议》三十卷[①]，均佚。事迹见范纯仁《司空康国韩公墓志铭》[②]、《宋史》卷三一五本传。嘉祐二年，欧阳修权知贡举，知制诰韩绛权同知贡举，苏轼及第后有《谢韩舍人启》。

二十三、苏洵与曾巩

曾巩（1019—1083）字子固，世称南丰先生，建昌军南丰（今属江西）人。官至中书舍人。元丰六年四月，卒于江宁府，年六十五。宋理宗时追谥

① 《宋史·艺文志》七。

② 《范忠宣公集》卷一五。

“文定”。曾巩是以欧阳修为首的北宋古文运动的积极追随者和支持者，是唐宋古文八大家之一，其文以议论见长，立论警策，说理曲折尽意，文辞和缓纡徐，有从容不迫之态。曾巩在中国古代文学史上享有盛名，自宋至清都尊崇有加，尤其是清代桐城派作家更将其作为文章典范。曾巩也长于诗，其诗风与文风相近，古朴典雅，清新自然，意态高旷，形象清新，有唐诗风韵。著有《元丰类稿》五十卷。事迹见曾肇《子固先生行状》[①]、韩维《曾公神道碑》[②]、《宋史》卷三一九本传。

曾巩与欧阳修相交往比三苏父子早得多。庆历中，欧阳修知滁州，曾巩至滁州从之学习古文。嘉祐二年与苏轼兄弟同科进士及第，因欧阳修疑苏轼的应试之文为曾巩之文而抑轼为第二，此时显然已与三苏父子交游，但史无明文。苏洵生前曾拟托曾巩为其父苏序撰写墓志而未遂，苏轼后托之。曾巩《赠职方员外郎苏君墓志铭》[③] 云：“熙宁元年春，余之同年友赵郡苏轼自蜀以书至京师，谓余曰：‘轼之大父（祖父）行甚高，而不为世用，故不能自见于天下。然古之人亦不必皆能自见，而卒有传于后者。以世有发明之者耳。故轼之先人尝疏其事，盖将属铭于子，而不幸不得就其志，轼何敢废焉，子其为我铭之。’余为之记其说曰：君讳序，字仲先，眉州眉山人。”苏洵卒，曾巩有《苏明允哀辞》，称苏洵之文“少或百字，多或千言，其指事析理，引物托喻，侈能尽之约，远能见之近，大能使之微，小能使之著，烦能不乱，肆能不流。其雄壮俊伟，若决江河而下也；其辉光明白，若引星辰而上也。其略如是。以余之所言，于余之所不言，可推而知也。明允每于其穷达得丧，忧叹哀乐，意有所属，必发之于此；于古今治乱兴坏、是非可否之际，意有所择，亦必发之于此；于应接酬酢，万事之变者，虽错出于外而用心于内者，未尝不在此也。”这可算是对苏洵散文的定评。

二十四、苏洵与王安石

嘉祐元年（1056），王安石为群牧判官，欧阳修始见王安石，有《赠王介

---

① 《曲阜集》卷三。

② 《南阳集》卷二九。

③ 《曾巩集》卷四三，中华书局 1984 年版。

甫》诗（《欧阳修集》卷五七）："翰林风月三千首，吏部文章二百年。老去自怜心尚在，后来谁与子争先？朱门歌舞争新态，绿绮尘埃试拂弦。常恨闻名不相识，相逢罇酒盍留连？"王安石《奉酬永叔见赠》云："欲传道义心虽壮，强学文章力已穷。他日若能窥孟子，终身何敢望韩公。"

苏洵于欧阳修席上初见王安石，并拒绝同王交游。张方平《文安先生墓表》："嘉祐初，王安石名始盛，党友倾一时。……欧阳修亦善之，劝先生与之游，而安石亦愿交于先生。先生曰：'吾知其人也，是不近人情者，鲜不为天下患。'"方勺讲得更具体[1]："欧公在翰苑时，尝饭客。客去，独老苏少留，谓公曰：'适坐有囚首丧面者何人？'公曰：'介甫也，文行之士，子不闻之乎？'洵曰：'以某观之，此人异日必乱天下，使其得志立朝，虽聪明之主，亦将为其所诳。内翰何为与之游乎？'"

王安石也看不起苏洵，叶梦得《避暑后录》卷上云："苏明允本好言兵，见元昊叛，西方用事久无功，天下事有当改作。因挟其所著书，嘉祐初来京师，一时推其文章。王荆公为知制诰（误，时王安石为群牧判官），方谈经术，独不嘉之，屡诋于众。以故明允恶荆公甚于仇雠。"邵博《邵氏闻见后录》卷一四载王安石语，称"苏明允有战国纵横之学"，"洵《机策》《衡论》文甚美，然大抵兵谋、权利、机变之言也。"

嘉祐六年（1061），苏洵同王安石的矛盾进一步表现为王安石同苏轼兄弟的矛盾。时苏轼应制科试所作《进策》，明显与王安石"患在不知法度"的观点相反："臣窃以为当今之患，虽法令有所未安，而天下之所以不大治者失在于任人，而非法制之罪也。"仁宗看了苏轼兄弟应制科试的文章高兴地说："朕今日为子孙得两宰相矣！"[2] 但王安石却说，苏轼的制策"全类战国文章，若安石为考官，必黜之"[3]。王安石当时任知制诰，虽然无权黜去苏轼兄弟，但他在《应才识兼茂明于体用科，守河南府福昌县主簿苏轼大理评事制》中，却隐隐约约地教训了苏轼一顿："尔方尚少，已能博考群书而深言当世之务，

---

① 《泊宅编》卷上，四库全书本。
② 《宋史·苏轼传》。
③ 邵博《邵氏闻见后录》卷一四。

才能之异，志力之强，亦足以观矣。其使序于大理，吾将试尔从政之才。夫士之强学赡辞，必知要然后不违于道。择尔所闻而守之，以要则将无施而不称矣，可不勉哉!”特别是苏辙，因极言朝政得失，被命为商州军事推官，王安石拒绝撰词，苏、王交恶几乎已经到了白热化的程度。

张方平《文安先生墓表》说：“安石之母死，士大夫皆吊，先生（苏洵）独不往，作《辨奸论》一篇。……当时见者多谓不然，曰：‘嘻，其甚矣!’先生既殁三年，而王安石用事，其言乃信。”王安石之母死于嘉祐八年(1063)，《辨奸论》即作于此时。

苏洵《辨奸论》（《嘉祐集》卷九）先泛论应见微知著：“事有必至，理有固然，惟天下之静者乃能见微而知著。”接着引史以证其说，而第三部分则不指名地指责王安石为“大奸慝”，必为“天下患”，内容与嘉祐元年所言大体一致：指责王安石表里不一，口诵孔、老之言，身履夷齐之行，以颜、孟自比，而实际上“阴贼险狠，与人异趣”；指责王安石“不近人情”，面垢不洗，衣垢不浣，“囚首丧面而谈诗书”；认为王衍、卢杞“与物浮沉”，“不学无文”，不遇“暗鄙之主”，未必会得重用；而王安石则不同，其患未形而其名盖世，即使圣君贤相，也将“举而用之”。因此，其害远远超过王衍、卢杞。文末希望自己的话不要应验。其言不中，人们仅仅认为他的话说过头了；其言不幸而中，他虽然会获得“知言之名”，而天下则将“被其祸”。全文围绕着“误天下苍生者必此人也”展开论述，中心是强调“辨奸”，认为王安石是“大奸”，希望朝廷“见微而知著”，不要“举而用之”。不论苏洵对王安石的看法多么偏激，不管苏、王个人之间的关系如何紧张，从《辨奸论》总的精神看，他不是在发泄个人私愤，而是在为“天下虑”。苏洵对王安石的指责是否公正同《辨奸论》是否为苏洵所作是两个不同的问题，不能因其偏激而否定其真实性。

苏轼《谢张太保撰先人墓碣书》（《苏轼文集》卷四九）云：“伏蒙再示先人墓表，特载《辨奸论》一篇，恭览涕泗，不知所云。……《辨奸》之始作也，自轼与弟皆有‘嘻，其甚矣’之谏，不论他人。惟明公一见以为‘与我意合’。公固已论之先朝，载之史册。今虽容有不知，后世绝不可没。而先人之言，非公表而出之，则人未必信。信不信何足深计，然使斯人用区区之小数以欺天下，天下莫觉莫知，恐后人必有‘秦无人’之叹。此墓志所以作，而轼之所流涕再拜而谢也。”

二十五、苏洵与陈庸

嘉祐元年（1056），苏洵撰有长题诗《丙申岁，余在京师，乡人陈景回自南来，弃其官，得太子中允。景回旧有地在蔡，今将治园囿于其间以自老。余尝有意于嵩山之下、洛水之上买地筑室，以为休息之馆而未果。今景回欲余诗，遂道此意。景回志余言，异日可以知余之非戏云尔》。原注“陈景回，未详其人”，其实是可确考的。黄庭坚《太子中允致仕陈君墓志铭》云：“府君讳庸，字景回，颍川陈氏也。徙京兆万年，唐广明之乱，以家入蜀，遂为眉州青衣人。曾大父延禄、大父显忠，以季子贵赠兵部侍郎。父希载，以府君赠大理评事。蜀乱，更五代不解同，故大理而上三世在野。府君始与季父希亮、族弟学于成都。天圣中俱登进士第，县令名其所居坊为‘三俊’。”[①] 可见陈景回即陈庸，竟是与三苏父子交往甚深并赫赫有名的陈公弼（字希亮）之侄。

苏轼《别子由三首兼别迟》（《苏轼诗集》卷二三）有“先君昔爱洛城居”语，苏辙《卜居赋》[②] 引云：“昔予先君，以布衣学四方，尝过洛阳，爱其山川，慨然有卜居意，而贫不能遂。”皆指苏洵此诗之意。宋葛立方感慨道：“苏东坡兄弟以仕宦久不得归蜀，怀归之心屡见于篇咏。……嘉祐丙申岁，老苏在京师，乃有厌蜀之意，尝有意嵩山之下、洛水之上买地筑室而居。……是时乡人陈景回自蜀居蔡，故以是诗告之。则是二苏欲归蜀，而老苏欲出蜀也。厥后老苏葬于蜀，而治命指其墓傍庚壬地为二子之藏，而二子终不得归焉，信知人事不可期也。”[③]

---

① 《山谷集》卷二二，四库全书本。
② 《栾城第三集》卷五。
③ 《韵语阳秋》卷一三，四库全书本。

二十六、苏洵与李大临

苏洵有《送李才元学士知邛州》（《嘉祐集》卷一六）。李大临（？—1086）字才元，成都华阳人。登进士第。仁宗尝遣使赐馆阁官御书，至大临家，大临贫，无皂隶，方自秣马。使者还奏，仁宗赞其“真廉士”。以亲老请知广安军，徙邛州。苏洵送其知邛州诗，极写其衣锦还乡云：“贫贱羞妻子，富贵乐乡关。不见李夫子，得意今西还。白马渡浐水[①]，红旗照蜀山。归来未解带，故旧已满门。平生浪游处，何者哀王孙。壮士勿龌龊，千金报一飧。”“龌龊”指韩信不拘小节，末四句以韩信事比李返乡，故旧满门。韩信早年贫困，漂母为供食，韩信表示当重报，漂母曰：“大丈夫不能自食，吾哀王孙而进食，岂望报乎?”及韩信贵，赐漂母千金。

神宗时，李大临擢修起居注，进知制诰，纠察在京刑狱。言青苗法有害无益，为王安石所不满。李定除御史，宋敏求、苏颂相继封还词命，至大临，亦封还，世称三舍人。后以工部郎中出知汝州，徙知梓州，范镇返蜀，枉道梓州访之。《宋史》卷三三有传。

二十七、苏洵与张子立

三苏父子南行赴京，在经过渝州（今重庆市）时，渝州守张子立亲到江边见苏洵。出峡后，苏洵在《答张子立见寄》诗中回忆道：

舟行道里日夜殊，佳士恨不久与俱。
峡山行尽见平楚，舍舟登岸身无虞。
念君治所自有处，不复放纵如吾徒。
忆昨相见巴子国，谒我江上颜何娱。

周代的巴子国就是秦以后的巴郡，治所即现在的重庆。从“念君治所”

① 浐水源出秦岭，北流至西安，东入灞水，李返蜀必经之地。

四字可以看出张子立的身份。十多年前，苏洵云游天下时，“未为时所知，旅游万里，舍者常争席”[1]。现在，苏洵虽然仍是布衣，但已名满天下，而苏轼兄弟又是新科进士，前途无量，所以沿途官吏都刮目相看了，他们或则设宴招待，或则亲到江边迎送，确实是以布衣而平交诸侯了。此诗中段称美张子立好学：“自言好学老不厌，方册几许鲁作鱼。古书今文启天下，架上未有耿不愉。”能诗：“示我近所集，漫如游通衢。”末为自述：“凄风腊月客荆楚，千里适魏劳奔趋。将行纷乱苦无思，强说鄙意惭区区。”从“峡山行尽见平楚”，“凄风腊月客荆楚”可知，此诗作于到达江陵后。但诗中所忆乃途经渝州时事。

张俞《昭觉寺宴席送圣从察院还朝序》[2]，与会者有“清河张子立”。尹洙有《答张子立郎中书》[3]：“连得两书，皆以先公志文事。某于乡里士人铭其先世者多矣，其人于世不显，要其一事可传即为志之，况先公以宰相子致位一二品，树立事功，始终灼然，为人称道者耶？敢不承命。”尹洙应张子立之求，所撰墓志即《故金紫光禄大夫、秘书监致仕、上柱国、清河县开国子、食邑六百户、食实封一百户张公墓志铭》（卷七）。据此墓志可知，“公讳宗诲”，“父讳齐贤，以道德名望相太宗、真宗”，张子立乃张宗诲之子，名相张齐贤之孙。

二十八、苏洵与杨美球

嘉祐四年冬，三苏父子南行赴京，途经三峡，遇杨节推和世旧宋某。杨求苏洵为其父作墓志铭，苏洵《与杨节推书》（《嘉祐集》卷一三）云：“往者见托以先丈之埋铭，示之以程生之行状。……然余伤夫人子之惜其先君无闻于后以请于我，我既已许之而又拒之，则无以恤乎其心，是以不敢遂已，而卒铭其墓。凡子之所欲使子之先君不朽者，兹亦足以不负子矣。谨录以进如左。”《丹棱杨君墓志铭》（《嘉祐集》卷一五）：“杨君讳某字某，世家眉之丹

---

① 苏轼《钟子翼哀词》。

② 《成都文类》卷二二，四库全书本。

③ 《河南集》卷一一，四库全书本。

棱。……生子四人，长曰美琪，次曰美琳，次曰美珣，其幼美球。美球尝从事安靖军，余游巴东，因以识余。嘉祐二年某月某日君卒，享年若干。四年十一月某日葬于某乡某里。将葬，从事来请余铭，以求不泯于后，余不忍逆。”杨节推当即杨美球，《四川通志》卷三三《选举》称其为皇祐进士。节推即节度使推官，指杨任安靖军从事，官职合；“余游巴东，因以识余”，地点合；“嘉祐四年十一月”，苏洵正在峡中，时间合。杨节推求苏洵为其父作墓志铭当在峡中相遇时。

苏洵《和杨节推见赠》①：“与君多乖睽，邂逅同泛峡。宋子虽世旧，谈笑顷不接。二君皆泛游，畴昔共科甲。唯我老且闲，独得离圈柙。少年实强锐，议论令我怯。有如乘风箭，勇发岂顾帖？置酒来相邀，殷勤为留楫。杨君旧痛饮，浅水安足涉？嗟我素不任，一酌已赪颊。去生别怀怆，有子旅意惬。舍棹治陆行，岁晚筋力乏。”从“舍棹治陆行”可知，诗作于嘉祐四年末（“岁晚”）抵达江陵时，但所忆为途经三峡时事。苏洵祖母姓宋，所谓“宋子本世旧”，或指此。

二十九、苏洵与杨纬

嘉祐四年冬，苏洵父子南行赴京，在三峡有一位叫杨纬的人送了他一座木山，他在《寄杨纬》诗中写道：

家居对山木，谓是忘言伴。
去乡不能致，回顾颇自短。
谁知有杨子，磊落收百段。
拣赠最奇峰，慰我苦长叹。
连城尽如削，邃洞幽可款。
回合抱空虚，天地耸其半。
舟行因乐载，陆挈敢辞懒？

① 宋残本《类编增广老苏先生大全集》。

飘飘乎千里，有客来就看。
自言此地无，爱惜苦欲换。
低头笑不答，解缆风帆满。
京洛有幽居，吾将隐而玩。

从“去乡不能致”可知，苏洵眉山老家的木山并未带进京；从“舟行因乐载”四句可知，杨纬赠木山当在峡中，诗当作于自江陵赴京途中。苏洵眉山家中所蓄木山三峰，与嘉祐五年入京后所蓄木山绝非同一木山。嘉祐末，苏辙在京侍父所作《木山引水二首》（《栾城集》卷二），苏轼《和子由木山引水二首》（《苏轼诗集》卷五），皆指杨纬所赠木山。

北宋名杨纬者非一人。晁补之《广州推官杨府君墓表》[①]载，杨纬（1017—1087）字文叔，济州任城（今山东济宁）人。皇祐五年明经中第。尝为太原府司理参军，徙凤州梁泉县令，迁沂州防御判官。狂人李逢聚亡命，淘金境上，有异谋，逢败诛，纬坐废。复为广州观察推官，卒于任，年六十有二。不知两杨纬是否为同一人。

熙宁二年曾公亮《上神宗乞不宣取瑞木》[②]云：“建州崇安县草泽杨纬进状称：今年三月，所居之西，空中有黄龙蜿蜒于晦冥之间，于其下获一瑞木，厥状犹龙。至七月，风雨晦冥如初，复有飞龙腾骧，见木龙之尾翼连足在焉。”此杨纬颇好木，但嘉祐四年至熙宁二年有整整十年，也难肯定此杨纬为赠洵木山之人。

杨节推、杨美球、杨纬很可能同为一人，节推乃其官职，美球、纬，或其名，或其字，或其号。所赠木山或为苏洵所撰《丹棱杨君墓志铭》的润笔。因别无所据，故仍分立条目。

三十、苏洵与赵抃

嘉祐五年八月以苏洵为试秘书省校书郎，苏洵有《谢赵司谏启》（《嘉祐

① 《鸡肋集》卷六三，四部丛刊本。
② 赵汝愚《国朝诸臣奏议》卷三六，台湾文海出版社《宋史资料萃编》本。

集》卷一三)。赵司谏即赵抃。赵抃(1008—1084)字阅道,衢州西安(今浙江衢州)人。少孤贫,刻意为学,中景祐元年进士乙科。他曾多次在蜀中做官。皇祐元年,知蜀州江原县。至和元年,召为殿中侍御史,弹劾不避权幸,时号铁面御史。嘉祐三年,为梓州路转运使,改益州。五年,召为右司谏。弹劾陈升之进不以道。英宗治平二年,加龙图阁直学士知成都。神宗朝拜参知政事。因与王安石政见不协,乞去位。熙宁五年复知成都。元丰七年卒,年七十七,赠太子少师,谥"清献"。赵抃为人和易温厚,平生不畜声伎,尝匹马入蜀,仅携一琴一鹤自随。为政简易,所至崇学校,礼师儒。现存文章以奏议为多,往往关切时事。诗歌谐婉多姿,不似铁面御史所为。著有《赵清献公集》。事迹见苏轼《赵清献公神道碑》(《苏轼文集》卷一七)、《宋史》卷三一六本传。

苏洵《谢赵司谏书》云:"向家居眉阳,以病懒不获问从者。常以为阁下之所在,声之所振,德之所加,士以千里为近,而洵独不能走二百里一至于门,纵不获罪,固以为君子之弃人矣。"此指嘉祐四年赵抃为益州路转运使时,未去成都谒见。又云:"今年秋始见太守窦君京师,乃知阁下过听,猥以鄙陋上塞明诏。不知阁下何取于洵也?……今阁下举人而取于不相识之中,则其去世俗远矣。"王文诰《苏诗总案》卷二系此条于嘉祐六年七月,并云:"此书则荐宫师者不止欧阳修也。其赵司谏、窦太守皆不详何人。盖欧阳修奏上其文之后,必经两制议,赵或与其事,故又荐之也。"王文诰因不知赵司谏为何人,故对此《启》的系年,推测赵司谏推荐苏洵之背景,皆误。《续资治通鉴长编》卷一九二载:嘉祐五年八月"甲子,眉州进士苏洵为试校书郎。……翰林学士欧阳修上其所著《权书》《衡论》《机策》二十二篇。宰相韩琦善之,召试舍人院,再以疾辞。本路转运使赵抃等皆荐其行义推于乡里,而修又言洵既不肯就试,乞就除一官,故有是命。"这是赵司谏即赵抃之确证。苏洵《谢赵司谏启》乃因任试校书郎而谢赵抃之推荐。赵抃是以益州转运使身份推荐本路人才,苏轼兄弟居母丧正是赵抃任益州转运使时,苏洵父子还京,赵抃亦还朝任右司谏,故称赵司谏。

三十一、苏洵与文同

苏洵有《与可许惠舒景，以诗督之》[①]。文同（1018—1079）字与可，号笑笑先生，梓州永泰（今四川盐亭东）人。皇祐元年进士。庆历七年（1047）文彦博知益州，以文同所贽文字示府学，学者一时称慕之[②]。历知州县。元丰元年，除知湖州，赴任途中卒于陈州，年六十二。文同博学多才艺，擅长书法、绘画。尤以善画竹著称，画竹时讲求体验，主张胸有成竹，创制出一种以浓墨为竹面，淡墨为背景的画竹叶法，开创了传统中国画之湖州竹派。工诗文，其诗高远潇洒，有唐人韦应物、孟浩然风致。苏轼《书文与可墨竹并叙》（《苏轼诗集》卷二六）云："亡友文与可有四绝，诗一，楚词二，草书三，画四。与可尝云：'世无知我者，惟子瞻一见识吾妙处。'"著有《丹渊集》四十卷。事迹见范百禄《文公墓志铭》[③]、《宋史》卷四四三本传。

苏、文二家有亲，苏轼《祭文与可文》自称"从表弟苏轼"。后苏辙有一女适文务光，而务光乃文同第四子，更是亲上加亲。苏洵《与可许惠所画舒景，以诗督之》诗末句有"老病人谁称我为"，当作于嘉祐五年二月苏洵返京后，时年五十二岁，文同则于年前自邠州还朝，判尚书职方兼校史馆书籍；同年年底文同以亲老请判邛州返川，直至苏洵去世，文同未再返京。诗云：

> 枯松怪石霜竹枝，中有可爱知者谁？
> 我能知之不能说，欲说尝恐天真非。
> 羡君笔端有新意，倏忽万状成一挥。
> 使我忘言惟独笑，意所欲说辄见之。
> 问胡为然笑不答，无乃君亦难为辞？
> 昼行书空夜画被，方其得意犹若痴。
> 纷纭落纸不自惜，坐客争夺相漫欺。

---

① 宋孙绍远《声画集》卷八，四库全书本。
② 家诚之《石室先生年谱》。
③ 《丹渊集》附录，四部丛刊初编本。

贵豪满前谢不与，独许见赠怜我衰。
我当枕簟卧其下，暮续膏火朝忘炊。
门前剥啄不须应，老病人谁称我为。

前十句写文同以所绘“枯松怪石霜竹枝”闻名于世，但诗画都只可意会，难以言传。“羡君笔端有新意，倏忽万状成一挥”，“昼行书空夜画被”二句，写文同画何以能“笔端有新意”，这与他的努力分不开。《世说新语·黜免》云：“殷中军（浩）被废在信安，终日恒（常）书空作字。”《三国志补注》卷三：“（钟）繇精思学书，卧画被穿。”这两个典故皆形容文同绘画之专一。最后八句写世人对文同画的爱好，但他任“坐客争夺”却不与豪贵，而愿赠予苏洵。

苏洵嗜画，向他赠画的人很多，苏轼《四菩萨阁记》（《苏轼文集》卷一二）说：“始吾先君于物无所好，燕居如斋，言笑有时，顾尝嗜画。弟子门人，无以悦之，则争致其所嗜，庶几一解其颜。故虽为布衣，而致画与公卿等。”为了使父亲“一解其颜”，苏轼曾“以钱十万”，购得吴道子画的“阳为菩萨，阴为天王”的四块门板，献与苏洵。在苏洵所珍藏的百余幅名画中，此为压卷之作。从他对文同画的评述，如“羡君笔端有新意”，“意所欲说”“难为辞”，“方其得意犹若痴”看，他不仅“嗜画”，而且长于品画。

三十二、苏洵与苏颂

苏颂曾与苏洵叙宗盟，苏轼《荐苏子容功德疏》：“自昔先君以来，尝讲宗盟之好四十余年。”苏轼此《疏》作于建中靖国元年（1101），上数至嘉祐五年（1060）为四十一年。时三苏父子第二次入京，苏颂在朝任馆阁校理。

苏颂（1020—1101）字子容，泉州同安（今福建厦门）人，后徙丹阳（今属江苏），苏绅子。庆历二年进士。历仕仁宗、英宗、神宗、哲宗四朝，于徽宗建中靖国元年卒，年八十二。他博学洽闻，能诗能文，于书无所不读，自图纬阴阳、五行星历、训诂文字，下至百家方技之书，无不探其源。他曾校订多种医典，研制水运仪象台以观测天象，推演天体运行规律。英国著名科技史学者李约瑟的《中国科学技术史》称其为“中国古代和中世纪最伟大的博物学家和科学家”。著有《苏魏公文集》。事迹见曾肇《赠司空苏公墓志铭》[1]、《宋史》卷三四〇本传。

三十三、苏洵与余靖

苏洵《上余青州书》云：“洵西蜀之匹夫，尝有志于当世，因循不遇，遂至于老。然其尝所欲见者，天下之士盖有五六人，五六人者已略见矣。而独明公之未尝见，每以为恨。今明公来朝，而洵适在此，是以不得不见。伏惟加察，幸甚。”

余青州即余靖（1000—1064），字安道，韶州曲江（今广东韶关）人。天圣二年进士。庆历新政时，余靖为右正言，时苏洵在京，知其人而无缘相见。新政失败，出知吉州，再左迁将作少监，分司南京。侬智高攻下岭南州县，起为秘书监、知潭州。据《北宋经抚年表》卷五载，余靖于嘉祐三年十月至六年五月由知潭州改知青州，嘉祐五年二月苏洵自蜀返京，故此《书》只能作于嘉祐六年五月余靖罢青州任返京时（“今明公来朝，而洵适在此”）。后靖改知广州、桂州，为广南西路经略安抚使。英宗即位，拜工部尚书，代还，卒于道，年六十五，谥“襄”。余靖自少博学强记，喜读书，虽在兵间，手不释卷。为文初尚华侈，后欧阳修倡导古文，余靖亦弃华取实，为有本之学，文章长于应变，诗亦简练有法度。著有文集二十卷。事迹见欧阳修《余襄公神道碑铭》（《欧阳修集》卷二三）、《宋史》卷三二〇本传。

三十四、苏洵与大觉琏禅师

禅师名怀琏，字器之，漳州（今属福建）陈氏子。幼有远韵，聪慧绝人。长为沙门，工翰墨，声称甚著。仁宗皇祐二年正月，有诏住京师十方净因禅院。奏对称旨，赐号大觉禅师。英宗治平中，琏再乞还山坚甚，诏许自便。归老于四明之阿育王山广利寺，四明之人相与出力，建大阁藏所赐诗颂，榜

---

① 《曲阜集》卷三。

之曰宸奎。命翰林学士兼侍读端明殿学士苏轼为之记。琏归山二十余年，年八十二无疾而化。事迹见宋释惠洪《禅林僧宝传》卷一八《大觉琏禅师传》。

苏洵有《净因大觉禅师以阎立本画水官见遗，报之以诗》①。阎立本是唐代著名画家，工人物、车马、台阁。净因大觉琏师以阎立本所画水官赠苏洵，苏洵就写了这首诗来表示感谢。诗的大部分内容是描述这幅画的：或写水官（水神）："水官骑苍龙"，"龙行欲上天"，"浩若乘风船"，"不知几何长，足尾犹在渊"；或写从臣，说他们"矍铄相顾失，风举衣袂翻"；或写侍女，说她们"白颊垂双鬟。手执雉尾扇，容如未开莲。"这些描写都很形象，见诗如见画。诗的结尾也别开生面，苏洵没有向大觉琏师直接表示感谢，而是说阎画"见者谁不爱，予者诚已难"；但是，"在我犹在子，此理宁非禅？报之以好词，何必画在前！"这样结尾就不落俗套，比直接以谢语结尾有味得多。

苏轼《次韵水官诗》叙云："净因大觉琏师以阎立本画水官遗编礼公。公既报之以诗，谓某'汝亦作'。某顿首再拜次韵，仍录二诗为一卷以献之。"此称其父为"编礼公"，嘉祐六年（1061）七月朝廷才以苏洵为霸州文安县主簿，编纂礼书。故此诗必作于此后或英宗治平年间。

三十五、苏洵与孙鼛

苏洵《与孙叔静》云："久承借示新文及累为访临，甚荷勤眷。文字已为细观，甚善甚善。必欲求所未至，如《中正论》引舜为证，此是时文之病。凡论但意立而理明，不必觅事应付。诚未思之，专此不宣。洵白。"苏轼《跋先君与孙叔静帖》（《苏轼文集》卷六九）云："嘉祐、治平间，先君编修《太常因革礼》，在京师，学者多从讲问，而孙叔静兄弟皆笃学能文，先君极称之。先君既殁十有八年，轼谪居于黄，叔静自京师过蕲，枉道过轼，出先君手书以相示。轼请受而藏之，叔静不可，遂归之。先君平生往还书疏多口占以授子弟，而此独其真迹，信于叔静兄弟厚善也邪！元丰六年七月十五日轼记。"

---

① 《两宋名贤小集》卷七〇，四库全书本。

孙鼛（1042－1127）字叔静，钱塘人，徙扬之江都。鼛年十五游太学，苏洵、滕甫称之。用父任调武平尉，再调越州司法参军，知偃师县。韩缜镇长安，辟入府。签书西川判官，召对，擢提举广东常平。徽宗初，徙两浙。鼛微时与蔡京善，常曰："蔡子贵人也，然才不胜德，恐贻天下忧。"（本传）后以得罪蔡京致仕，靖康二年卒，年八十六。鼛笃于行义，在广东时，苏轼谪居惠州，鼛极意与之周旋，苏轼《与孙叔静》简颇多。事见《宋史》卷三四七《孙鼛传》。

三十六、苏洵与李育

除孙鼛外，当时与苏洵往来密切的还有李仲蒙。苏轼《李仲蒙哀词》（《苏轼文集》卷六三）说："呜呼，吾先友人也。哭之其可无词？昔吾先君始仕于太常，君以博士朝夕往来相好。先君于人少所与，独称君为长者。"

李育（1020—1069）字仲蒙，缑氏（今河南偃师）人。皇祐元年进士[①]。为亳、润、邠三郡职官，后为应天府录曹。嘉祐八年，试学士院，充秘阁校理[②]。英宗时，知太常礼院[③]。后历尚书员外郎、直史馆，为岐王府记室参军。熙宁二年卒，年五十。性高简，善书，字体清丽。苏轼称其"学博而通，长于《诗》《史记》"。事迹详苏轼《李仲蒙哀词》。

（《蜀学》2009 年第 1 期）

① 《避暑录话》卷下。

② 《宋会要辑稿》选举三一之三五。

③ 《续资治通鉴长编》卷二〇六。

苏轼与江苏作家的交游

苏轼与江苏有较特殊的关系，他一生八典名郡（密、徐、湖、登、杭、颍、扬、定），徐州、扬州在宋代虽属不同路，而都在今江苏境内；杭州虽属浙江，但他在通判杭州和知杭州期间，却经常往来于今天的江苏境内。他在《常润道中有怀钱塘寄述古》中说："惠山泉下土如濡，阳羡（今江苏常州宜兴）溪头米胜珠。"《东坡词·菩萨蛮》说："买田阳羡吾将老，从来只为溪山好。"可见他对阳羡物产丰富，生活优裕，山水美丽的喜爱，并决心买田阳羡，以此为家。其《登州谢上表》（卷六七）说："买田阳羡，誓毕此生"；《扬州上吕相书》（卷七六）说："轼已买田阳羡，归计已成。"因此，他贬官广东惠州时，除幼子苏过随其南迁外，长子苏迈、次子苏迨皆留居阳羡。其《答陈季常书》（卷七五）说："自当涂闻命（谪惠州），便遣骨肉还阳羡，独与幼子过及老云（侍妾朝云）并二老婢共吾过岭到惠。"其《游罗浮道院及栖禅精舍，过作诗，和其韵寄迈、迨》（卷二三）说："寄书阳羡儿（苏迈），并语长头弟（苏迨）。门户各努力，先期毕租税。"苏轼自海南贬所北归得到任便居住之命时，对究竟"居住"哪里很费了一番斟酌。其《与谢民师推官》（卷七七）说："此去不住许下（今河南许昌），则归阳羡。"《答苏伯固书》（卷八五）中说："住处非舒（舒州，今安徽安庆）则常，老病惟退为上策。"但不久得到弟弟苏辙的信，要他去颍昌同住，特别是读到信中的"桑榆末影，复忍离别"一语时，苏轼又改变了主意，决定到颍昌与弟弟同住。建中靖国元年（1101）当他到达虔州（今江西赣州）后，曾准备住在常州、舒州或真州（今江苏仪征），总之住在江南，离京城远些，以免再次卷入政治漩涡。到达真州时，他又改变了主意，"决计居常州"。他在《与子由书》（卷八五）中详尽叙述了他不能归颍昌的原因："行计南北，凡几变矣，遭值如此，可叹可笑。兄近已决计从弟之言，同居颍昌，行有日矣。适值程德孺过金山，往会之，并一二亲故皆在坐。颇闻北方事，有决不可往颍昌近地居者。事皆可信人所报，大抵相忌，安排攻击者众。北行渐近，决不静尔。今已决计居常州，借得一孙家宅极佳。浙人相喜，决不失所也。更留真（州）十数日，便渡江往常（州）。逾年行役，且此休息。恨不得老境兄弟相聚，此天也，吾其如天何!”并于建中靖国元年（1101）七月卒于常州。

苏轼一生与江苏关系这样密切，因此在他交往的人中也以江浙一带的人为多，这里不能尽述。我正在撰写《三苏交游考》，现在仅就已写部分，择苏轼与江苏人的交游，以其生年和大体生年为序，略述如下。

孙洙

孙洙（1031—1079）字巨源，先世为广陵（今江苏扬州）人，曾祖时徙真州扬子县（今江苏仪征）。年十九登进士第，补秀州司法参军，调杭州於潜令。包拯、欧阳修、吴奎举荐应制科试，进策论五十篇，指陈政事，推往较今，明白剀切，一时传写摹印，称为《经纬集》，韩琦比之为汉代贾谊。改馆阁校勘，迁集贤校理，知太常礼院。治平三年又应诏上疏，论时务十七事。熙宁三年，兼史馆检讨，同知谏院。因不满王安石变法，求补外，出知海州（今江苏省连云港市），干当三班院，同修起居注，进知制诰。元丰初，兼直学士院，擢翰林学士。二年卒，年四十九。事迹见《名臣碑传琬琰之集》中卷二五李清臣《孙学士洙墓志铭》、《宋史》卷三二一本传。著有文集二十卷、奏议五卷、《三史刊误》四十卷，《宋史·艺文志》八著录有《褒题集》三十卷、《褒恤杂录》三卷、《张氏诗传》一卷，均佚。

孙洙博闻强记，明练典故，文词典丽，甚有条理，有西汉古文风格。其词《河满子》抒写秋景秋思，有“黄叶无风自落，秋云不雨长阴”句，思致绵绵，为人称道。孙洙与苏辙兄弟相厚善，苏轼通判杭州时有《广陵会三同舍各以其字为韵，仍邀同赋》（卷一七）诗，孙洙即三同舍之一。

苏轼《孙巨源》（卷三）称孙洙为“平生友”：“三年客京辇，憔悴难具论。挥汗红尘中，但随马蹄翻。人情贵往返，不报生祸根。坐令平生友，终岁不及门。南来实清旷，但恨无与言。不谓广陵城，得逢刘与孙。异趣不两立，譬如王孙猿。吾侪久相聚，恐见疑排根。我褊类中散（嵇康），子通真巨源（山涛）。绝交固未敢（嵇康有《与山巨源绝交书》），且复东南奔。”苏轼与孙的唱和尤多，如《次韵孙巨源寄涟水李、盛二著作并以见寄五绝》《台头寺雨中送李邦直赴史馆，分韵得忆字、人字，兼寄孙巨源二首》《兴龙节侍宴前一日微雪，与子由同访王定国，小饮清虚堂。定国出数诗皆佳，而五言尤奇。子由又言昔与孙巨源同过定国，感念存没，悲叹久之。夜归稍醒，各赋一篇，明日朝中以示定国也》等。

蒋之奇

蒋之奇（1031—1104）字颖叔，常州宜兴（今属江苏）人。初以伯父蒋堂荫得官，嘉祐二年中《春秋》三传科，官太常博士。治平间，应贤良方正科试，擢监察御史。神宗立，转殿中侍御史。以劾欧阳修不实，贬监道州酒税，改监宣州税。王安石新法行，为福建转运判官，历仕仁宗、英宗、神宗、哲宗、徽宗五朝，官至翰林学士，知枢密院事。事迹见《东都事略》卷九七、《宋史》卷三四三本传。著有《华严经解》三十篇，《荆溪前集》《后集》八十九卷，《别集》九卷，《北扉集》九卷，《西枢集》四卷，《卮言集》五卷，《刍言》五十篇，已佚。《两宋名贤小集》收录其《三径集》一卷。清光绪年间盛宣怀刊印其《春卿遗稿》一卷。

治平年间，蒋之奇应贤良方正科，有《制举投献第一书》，这是一篇重要文论，纵论历代取人之得失，认为“三代取士之法，本于行而不本于言。士之出于其时，能有所立于下，则上必莫之遗。于是勉励激率，以笃于行义之习，而华言枝辞无所用于天下。及其有言，亦皆近于可用。盖其非有要利之欲挠于其心，则凡其所以言者，皆以情自竭，无所文饰，以求合于上，而必切于利害之际。”而到了战国，张仪、苏秦等游说之士，“言纵则天下合，言横则天下散”，“不出于诚信，而用之于诡谲”，但因“其言之切于事”，故“六国之君皆耸动振慑，改容加礼”。而自汉以来，“设科举以待天下文学之士，而求其直言极谏，以究于天下之治乱”，而“应诏之士承问进退，类皆以射策决科为利，而其意不主于言，是以虚词滥说多近于迂阔而无用，其间可称者才一二而已”，如“汉之董仲舒、公孙弘、晁错，唐之裴度、元稹、刘蒉之徒”。而现在的制科、秘阁之试，只不过“于百家笺传隐僻之说，度人之所不能及者出而为论，以观其记否。及大庭之问，则又及于区区之名数”，应试之士“未尝措一毫之思虑以及于天下治乱……是以今之学者不能望于汉唐之盛”。其《都官集序》不仅批评宋之制举，更批评废除制举：“盖汉之举贤良方正之士，本以延问灾异，使朝廷由此警戒，以恐惧修省，思过而改之，求善而为之，则不为无益。而比年乃先试三千言于秘阁，中者乃得奉对于大廷，则有言之士或不得以自见，此固在所应改；而遂废其科，则朝廷因复不得以闻直言为可惜也。”

其《北游赋》作于知广州时，序云：“潮阳吴先生子野，有道之士也，自少好游，凡四方幽遐瑰诡之观，无不至也。过余于南海，留与语数日，复告予将北游也，作《北游赋》以送之。”叠嶂楼，在今安徽宣城。熙宁二年(1069)，蒋之奇贬监宣州税时撰《叠嶂楼记》云：“夫以游观之胜称天下，而其名足以久传者，是必有殊尤绝异之赏，而又遇夫卓伟俊杰之才以振发之，然后足以有传于天下；不然者，将益泯没而无所见于世矣。”此记前写其“殊尤绝异”之景：“夫陵阳三峰错峙于州城之间，而州治所据在一峰。北望昭岑，南瞻瞿硎，后前左右，如抱如拥，粲然如积金，莹然如叠玉，屹然如长城之环缭，截然如巨防之壁立，皆天造地设，为此邦之险固，虽图画刻削，莫克肖似。自上世来，图牒所纪，编简所载，灵仙之所飞游，隐逸之所栖止，无代无之，至而览者，使人有渺然轻举之思。而又双溪之源出于群峰，经于井邑。晴雷无声，龙鳞自动，微风不来，鲛绡如舞。其盘旋屈曲，出没乎林木之杪者，数十百折而后合于大江。大江之流与五湖之波，混混泱漭，近在目睫。风涛喧豗，沸霜溅雪，往往汹涌澎湃之声或闻于坐席。登而望者，又使人有超然长往之兴。”后写卓伟俊杰之才：“唐有独孤霖之记，殊未足当吾所谓卓伟俊杰之才；本朝有刁约守宣，新叠嶂楼，创双溪阁，雕甍华栋与山光水色相辉。”而今余良肱继守宣，间从宾佐，拥殊翠，列绿竹，陈杯酒，宴于楼上，并对蒋之奇说：“人之称斯楼者，徒知有山水之胜而已，而吾居此盖期年有余，所见者不止于山水也。若夫春花开而散锦，夏木茂而成幄，秋宵静而月明，冬晓温而雪霁，此四时之景不同，而乐亦无穷也。夫居者之逸，成者之劳也；继者之易，创者之艰也。维其艰且劳，则吾今日有是者，前人之惠也。子其记之。”蒋之奇回答说：“夫人情莫不欲佚，自佚者不若同民；莫不欲乐，自乐者不若与众。与民同之，则来者之有是，其致足乐也；不能推吾所有而同之民，虽乐，盖君子不贵也。古人有言：‘贤者而后乐此。’不贤虽有此，其能独乐哉！”全文前写殊尤绝异之景，后写卓伟俊杰之人，而以写景胜。

蒋之奇亦能诗，《全宋诗》收其诗二卷。其《梅花》云：“昨夜雪初霁，寒梅破蕾新。满头虽白发，聊插一枝春。”

苏轼与蒋之奇颇多唱和，不下十首。如《和蒋发运》《送蒋颖叔帅熙河并引》《次韵颖叔观灯》之类。苏轼有关蒋的命官制对他给予了很高的评价，其《蒋之奇天章阁待制知潭州制》（卷一〇七）云：“蒋之奇少以异材，辅之博学，艺于从政，敏而有功。使之治剧于一方，固当坐啸以终日。勿谓湖湘之远，在余庭户之间，务安斯民，以称朕意。”《蒋之奇可集贤殿修撰知广州制》（卷一〇八）云：“敕具官蒋之奇。按治岭海，统制南极。声教所暨，耸闻风采。自唐以来，不轻付予。朕既择其人，复宠以秘殿之职。使民夷纵观，知其辍自禁严，以见朝廷重远之意。其于服从畏信，岂不有助也哉。”

单锡

单锡字君贶（一作君赐，生卒年不详），宜兴（今属江苏）人，嘉祐二年与苏轼同科进士及第。轼爱其贤，以女兄子妻之。轼来宜兴，每过其家。元丰七年为德兴县令，《江西通志》卷四一载：“聚远楼，在江西德兴县东南。宋熙宁间余士隆建，据邑最高处。县令单锡扁曰聚远楼。”

单锡“博学工诗”，道光《德兴县志》卷一二载其《聚远楼》诗，极写其楼之高：“井邑银山匝画屏，层檐飞翼入苍冥。晓穿帘幕扶桑日，夜浸栏干紫汉星。春水涨来斜涧白，炉烟抹去半峰青。无边光景归吟日，莫向樽前辨醉醒。”苏轼《单同年求德兴俞氏聚远楼诗三首》（卷六）云：“云山烟水苦难亲，野草幽花各自春。赖有高楼能聚远，一时收拾与闲人”；“无限青山散不收，云奔浪卷入帘钩。直将眼力为疆界，何啻人间万户侯”；“闻说楼居似地仙，不知门外有尘寰。幽人隐几寂无语，心在飞鸿灭没间。”单诗及苏轼的《聚远楼诗》都表现了单锡的闲适情趣。锡卒，苏轼有《祭单君贶文》（卷六三）：“呜呼维君，笃孝自天。展如闵子，人莫间言。内齐于家，外敏于官。民谓父兄，吏莫容奸。信于朋友，人得其欢。博学工诗，数术精研。人涉其一，君有其全。寿考富贵，人谁不然。君独何辜，所向奇偏。志不一遂，怅莫归怨。念我孤甥，生逢百艰。既嫔于君，谓永百年。云何不吊，衔痛重泉。何以慰君，千里一樽。”

单锷

单锷（1031—1110）字季隐，单锡弟。少有志操，从胡翼之先生肄业，颇见推重。长益邃于学，著《诗》《易》《春秋》义解，博览诸家之说，断以胸臆。他经及子史，皆手自钞纂，篇帙盈庋，笔札细楷，几若摹印。其为文务辞达事举，不喜浮靡，论议衮衮可听。嘉祐四年进士及第，不就官。独留心于吴中水利，尝独乘小舟往来于苏州、常州、湖州之间，经三十年，凡一沟一渎，无不周览其源流，考其形势，因以所阅历，著为《吴中水利书》一卷（存）。锷性乐易，遇人倾盖如故。客至，无疏戚皆留饮，醉辄假寐，顷刻已醒，未尝为酒困。间有所感，赋诗见意，可传录者积数百篇。大观四年卒，年八十。事迹见慕容彦逢《摛文堂集》卷一五《单季隐墓志铭》。

元祐六年，苏轼知杭州，献其书于朝，其《进单锷吴中水利书状》（卷五九）云：“旧闻常州宜兴县进士单锷，有水学，故召问之，出所著《吴中水利书》一卷，且口陈其曲折，则臣言止得十二三耳。臣与知水者考论其书，疑可施用，谨缮写一本，缴连进上。伏望圣慈深念两浙之富，国用所恃，岁漕都下米百五十万石，其他财赋供馈不可悉数，而十年九涝，公私凋弊，深可愍惜。乞下臣言与锷书，委本路监司躬亲按行，或差强干知水官吏考实其言，图上利害。”

邵迎

邵迎（？—1073）字茂诚，高邮（今属江苏）人。嘉祐二年进士。历仕州县，精于律令，熙宁六年穷厄而卒，无嗣。著有诗文数百篇，次年苏轼集其文，为作《邵茂诚诗集叙》（卷三四），首先感慨理想同现实往往矛盾；“贵、贱、寿、夭，天也。贤者必贵，仁者必寿，人之所欲也。人之所欲，适与天相值（相当、一致）实难，譬如匠庆之山而得成鐻，岂可常也哉！因其适相值，而责之以常然，此人之所以多怨而不通也。”文人尤其如此：“至于文人，其穷也固宜。劳心以耗神，盛气以忤物，未老而衰病，无恶而得罪，鲜不以文者。天人之相值既难，而人又自贼如此，虽欲不困，得乎？”而邵迎更是如此：“茂诚讳迎，姓邵氏，与余同年登进士第。十有五年，而见之于吴兴孙莘老之座上，出其诗数百篇，余读之弥月不厌。其文清和妙丽如晋、宋间人。而诗尤可爱，咀嚼有味，杂以江左唐人之风。其为人笃学强记，恭俭孝友，而贯穿法律，敏于吏事。其状若不胜衣，语言气息仅属。余固哀其任众难以瘁其身，且疑其将病也。逾年而茂诚卒。又明年，余过高邮，则其丧在焉。入哭之，败帏瓦灯，尘埃萧然，为之出涕太息。夫原宪之贫，颜回之短命，扬雄之无子，冯衍之不遇，皇甫士安之笃疾，彼遇其一，而人哀之至今，而茂诚兼之，岂非命也哉？余是以录其文，哀而不怨，亦茂诚之意也。”现在还可以再补充说，邵迎死后的遭遇亦如此，“其文清和妙丽如晋、宋间人”，竟无只字存世；“诗尤可爱，咀嚼有味”，仅宋人高似孙的《蟹略》卷三残存其两句十四字：“盐豉调羹金液腻，橙齑荐鲙玉丝肥。”当时苏轼因与王安石政见不合，出任地方官，郁郁不得志。文章虽为朋友的不幸而发，实则包含着作者自己的辛酸和不幸，特别是“盛气以忤物”“无恶而得罪”二语，正好是苏轼自己的个性和命运的概括。

苏舜举

苏舜举（生卒年不详）字世茂，武进（今属江苏）人。与苏轼同科进士及第，苏轼通判杭州，舜举知临安县，轼有《与同安令宗人同年剧饮》（卷四），感叹时光易逝："我虽不解饮，把盏欢意足。试呼白发感秋人，令唱黄鸡催晓曲。与君登科如隔晨，敝袍霜叶空残绿。如今莫问老与少，儿子森森如立竹。黄鸡催晓不须愁，老尽世人非我独。"又有《径山道中次韵答周长官兼赠苏寺丞》（卷五）则劝与之同游："吾宗古遗直，穷达付前定。餔糟醉方熟，洒面呼不醒。奈何效燕蝠，屡欲争晨暝。不如从我游，高论发犀柄。溪南渡横木，山寺称小径。幽寻自兹始，归路微月映。"《咸淳临安志》卷九一引《乌台诗案》苏轼供词，论及此诗背景云："熙宁六年因往诸县提点，临安县有知县、大理寺丞苏舜举来本县界外太平寺相接，轼与本人（指舜举）为同年，自来相知。本人见轼后，言舜举数日前入州，却被训狐押出。轼问其故，舜举言我擘划得人户供通家业役钞规例一本，甚简。前日将去呈本州诸官，皆不以为然。呈转运副使王庭老等，不喜，差急足押出城来。轼取其规例看详，委是简便，因问训狐事。舜举言，自来闻人说一小话云：燕以日出为旦，日入为夕；蝙蝠以日入为旦，日出为夕。争之不决，诉于凤凰。凤凰是百鸟之王。至路次，逢一禽，谓燕不须往诉，凤凰在假，或云凤凰渴睡，今不记其详，却是训狐权摄。舜举意以此讥笑王庭老等不知是非。隔得一两日，周邠、李行中二人亦来临安，与轼同游径山。苏舜举亦来山中相见，周邠作诗一首与轼，即无讥讽。轼次韵和答兼赠舜举云：'铺糟醉方熟，洒面唤不醒。奈何效燕蝠，屡欲争晨暝。'其意以讥讽王庭老等如训狐不分别是非也。"

颜太初及其子颜复

颜太初（生卒年不详）字醇之，又号凫绎先生，徐州彭城（今江苏徐州）人，一作鲁（今山东）人。颜渊四十七世孙。第进士，为莒县尉，补阆中主簿。以蔡齐与孔道辅荐，召试中书，改临晋主簿。移应天府户曹参军、南京国子监说书。事迹见《宋史》卷四四二本传。著有《颜太初集》十卷（《宋史·艺文志》七），又有《淳曜联英》二十卷（《宋史》本传），今已佚。

颜太初博学能文，喜为诗。熙宁七年，苏轼知密州，为作《凫绎先生诗集叙》（卷三四），首记苏洵之言："昔吾先君适京师，与卿士大夫游，归以语轼曰：'自今以往，文章其日工，而道将散矣。士慕远而忽近，贵华而贱实，吾已见其兆矣。'以鲁人凫绎先生之诗文十余篇示轼曰：'小子识之。后数十年，天下无复为斯文者也。'"次写自己对颜诗的看法："先生之诗文，皆有为而作，精悍确苦，言必中当世之过，凿凿乎如五谷必可以疗饥，断断乎如药石必可以伐病。其游谈以为高，枝词以为观美者，先生无一言焉。"末叹宋代文风之变化："其后二十余年，先君既没，而其言存。士之为文者，莫不超然出于形器之表，微言高论，既已鄙陋汉、唐，而其反复论难，正言不讳，如先生之文者，世莫之贵矣。轼是以悲于孔子之言（指孔子"吾犹及史之阙文"语），而怀先君之遗训，益求先生之文，而得之于其子复，乃录而藏之。先生讳太初，字醇之，姓颜氏，先师兖公之四十七世孙云。"又有《书诸公送凫绎先生诗后》（卷六八）："凫绎先生既殁三十余年，轼始从其子复游，虽不识其人，而得其为人。先生为阆中主簿，以诗饯行者，凡二十余人，皆一时豪杰名胜之流。自景祐至今，凡四十余年，而凋丧殆尽，独张君宗益在耳。怀先生之盛德，想诸贤之遗烈，悼岁月之不居，感人事之屡变。故书其末，使后生想见其风流韵耳。"

颜复（1034—1090）字长道，颜渊四十八代孙，颜太初子。嘉祐六年试于中书，为第一，赐进士，为校书郎、知永宁县。熙宁中，为国子监直讲。元祐初，擢太常博士，迁礼部员外郎。兼崇政殿说书，进起居舍人兼侍讲，转起居郎。四年，拜中书舍人兼国子监祭酒。五年，改天章阁待制，未拜而卒，年五十七。

颜复喜为诗，苏轼兄弟与之颇多唱和，轼有《和子由与颜长道同游百步洪相地筑亭种柳》《与舒教授、张山人、参寥师同游戏马台，书西轩壁，兼简颜长道二首》《次颜长道韵送傅倅》等，其《百步洪二首》（卷一五）生动描述了他们的相游之乐："王定国访余于彭城，一日棹小舟与颜长道携盼、英、卿三子游泗水，北上圣女山，南下百步洪，吹笛饮酒，乘月而归。余时以事不得往，夜着羽衣伫立于黄楼上，相视而笑，以为李太白死，世间无此乐三百余年矣。定国既去逾月，复与参寥师放舟洪下，追怀曩游，已为陈迹，喟然而叹，故作二诗，一以遗参寥，一以寄定国，且示颜长道、舒尧文，邀同赋云。”

郏亶

郏亶（1038—1103）字正夫，太仓（今属江苏）人。出身农家，嘉祐二年进士，授睦州团练推官。知杭州於潜县，未赴任。熙宁三年，为广东安抚使司机宜文字，撰《广州修东城记》。五年，上《论水利书》。自睦州团练推官知於潜县，为司农寺丞、两浙路提举兴修水利。六年，以处置乖方罢。不久，复司农寺丞。九年为司农寺主簿，遣往河熙路相度营田利害。元丰六年为江东转运判官。元祐初出知温州。崇宁二年以比部郎中召，未至卒，年六十六。《宋史》无传，事迹见《中吴纪闻》卷三，《吴中人物志》卷五。郏亶是水利专家，著有《吴中水利书》《上治田书》。亦能诗。

苏轼《录单锷吴中水利书》不同意郏亶围湖造田之议：“昔郏亶尝欲使民就深水之中叠成围岸。夫水行于地中，未能泄积水而先成田围以狭水道，当春夏满流浩急之时，则水当涌行于田围之上，非止坏田围，且淹浸庐舍矣，此不智之甚也。”苏辙有《郏亶通判永宁军》《郏亶通判睦州》制词，多为官样文词，说不上称美。

张天骥

张天骥（生卒年不详）字圣涂，号云龙山人，是一位退隐的官吏。苏轼知徐州时，苏轼兄弟曾多次访他。

元丰元年十一月初八日苏轼为作《放鹤亭记》（卷三六）：“熙宁十年秋，彭城大水，云龙山人张君天骥之草堂，水及其半扉。明年春，水落，迁于故居之东，东山之麓。升高而望，得异境焉，作亭于其上。彭城之山，冈岭四合，隐然如大环，独缺其西南面，而山人之亭适当其缺。春夏之交，草木际天；秋冬雪月，千里一色。风雨晦明之间，俯仰百变。山人有二鹤，甚驯而善飞。旦则望西山之缺而放焉，纵其所如，或立于陂田，或翔于云表，暮则傃（向）东山而归同，故名之曰放鹤亭。郡守苏轼，时从宾客僚吏往见山人，饮酒于斯亭而乐之，揖山人而告之，曰：‘子知隐居之乐乎？虽南面之君，未可与易也。《易》

曰："鸣鹤在阴，其子和之。"《诗》曰："鹤鸣于九皋，声闻于天。"盖其为物，清远闲放，超然于尘垢之外。故《易》《诗》人以比贤人君子隐德之士。狎而玩之，宜若有益而无损者，然卫懿公好鹤则亡其国。周公作《酒诰》，卫武公作《抑》戒，以为荒惑败乱无若酒者，而刘伶、阮籍之徒以此全其真而名后世。嗟夫！南面之君，虽清远闲放如鹤者犹不得好，好之则亡其国。而山林遁世之士，虽荒惑败乱如酒者犹不能为害，而况于鹤乎？由此观之，其为乐未可以同日而语也。'山人忻然而笑曰：'有是哉。'乃作放鹤招鹤之歌。"又有《过云龙山人张天骥》（卷八），首点题："郊原雨初足，风日清且好。病守亦欣然，肩舆白门道。荒田咽蛩蚓，村巷悬梨枣。下有幽人居，闭门空雀噪。西风高正厉，落叶纷可扫。孤童卧斜日，病马放秋草。墟里通有无，垣墙任摧倒。"次写张弃官隐居于此："君家本冠盖，丝竹闹邻保。脱身声利中，道德自濯澡。躬耕抱羸疾，奉养百岁老。诗书膏吻颊，菽水媚翁媪。饥寒天随子（唐陆龟蒙），杞菊自撷芼。慈孝董邵南，鸡狗相乳抱。"末以盼归隐作结："吾生如寄耳，归计失不早。故山岂敢忘，但恐迫华皓。从君好种秫，斗酒时自劳。"

邵博《邵氏闻见后录》卷一五："或问东坡云：'龙山人张天骥者，一无知村夫耳，公为作《放鹤亭记》，以比古隐者，又遗以诗，有'脱身声利中，道德自濯澡'，过矣。东坡笑曰：'装铺席耳。'东坡之门稍上者不敢言，如琴聪、蜜殊（释仲殊好蜜）之流，皆铺席中物也。"所谓"铺席中物"即借以自抒己意。此外苏轼还有《行宿泗间见徐州张天骥次旧韵》《题云龙草堂石磬》等诗。苏辙也有《过张天骥山人郊居》（卷七），称其不出门而名满朝市："南山莫将归，下访张夫子。黍稷满秋风，蓬麻翳邻里。君年三十八，三十有归意。躬耕奉慈亲，未觉锄耰鄙。读书北窗竹，酿酒南园水。松菊半成阴，日有幽居喜。客来时借问，问子何年起。新求西溪石，更筑茅堂址。但令三岁熟，此计行亦遂。堂成不出门，清名满朝市。"

秦观

秦观（1049—1100）字少游，一字太虚，号邗沟居士、淮海居士，扬州高邮（今属江苏）人。自幼性豪隽，喜读兵书，文辞慷慨。以《黄楼赋》贽见苏轼，轼大加称赏，以为有屈、宋之才，并向王安石举荐。元丰元年、五年，两次应进士试，皆不中第。八年，再试，进士及第，授定海主簿、蔡州教授。元祐三年，苏轼、鲜于侁等举荐应贤良方正科试，进策论，不第，斥回蔡州。五年，经范纯仁荐，召为太学博士，校正秘阁书籍。八年，迁秘书省正字，兼国史院编修官。绍圣初，入党籍，出为杭州通判。贬监处州盐酒税，削秩徙郴州。编管横州。除名徙雷州。徽宗即位，复宣德郎，放还，行至藤州卒。事迹见《东都事略》卷一一六、《宋史》卷四四四本传。秦观的著述，其自编者有《淮海逆旅集》、《淮海闲居集》十卷。南宋乾道间刻《淮海居士文集》四十九卷，含前集四十卷、后集六卷、长短句三卷。

秦观为“苏门四学士”之一，诗、词、文的创作都有很高成就。词尤有名，陈师道《后山诗话》誉为“当代词手”。他仍以婉约词为宗，被后世视为正宗婉约词派的第一流词人。南宋张炎《词源》卷下云：“秦少游词体制淡雅，气骨不衰，清丽中不断意脉，咀嚼无滓，久而知味。”他善于把男女恋情和自己的不幸遭遇融合起来，借助幽冷的意境，以含蓄的手法抒发感伤的情绪。秦观亦能诗。秦观文的成就绝不亚于词，可惜为其词名所掩。

秦观有《和东坡红鞓带》《次韵东坡上元扈从三绝》诗。苏轼有关秦观的诗文尤多，如《次韵秦观秀才见赠，秦与孙莘老、李公择甚熟，将入京应举》《秦太虚题名记》《秦少游梦发殡而葬之者，云是刘发之柩，是岁发首荐秦，以诗贺之，刘泾亦作，因次其韵》《次秦少游韵赠姚安世》《次韵秦少游王仲至元日立春三首》《扬州以土物寄少游》《次韵参寥寄少游》《与秦少游》《秦少游真赞》。

秦观《好事近·梦中作》云：“春路雨添花，花动一山春色。行到小溪深处，有黄鹂千百。飞云当面化龙蛇，夭矫转空碧。醉卧古藤阴下，了不知南北。”秦即卒于藤州，成为谶词。同卷附《东坡跋少游〈好事近〉》云：“供奉官莫君沔官湖南，喜从迁客游，尤为吕元钧所称。又能诵少游事甚详，为予诵此词，至流涕。”苏轼对秦之死尤为伤感，《与李方叔》（卷七七）：“淳甫（祖禹）、少游又安所获罪？遂断弃其命，言之何益，付之清议而已。”《与欧阳晦夫》（卷八五，下同）：“闻少游恶耗，两日为之食不下。”《答钱济明》：

"途中见秦少游奄忽，为天下惜此人物，哀痛至今。"《答苏伯固》："得来示，又知少游乃至如此。某全躯得还，非天幸而何。但益痛少游无穷已也。同贬死去大半，最可惜者范纯父及少游，当为天下惜之，奈何奈何！"

张耒

张耒（1054—1114）字文潜，号柯山，人称宛丘先生，楚州淮阴（今属江苏）人。幼颖悟能文，游学陈州，苏辙时为陈州学官，器重之，遂得从苏轼游。熙宁六年进士及第，授临淮主簿。哲宗继位，入为太学录。范纯仁荐试馆阁，迁秘书省正字、秘书丞、著作郎、史馆检讨。八年，迁起居舍人。绍圣元年，出知润州，入党籍，徙宣州。四年，谪监黄州酒税矾务。元符二年，徙复州。徽宗即位，起为黄州通判，知兖州。建中靖国元年，召为太常少卿，旋出知颍、汝二州。崇宁元年，复坐党籍落职，管勾亳州明道宫。在颍州时闻苏轼讣讯，为苏轼举哀行服，言者劾之，复贬房州别驾，黄州安置。大观二年，居陈州。政和四年卒。事迹见《东都事略》卷一一六、《宋史》卷四四四本传。著有《宛丘先生文集》七十六卷，中华书局 1999 年出版有校点本《张耒集》，较为完备精审。还撰有《明道杂志》一卷。

张耒是北宋中晚期重要的文学家，为苏门四学士之一。其文论源于三苏，提倡文理并重。张耒的诗文是其创作理论的具体体现，长短利弊皆本于此。其文风近似苏辙。他又擅长辞赋，在苏门四学士中，以张耒存赋最多。他的散文立意警辟，文笔高奇。其诗歌创作成就较高，以平易流丽明快见长，很少使用硬语僻典。词作不多，词风柔情深婉，与秦观词相近。

张耒有《和定州端明雪浪斋》《闻子瞻岭外归赠邠老》《次韵苏公武昌西山》《东坡书卷》《书东坡先生赠孙君刚说后》《子由先生示东坡公所和陶靖节〈归去来词〉及侍郎先生之作，命之同赋。耒辄自悯其仕之不偶，又以吊东坡先生之亡，终有以自广也》等诗文。

苏轼除《答张文潜书》外，还有《和张耒高丽松扇》《桄榔杖寄张文潜》。后一首（卷二三）云："睡起风清酒在亡，身随残梦两茫茫。江边曳杖桄榔瘦，林下寻苗荜拨香。独步傥逢勾漏令（晋葛洪），远来莫恨曲江张（唐张九龄）。遥知鲁国真男子（孔融），独忆平生盛孝章（汉末名士）。”前四句写桄榔杖，后四句抒慨，表明不以远谪岭南为意。其《答张文潜》（卷五二）云：“屏居荒服，真无一物为信。有桄榔方杖一枚，前此土人不知以为杖也。勿诮微陋，收其远意尔。”

丁宝臣

丁宝臣（1010—1067）字符珍，晋陵（今江苏常州）人。景祐元年（1034）进士及第，为峡州军事判官、淮南节度掌书记、杭州观察判官。徙知剡县、端州，迁太常博士。依智高攻广西，城陷失守，坐贬黄州。后复太常丞、监湖州酒税，知诸暨县。为秘阁校理、同知太常礼院。御史知杂苏寀劾其弃城事，出通判永州。方待阙于晋陵，以治平四年四月卒，年五十八。丁宝臣为欧阳修所知，有歌诗唱和，方回称其《和永叔新晴独过东山》诗“万树绿初染，群花红未然。阴岩犹贮香，暖谷自生烟。妇汲溪头水，人耕草际田”之句，“甚工致”（《瀛奎律髓汇评》卷二三）。著有文集四十卷，已佚。事迹见欧阳修《集贤校理丁君墓表》（《欧阳文忠公集》卷二五）、王安石《丁君墓志铭》（《临川先生文集》卷九一）。

苏轼登上文坛不久，丁已去世，故无直接交往。但苏轼《书欧阳公黄牛庙诗后》（《苏轼全集》卷六八）反映了他们的间接交往以及对丁的仰慕：“右欧阳文忠公为峡州夷陵令日所作《黄牛庙》诗也。轼尝闻之于公：‘予昔以西京留守推官为馆阁校勘，时同年丁宝臣元珍适来京师，梦与予同舟溯江，入一庙中，拜谒堂下。予班元珍下，元珍固辞，予不可。方拜时，神像为起，鞠躬堂下，且使人邀予上，耳语久之。元珍私念，神亦如世俗待馆阁，乃尔异礼耶？既出门，见一马，只耳，觉而语予，固莫识也。不数日，元珍除峡州判官。已而，余亦贬夷陵令。日与元珍处，不复记前梦云。一日，与元珍溯峡谒黄牛庙，入门惘然，皆梦中所见。予为县令，固班元珍下，而门外镌石为马，缺一耳。相视大惊，乃留诗庙中，有石马系祠门之句，盖私识其事也。元丰五年，轼谪居黄州，宜都令朱君嗣先见过，因语峡中山水，偶及之。朱君请书其事与诗，当刻石于庙，使人知进退出处，皆非人力。如石马一耳，何与公事，而亦前定，况其大者。公既为神所礼，而犹谓之淫祀，以见其直气不阿如此。'感其言有味，故为录之。正月二日，眉山苏轼书。"

徐积

徐积（1028—1103）字仲车，楚州山阳（今江苏淮安）人。治平二年（1065）登进士第（《续资治通鉴长编》卷三五七），因患疾不能出仕，屏处乡里，而四方事无不知晓。元祐初，以近臣举荐，授扬州司户参军、楚州教授。转和州防御推官，改宣德郎。崇宁二年，监西京嵩山中岳庙。卒，年七十六（王资深《节孝先生行状》）。政和六年，赐谥"节孝处士"。著有《节孝集》二十卷（《直斋书录解题》卷一七），现存《节孝先生文集》三十卷，附《语录》一卷、《事实》一卷。

徐积以孝行闻，苏轼与之有唱和，以历代隐士与文人比之，其《次韵徐积》（《施注苏诗》卷二三）云："杀鸡未肯邀季路（《论语》载荷蓧丈人杀鸡为黍而食），裹饭先须问子来（当为子桑，事见《庄子》）。但见中年隐槐市，岂知平日赋兰台（见宋玉《风赋》）。海山入梦方东去，风雨留人得暂陪。若说峨眉眼前事，故乡何处不堪回。"

《东坡志林》卷二云："徐积字仲车，古之独行也，于陵仲子不能过。然其诗文则怪而放，如玉川子，此一反也。耳聩甚，画地为字，乃始通语，终日面壁坐，不与人接，而四方事无不周知其详。虽新且密，无不先知，此二反也。"后人对其诗文评价颇有差异。清人贺裳举其《送王潜圣》"关西夫子虽迟暮，行笑行吟正安步。菑川海上牧羊儿，解说公孙放豚去"，《和路朝奉新居》"勤穿冻地缘栽竹，喜占明窗为著书"，称其磊落中有风度，雄快劲正，具有唐人风韵（《载酒园诗话》、《历代诗话》卷二六）。而王士禛《跋徐节孝集》却谓徐积之文"率拙而碎，殊不成章，诗尤多笑柄"。翁方纲《石洲诗话》卷三列举其《月食》《大河上天章公顾子敦》《李太白杂言》诸诗，谓蹊径浅露，无律无节，空自叫嚣。《四库全书总目》卷一五三称其诗文"雅俗兼陈"，瑕瑜互见，"奇谲恣肆，不主故常"，"纵逸自如，不可绳以格律……而大致纯正"。这一评价，褒贬较为确切。

朱长文

朱长文（1039—1098）字伯原，苏州吴县（今江苏苏州）人。嘉祐四年（1059）进士，以病足不肯试吏，筑室乐圃坊，读书为学，自得其乐，与徐积、陈烈号称"三先生"。元祐元年六月二十五日苏轼有《荐朱长文札子》，称其以"堕马伤足，隐居不仕，今三十年。不以势利动其心，不以穷约易其介，安贫乐道，阖门著书，孝友之诚，风动闾里；廉高之行，著于东南。本路监司、本州长吏前后累奏，称其士行经术，乞朝廷旌擢，差充苏州州学教授，未蒙施行。近奉诏，中外臣僚自监察御史已上并举堪充内外学官二人。此实朝廷博求人方、广育士类之意。如长文者，诚不可多得。其人行年五十余，昔苦足疾，今亦能履。臣等欲望圣慈褒难进之节，收久废之材，量能而使之，特赐就差充苏州州学教授，非惟禄饩赒养一乡之善士，实使道义模范彼州之秀民。"元祐中，除秘书省校书郎、许州司户参军，充苏州教授。召为太学博士，迁秘书省正字，兼枢密院编修。元符元年卒，年六十。

长文博学强识，论文先经术而后辞藻，于六经皆有辨说，《四库全书总目》卷一五五谓其"在南北宋间，与徐积齐名，然积之学问主精研事理，长文之学问主博考古今；积之文章多怪伟骇俗，长文之文章多平易近人，其所造则各有不同"。

朱长文著有《乐圃文集》一百卷，建炎兵火后散失，其侄孙朱思于南宋绍熙间搜访遗佚，编为十卷，名曰《乐圃余稿》（朱思《乐圃余稿序》）。除文集外，还著有《秋通志》二十卷，已佚；现存《易经解》一卷、《吴郡图经续记》三卷、《墨池编》六卷、《琴史》六卷。《全宋诗》卷八四四至八四八录其诗五卷。《全宋文》卷二〇二四至二〇二六收其文三卷。事迹见张景修《朱公墓志铭》（《乐圃余稿》附）、《宋史》卷四四四本传。

王观

王观（生卒年不详）字通叟，如皋（今属江苏）人，一作海陵（今江苏泰州）（《宋元学案补遗》卷一）。在太学有文名，与苏轼兄弟同科进士及第。

授单州推官，试秘书省校书郎。元丰间迁大理寺丞，知江都县。累官翰林学士，尝因赋应试制词《清平乐》，宣仁太后以其词近亵狎，罢职贬谪，故又号王逐客。著有《扬州赋》一卷。擅长作词，王灼《碧鸡漫志》卷二云："王逐客才豪，其新丽处与轻狂处，皆足惊人。"其词内容狭窄，格局褊小，陈振孙《直斋书录解题》卷二一谓其"词格不高，以'冠柳（柳永）'自名，则可见矣"。其词在构思造语上颇具特色。其《庆清朝慢》词，描写早春物候及女子结伴踏青情景，全用白描功夫，不显斧凿痕迹，清隽映丽，深为时人欣赏，黄昇《唐宋诸贤绝妙词选》卷五以为"风流楚楚，词林中之佳公子"，远过柳永之作。《天香》词描写冬日萧瑟景致，却欢快热烈，略无半点酸寒憔悴之意。《卜算子》词清新典雅，取譬奇警，以江南青山喻女子的"眉眼盈盈"，十分动人。也能诗，其《游侠曲》《莫恼翁》二诗，时人谓有唐人乐府风韵。

丁骘

丁骘（？—1094）字公默，武进（今江苏常州）人。少从胡瑗学，与张巨、蒋之奇、胡宗愈为四友。与苏轼兄弟同科进士及第。不肯行新法几二十年，人多称之。论朱光庭曲奉权要，推行法令；党附程颐，倾败善类；五上章论何正臣治狱残酷，巧诋刻深，甚于党锢。以苏轼、曾肇、孔文仲等荐，除太常博士。苏辙《丁骘太常博士制》（《栾城集》卷二七）云："朕方出滞淹以修庶政，举廉退以靖风俗。以尔学有本原，声闻东南，一时交游，皆致位通显。而循默自守，浮沉管库，将二十年，不以为耻。奉常礼乐之地，教化所从出也，因其职事而施尔旧学，朕将观焉。"因此，他被指为苏党。元祐二年，为右正言。三年，改左正言，出知处州，移宿州。七年，擢司封员外郎（《续资治通鉴长编》卷四七五）。九年，因食河豚而卒。丁骘长于《易》《春秋》，著有文集二十卷（《宋史·艺文志》七），已佚。

刁约

刁约（994—1077）字景纯，润州丹阳（今属江苏）人。少时刻苦学问，能文章。应举于京师，与欧阳修、富弼声誉相高下。天圣八年（《施注苏诗》

作“二年”）进士及第，为诸王宫教授。宝元中，入为馆阁校勘。庆历初，与欧阳修同知太常礼院。为集贤校理、勾当三馆秘阁。四年，坐苏舜钦进奏院祠神饮酒事，出通判海州。皇祐中，权吏部南曹，为开封府推官。至和中，提点京西刑狱。嘉祐初还朝，判度支院，直史馆。为两浙转运使。又判三司盐铁院，提点梓州路刑狱。八年，再判盐铁院。治平中，出知扬州，徙宣州。熙宁初，判太常寺。致仕归，筑室润州，号藏春坞，藏当世名人诗词于其中，宾客故人常盈其门。

苏轼《寄题刁景纯藏春坞》云：“白首归来种万松，待看千尺舞霜风。年抛造物陶甄（陶制器皿）外，春在先生杖履中。杨柳长齐低户暗，樱桃烂熟滴阶红。何时却与徐元直，共访襄阳庞德公。”前二句写他在藏春坞前有冈皆种松，中四句写其隐居生活，末二句写自己想象三国时徐庶（元直）访庞德公那样去访问刁景纯的藏春坞。

刁约于熙宁十年卒，年八十四。苏轼《哭刁景纯》首叹自己比刁晚生四十余年还能“见此老”：“读书想前辈，每恨生不早。纷纷少年场，犹得见此老。”次赞刁之风节、诗风，为人厚而待己薄：“此老如松柏，不受霜雪槁。直从毫末中，自养到合抱。宏材乏近用，千岁自枯倒。文章余正始（三国曹魏第三代皇帝曹芳年号，实指整个曹魏后期的诗风），风节贯华皓。平生为人耳，自为薄如缟。是非虽难齐，反复看愈好。”继写自己为杭州通判时与刁之交游：“前年旅吴越，把酒庆寿考。扣门无晨夜，百过迹未扫。但知从（庞）德公，未省厌丘嫂（刘邦微时，与客过其嫂，家食，嫂厌）。”末以伤刁之卒作结：“别时公八十，后会知难保。昨日故人书，连年丧翁媪（景纯妻先亡）。伤心范桥水，漾漾舞寒藻。华堂不见人，瘦马空恋皂。我欲江东去，匏樽酌行潦。镜湖无贺监（贺知章），恸哭稽山道。忍见万松冈，荒池没秋草。”又有《祭刁景纯墓文》：“嗟我少君，四十二岁。君不我少，谓我昆弟。今我已老，鬓须苍然。君之永归，不为无年。我独何憾，过期而哭。人之云亡，哀此风俗。涉江而东，宛其山川。顾瞻万松，蔚乎苍芊。尚想松下，幅巾杖屦。迎我于门，抵掌笑语。岂其忽焉，敛兹一坟。俯仰空山，草木再春。平生故人，几半天下。纷然日中，掉臂莫夜。我非至人，心有往来。斗酒只鸡，聊写我哀。”

苏轼与刁约唱和颇多，苏轼诗集中有《刁景纯赏瑞香花，忆先朝侍宴次韵》《同柳子玉游鹤林招隐醉归呈景纯》《景纯见和，复次韵赠之二首》《刁景纯席上和谢生二首》。从《景纯复以二篇，一言其亡兄与伯父同年之契，一言今者唱酬之意，仍次其韵》还可看出他们实为世交：“灵寿扶来似孔光（孔光为汉太师，赐灵寿杖），感时怀旧一悲凉。蟾枝不独同攀桂（其亡兄刁绎与苏轼伯父苏涣同年及第），鸡舌还应共赐香（同为尚书郎，尚书郎含鸡舌香奏事）。等是浮休无得丧（《庄子·刻意》：“其生若浮，其死若休”），粗分忧乐有闲忙。年来世事如波浪，郁郁谁知柏在冈（点归隐）。”他们之间还有不少书信往来，苏轼有《答湖守刁景纯二首》云：“吴兴自晋以来，贤守风流相望，而不肖独以罪去，垢累溪山，景纯相爱之深，特与洗饰，此意何可忘耶?”此指苏轼知湖州被捕，贬官黄州事。

孙觉

孙觉（1028—1090）字莘老，高邮（今属江苏）人。从胡瑗受学。皇祐元年登进士第（《嘉靖维扬志》卷一九），调合肥主簿。嘉祐中，选为馆阁校勘。神宗即位，直集贤院，为昌王府记室。尝为王作《富》《贵》二箴，擢右正言。出通判越州，复右正言，徙知通州。熙宁二年，召知谏院，同修起居注，知审官院。忤王安石，出知广德军，历知湖、庐、润、苏、福、亳、扬、徐诸州。知应天府，召为太常少卿，改秘书少监。哲宗即位，兼侍读，迁右谏议大夫。进吏部侍郎，擢御史中丞。以疾请罢，提举舒州灵仙观。元祐五年卒，年六十三。绍圣中，以为元祐党人，夺职追两官。徽宗即位，复官职。

孙觉明经术义理之学，尤长于《春秋》，论议精严（《郡斋读书志》卷三）。其《题范公堂》诗记述范仲淹为官廉直，与长官争辩狱事曲直，表达对范的景仰之情。何汶亦谓其“千里暮山横紫翠，一钩新月破黄昏”为宋诗警句（《竹庄诗话》卷二四）。

苏轼与孙觉关系密切，有关孙觉的诗文极多，常共同署名上奏状，轼又草《孙觉可给事中敕》，对孙评价甚高：“文学论议，烛知本原。谏省东台，久从践历。”又曾为作《墨妙亭记》：“熙宁四年十一月，高邮孙莘老自广德移守吴兴，其明年二月作墨妙亭于府第之北，逍遥堂之东，取凡境内自汉以来古文遗刻以实之。”诗则有《宿余杭法喜寺后绿野堂，望吴兴诸山，怀孙莘老学士》《孙莘老求墨妙亭诗》《将之湖州戏赠莘老》《用将之湖州戏赠原韵寄莘老》《赠孙莘老七绝》《莘老葺天庆观小园，有亭北向，道士山宗说乞名与诗》《元日次韵张先子野见和七夕寄莘老之作》《次韵孙莘老见赠，时莘老移庐州，因以别之》《和孙莘老次韵》《次韵秦观秀才见赠，秦与孙莘老、李公择甚熟，将入京应举》《李公择过高邮见施大夫与孙莘老赏花诗，忆与仆去岁会于彭门，折花馈笋故事，作诗二十四韵见戏，依韵奉答，亦以戏公择云》《孙莘老寄墨四首》《次韵孙莘老斗野亭寄子由在邵伯堰》等。

刘庠

刘庠（1023—1086）字希道，彭城（今江苏徐州）人。以岳父蔡齐遗奏补将作监主簿。与苏轼兄弟同科进士及第，知历阳县。英宗即位，累迁秘书丞、太常博士，为高密广平院教授，除监察御史里行。神宗立，擢殿中侍御史，为右司谏，兼提举国子监。除集贤殿修撰、河东转运使。进天章阁待制、河北都转运使，知真定府，召知开封府。因与蔡确争廷参礼，出知太原府，移成都府、秦州、虢州、江宁府、滁州、永兴军。元祐元年，加枢密直学士，知渭州，寻卒，年六十四。

苏轼为刘庠草《刘庠赠太中大夫敕》（《东坡全集》卷一〇六）：“国以求贤为先，士以得时为急。士既难进而易退，时亦难得而易失。日月逝矣，岁不我与，古人之叹，复见于今。故枢密直学士、朝议大夫、知渭州刘庠才备德博，器远任重，逮事三朝，出入二纪。英祖、神考实知其人，而刚毅朴忠，率不少贬。肆朕嗣位，畴咨故老，如庠等辈不过数人。方当召用，命不少假，使九原而可作，虽百身其何赎。”

刘庠著有文集二十卷、奏议三十卷。已佚。事迹见吕陶《枢密刘公墓志铭》（《净德集》卷二一）、《宋史》卷三二二本传。

陈师道

陈师道（1053—1101）字履常，一字无己，号后山居士，彭城（今江苏徐州）人。自幼家贫，苦志好学。年十六，以文谒曾巩，巩大器之，遂留受业。熙宁中，王安石经学盛行，师道心非其说，不复仕进。元丰四年，曾巩奉诏修五朝史，荐入史馆为属，以无官职未果。元祐二年，苏轼等举荐，起为徐州教授。未几除太学博士，言者论劾其在官乞假私出南京会见苏轼，复罢为徐州教授。五年，改颍州教授，又论其进非科第，罢归。绍圣元年，坐苏轼党，谪监海陵酒税。调彭泽令，不赴，家居六年。元符三年，召为秘书省正字。建中靖国元年，扈从南郊，受寒疾而卒，年四十九。著有《后山集》二十卷，含诗六卷、文十四卷，政和年间由其门人魏衍编纂成集。南宋绍兴时又有人增补诗文及其他著作，另编为《后山集》十四卷、《外集》六卷、《谈丛》六卷、《理究》一卷、《诗话》一卷、《长短句》二卷，共三十卷，现两种版本均存。事迹见《东都事略》卷一一六、《宋史》卷四四四本传。宋任渊编有《后山诗注目录年谱》一卷。

世有“苏门四学士”或“苏门六君子”之说。苏轼《与李方叔书》云：“顷年于稠人中骤得张、秦、黄、晁及方叔、履常。”宋人邵浩《坡门酬唱集引》云：“取两苏公兄唱弟和及门下六君子平日属和两公之诗，摭而录之，曰《苏门酬唱》。”宋人（传为陈亮）编有《苏门六君子文粹》。两书都把陈师道列入“苏门”。今更有人称陈师道“出自苏轼门下”，为苏轼“门生”。虽事出有因，奈何陈师道本人不承认，他认为自己文师曾巩，诗师黄庭坚，而与苏轼只是主客关系，不是“师弟子”关系。

苏轼与陈师道的交游前后有四次。第一次是在熙宁末、元丰初苏轼知徐州时，苏轼四十二岁，陈师道二十五岁。时黄河泛滥，苏轼组织徐州军民抗洪有功，受到朝廷嘉奖，遂建黄楼以刻奖谕敕诏，“使其客陈师道以为之铭”，这就是《后山集》卷一七的《黄楼铭》。苏轼在徐州任上，与黄、秦诸人均有唱和，而遍查苏、陈二集，这时二人却无唱和之作。

第二次是元丰末、元祐初。元丰八年十二月苏轼以礼部郎中自登州被召还朝，同月迁起居舍人。时陈师道寓居京师陈州门，为苏轼还朝深感兴奋，其《秋怀十首》云："翼翼陈州门，万里迁人道。两泪落成血，着木木立槁。今年苏礼部，马迹犹未扫。昔人死别处，一笑欲绝倒。"前四句悲苏轼昔日之贬，后四句喜苏轼今日之还，欣喜之情，跃然纸上。时苏辙亦以右司谏召还，陈作《赠二苏公》诗，盛赞三苏父子："岷峨之山中巴江……异人间出骇四方。严（君平）王（褒）陈（子昂）李（白）司马（相如）扬（雄），一翁（苏洵）二季（苏轼兄弟）对相望。"谓三苏父子可与上举"异人"相望于千载。元祐二年四月，苏轼与傅尧俞、孙觉同上《荐布衣陈师道状》，称其"文词高古，度越流辈。安贫守道，若将终身。苟非其人，义不往见。过壮未仕（时陈三十五岁），实为遗才。欲望圣慈，特赐录用，以奖士类。"

第三次是在元祐四年五月，只有几天时间。当时朝廷内部党争激烈，苏轼不安于朝，乞外任，被命为龙图阁学士知杭州。途经宋州，陈师道时任徐州教授，越境来见。不仅到商丘见苏轼，而且一直把苏轼送到宿州（见苏轼《与陈传道书》）。

第四次是在元祐六年八月至次年三月苏轼知颍州时，这是苏、陈关系最为密切的半年，两人的唱和诗主要集中在这段时间，分别载于《苏轼诗集》卷三四，《后山诗注》卷三。以后苏、陈未再见过面，只有诗文往来。元祐七年二月至八月，苏轼自知颍州改知扬州，陈师道作《上苏公书》，强调士要"终始不相负"，认为王安石所用多小人，"势在则欺之以为功，势同则夺之以自利，势去则背之以违害"，"用士当以王公为戒"。元祐八年八月知定州，陈师道作《寄侍读苏尚书》《寄送定州苏尚书》诗，有"一时宾客余枚叟"之句，以枚乘自喻，仍自称"宾客"而非"门生"。两首诗都劝苏轼早退，前首有"解记清波没白鸥"句，后一首有"海道无违具一舟"句，关切之情颇殷。绍圣初，苏轼贬官岭南，陈师道也以"进非科第罢归"，陈有《送吴（子野）先生谒惠州苏副使》诗，谓汉代卫青的势力衰落而霍去病日益显贵，卫青故人多去事去病，辄得美官，只有任安不去，陈以任安自喻，未负东坡。

从苏、陈交往过程不难看出，他们都十分推崇看重对方。就苏轼看，确有把陈"参诸门弟子间"（《宋史·陈师道传》）的想法。而陈师道却反复强调他不是苏轼的“门弟子”。陈《秦少游字序》云：“熙宁、元丰之间，眉山苏公之守徐，余以民事太守，间见如客。扬（州）秦子（观）过焉，丰醴备乐，如师弟子。”这里说得很清楚，秦观对苏轼是执“师弟子”礼，而自己只是“以民事太守”，他们间的关系只是民与父母官、主与客的关系。

陈师道安贫乐道，学有根柢，是北宋卓有成就的文学家。其文学成就以诗歌创作为最著。其《答秦观书》曾自述其学诗初无师法，后来见到黄庭坚诗，尽焚旧稿而从学焉，进而得作诗之法于杜甫。黄庭坚《答王子飞书》也称其“作诗渊源，得老杜句法，今之诗人不能当也”。他反对柔弱华靡的诗风，提倡刚劲质朴的风格，其《后山诗话》甚至于说诗歌创作“宁拙毋巧，宁朴毋华，宁粗毋弱，宁僻毋俗”，这一看法与黄庭坚的创作主张相近，亦为后来江西诗派诗人所遵奉，故江西诗派诗人将他列为“一祖（杜甫）三宗（黄庭坚、陈师道与陈与义）”之一。

陈师道诗歌以杜甫诗为标榜，严羽《沧浪诗话・诗体》称其诗云“本学杜”。陈模《怀古录》卷上亦说《后山集》中似江西者极少，有一些诗“则不特不似山谷，亦非山谷之所能及”，“宛然工部之气象”，并列举其《妾薄命》《送内》《别三子》《忆幼子》等诗，谓学杜到了惟妙惟肖的地步，直可与杜甫《石壕吏》《无家别》诸篇相表里。其余像《寄外舅郭大夫》诗对远宦西川之外舅表示承问，方回《瀛奎律髓汇评》卷四二谓“后山学老杜，此其逼真者，枯淡瘦劲，情味深幽”。《示三子》诗叙述与久别的儿女重逢的喜悦，有“儿女已在眼，眉目略不省。喜极不得语，泪尽方一哂。了知不是梦，忽忽心未稳”之句，酷似杜甫《羌村》诗，《诗林广记》后集卷六引谢枋得云“后山祖杜工部之意，著一转语，意味悠长，可与杜工部争衡也”。陈师道诗歌的长处是个性鲜明，风骨磊落，意境新颖，简洁峻峭。《妾薄命》以侍妾悲悼主人的口吻，悼念其师曾巩，设想巧妙，感情真挚悲痛，元刘壎《隐居通议》以为“深婉奇健，妙合绳尺，古今之绝唱”。《怀远》诗怀念远谪海南的苏轼，《瀛奎律髓汇评》卷四三引许印芳称其语至沉痛，“炼意炼格，俱高出时辈”。

陈师道受黄庭坚影响，作诗要“无一字无来历”，常常以学识为诗，讲究格律，往往追求学习杜诗形式，字锻句琢，韵高格严，《四库全书总目》卷一五四评论其各体诗时说："五言古诗出入（孟）郊、（贾）岛之间，意所孤诣，殆不可攀，而生硬之处，则未脱江西之习。七言古诗颇学韩愈，亦间似黄庭坚，而颇伤謇直。"近体诗学杜甫最为切似，"五言律诗佳处往往逼杜甫，而间失之僻涩；七言律诗风骨磊落，而间失之太快太尽；五、七言绝句纯为杜甫《遣兴》之格，未合中声"。像《早春》诗"度腊不成雪，迎年遽得春。冰开还旧渌，鱼喜跃修鳞"，以句式精警而著称，方回《瀛奎律髓汇评》卷一〇谓其"极瘦有骨，尽力无痕"，"句中有眼"；《春怀示邻里》诗"断墙着雨蜗成字，老屋无僧燕作家。……风翻珠网开三面，雷动蜂巢趁两衙"之句，《瀛奎律髓汇评》卷六引纪昀评云"刻意劖削，脱尽甜熟之气"。

但陈师道也有一些诗清新明快，风流华丽，像《放歌行》的"春风永巷闭娉婷，长使青楼浪得名。不惜卷帘通一顾，怕君著眼未分明"，《雪后黄楼寄负山居士》的"云日明松雪，溪山进晚风。人行图画里，鸟度醉吟中"。由于刻意求工，反而使得用意过于曲折，造语过于艰涩，损害了诗歌的艺术性。后人对此颇有微词，王世贞《艺苑卮言》卷四就批评其"勤勤有月与同归"，"飞萤元失照"，"文章平日事"，"乾坤著腐儒"等句模仿杜诗，为"点金成铁者"。李调元《雨村诗话》称"后山诗则味如嚼蜡，读之令人气短"。

陈师道早年曾学文于曾巩，遂至终身服膺，其《观兖文忠公六一堂图书》有"向来一瓣香，敬为曾南丰"之句。宋人魏衍《彭城陈先生集记》评陈师道文"简重典雅，法度谨严"，《四库全书总目》卷一五四亦谓其文"简严密栗，实不在李翱、孙樵下"。南宋楼昉编《崇古文诀》卷三一收其序记书启多篇，给予很高的评介。如评《上林秀州书》云"非特议论好，读其文，气正词严，凛然有自重难进，不可回挠之势"；《与秦少游书》"委曲而不失正，严厉而不伤和，深得不恶而严之道"；《送参寥序》"首尾仅二百余字，而抑扬开阖，变态不一，最可贵也"；《思亭记》"节奏相生，血脉相续，无穷之意，见于言外"。

陈师道自谓能作词，其《书旧词后》曾自诩"他文未能及人，独于词自谓不减秦七（观）、黄九（庭坚）"。但实际上他并不擅长作词，精彩之作不多，王灼《碧鸡漫志》卷二说陈无己"所作数十首，号曰语业，妙处如其诗，但用意太深，有时僻涩”。陆游《跋后山居士长短句》也认为“陈无已诗妙天下，以其余作词，宜其工矣，顾乃不然，殆未易晓也”。他的词风格柔媚清丽，与其诗歌风格大不相同。

（原载《江苏科技大学学报》2013 年 1 期、2014 年第 1 期）

图书在版编目（CIP）数据

三苏姻亲后代师友门生论集/曾枣庄著. —成都：巴蜀书社，2017.12
ISBN 978-7-5531-0895-7
（曾枣庄三苏研究丛刊）

Ⅰ.①三… Ⅱ.①曾… Ⅲ.①苏洵（1009－1066）—人物研究—文集②苏轼（1036－1101）—人物研究—文集③苏辙（1039－1112）—人物研究—文集 Ⅳ.①K825.6-53

中国版本图书馆 CIP 数据核字（2017）第 275116 号

三 苏 姻 亲 后 代 师 友 门 生 论 集 曾枣庄 著
SAN SU YIN QIN HOU DAI SHI YOU MEN SHENG LUN JI

策　　划	侯安国
封面题字	乐　林
责任编辑	杨合林　王承军
封面设计	冀帅吉
出　　版	巴蜀书社 成都市槐树街2号　邮编 610031 总编室电话：(028)86259397
网　　址	www.bsbook.com
发　　行	巴蜀书社 发行科电话：(028)86259422　86259423
经　　销	新华书店
照　　排	四川胜翔数码印务设计有限公司
印　　刷	成都东江印务有限公司
版　　次	2018年2月第1版
印　　次	2018年2月第1次印刷
成品尺寸	240mm×170mm
印　　张	17
字　　数	280千
书　　号	ISBN 978-7-5531-0895-7
定　　价	88.00元